WESTEND

GIORGOS CHONDROS

Die Wahrheit über Griechenland, die Eurokrise und die Zukunft Europas

Der Propagandakrieg gegen Syriza

Übersetzt von Céline Melanie Spieker

WESTEND

Mehr über unsere Autoren und Bücher:
www.westendverlag.de

Die Deutsche Nationalbibliothek verzeichnet diese Publikation in
der Deutschen Nationalbibliografie; detaillierte bibliografische Daten
sind im Internet über http://dnb.d-nb.de abrufbar.

ISBN 978-3-86489-115-1
© Westend Verlag GmbH, Frankfurt/Main 2015
Unter Mitarbeit von Edelgard Mank, Frankfurt am Main
und Klaus Gabbert, Wiesbaden
Umschlaggestaltung: Buchgut, Berlin
Satz: Publikations Atelier, Dreieich
Druck und Bindung: CPI – Clausen & Bosse, Leck
Printed in Germany

Inhalt

Vorwort

von Efklidis Tsakalotos (Finanzminister Griechenlands)

Giorgos Chondros ist Gründungsmitglied von Syriza. Er diente dem Projekt der gemeinsamen Anläufe der alternativen, antikapitalistischen und radikalen Linken während der gesamten Dauer ihrer Entfaltung in Griechenland über etwa die letzten zwanzig Jahre. Er tat das auf vielen Positionen und in vielen Funktionen – auf lokaler und kommunaler Ebene, innerhalb der sozialen Bewegungen, im ökologischen Bereich und auf zentraler politischer Ebene. Selbst seine heutige Position ist bezeichnend: Außer seiner Arbeit in den internationalen Beziehungen ist er Koordinator für Umweltpolitik von Syriza.

Deshalb ist er der Richtige, um eine facettenreiche und kaleidoskopartige Analyse des vergangenen und gegenwärtigen Geschehens zu geben. Seine Befähigung erhöht sich zusätzlich aufgrund der Tatsache, dass er die »interne« Geschichte unserer Partei sehr gut kennt. Und so präsentiert dieses Buch tatsächlich eine Art Zusammenschau der wesentlichen Themen, die sich während der Jahre der großen Krise in einem Teil der radikalen Linken in Griechenland entwickelt und die die Positionierung und das politische Verhalten von Syriza in entscheidendem Maße beeinflusst haben. Es ist zugleich der Ertrag der Beteiligung des Autors an den intensiv geführten Diskussionen der Linken in den letzten vier bis fünf Jahren.

Giorgos Chondros weiß also gut, dass es zwei wesentliche Leitsätze, zwei Achsen gibt, um die die Politik von Syriza aufgebaut ist. Sie haben unsere Partei von einer Kraft der Bewegungslinken in einer Größenordnung von vier Prozent hinauf zur Regierungsverantwortung katapultiert. Syriza kann nun unter gewissen Bedingungen ein Modell für eine Alternative für Europa darstellen.

Dazu gehört erstens ein klassenorientierter Blick, der Versuch, die sozialen – und gesellschaftlich konflikthaften – Ausmaße der Entwicklungen zu diagnostizieren, welche im herrschenden Diskurs nahezu immer, aber auch in den Gegendiskursen in vielfältigen Verschleierungen bis zur Unkenntlichkeit in Erscheinung treten. Wenn »Klasse gegen Klasse« zu irgendeiner Wirklichkeit passt, dann ist dies ihre Wirklichkeit schlechthin.

Und dazu gehört zweitens – und damit verknüpft – ein internationalistischer Blick, der von der Idee geleitet wird, dass die gemeinsamen Probleme der Arbeitnehmer auf der ganzen Welt gemeinsame Anstrengungen und gemeinsame Lösungen erfordern. Der Internationalismus ist keine Ergänzung, sondern konstituierendes, begründendes Element jedes emanzipatorischen Vorhabens, jeder linken politischen Organisation.

Auf dieser Grundlage täuschen die populären Muster über Besatzung, Kolonie, Fremdherrschaft und Merkel-Kollaborateure vollkommen. Sie müssen unter der Strafandrohung, dass es sonst außerordentlich finster enden könnte, durch andere gegnerische Muster ersetzt werden, die einer Konzeption entsprechen, welche den kapitalistischen Gegenangriff unter der Krise in den Mittelpunkt rückt. Dieser Gegenangriff trägt die Merkmale einer klassenspezifischen Gegenrevolution, die das Ziel verfolgt, die Uhren um zwei Jahrhunderte zurückzudrehen.

Die Begrifflichkeit ist für dieses Verständnis zentral. Sie ist Grundbedingung, so meine ich, dafür, dass sich die Lage ändert. Sie ändert sich bereits mit der Art und Weise ihrer Betrachtung.

***

Diese Zeilen werden nach der berühmt-berüchtigten Vereinbarung vom 12. Juli verfasst, jener für unser Land und unser Volk schmerzlichen Vereinbarung, die der Regierung unter der Androhung eines unkoordinierten Staatsbankrottes und des vollständigen Zusammenbruchs des griechischen Bankensystems aufoktroyiert wurde. Es handelt sich um eine große Niederlage von Syriza, die sowohl mit ihren vor der Wahl getroffenen Aussagen in Konflikt steht als auch mit den programmatischen Bekundungen der Regierung von Alexis Tsipras.

Diese negative Entwicklung wurde nicht nur von einigen sehr folgenreichen Fehlern der griechischen Regierung begünstigt, sondern mehr noch von der europaweiten Unfähigkeit, ein für die Anti-Austeritäts-Kräfte günstiges Kräfteverhältnis zu entwickeln, ohne das, unabhängig von dem Willen der linken Regierung in Athen, nur wenig ausgerichtet werden kann.

Griechenland ist kein »Sonderfall«, sieht man einmal davon ab, dass alle Länder Sonderfälle sind. Tatsächlich bereitet das, was hier geschieht, auch den Boden für die Zukunft der anderen Länder der Eurozone. Die Probleme, die wir antreffen, sind nicht national, sondern europäisch.

Die herrschenden Klassen in der gesamten Eurozone sind sich dessen bewusst. Es bleibt, dass auch die Arbeiterklassen sich dessen im gleichen Maße bewusst werden. Dann wird alles anders laufen.

Athen im August 2015

Vorwort

von *Lola Sánchez Caldentey (Mitglied des Europäischen Parlaments, GUE/NGL, Podemos)*

Ich kann zwischen jenem Europa, das Spanien 1986 verkauft wurde, und dem, das ich heute sehe, kaum Ähnlichkeiten finden. Als Bürgerin leide ich passiv und aus der Außenposition, aber ich leide auch aus der Innenposition, denn ich bin seit gerade einmal einem Jahr Mitglied des Europäischen Parlaments.

1986 ging ich noch zur Schule, dennoch erinnere ich mich gut an die Medien- und Bildungskampagne über unseren Beitritt zur Europäischen Union. Der Eintritt in den Club der großen Länder, so wie Frankreich, das Vereinigte Königreich, Deutschland und auch die Niederlande, bedeutete vor allem ein beträchtliches Maß an nationalem Selbstwertgefühl. Es tauschte unsere alten Linsen mit neuen aus und brachte uns dazu zu glauben, dass wir wie sie werden könnten und dass wir unsere Fähigkeit unter Beweis stellen sollten, uns anzustrengen und ein modernes Land aufzubauen, oder besser gesagt: »ein europäischeres Land«. Das war die Botschaft an meiner Schule. Eine glorreiche Zukunft voller Möglichkeiten eröffnete sich vor uns. Wir mussten mit dieser Zukunft nur noch Schritt halten.

Unsere Demokratie existierte zu diesem Zeitpunkt erst seit weniger als einem Jahrzehnt. Tatsächlich sind wir etwa gleichaltrig. Die vierzig Jahre der Diktatur waren den Erwachsenen noch präsent, aber, und das ist wichtiger, die neue Demokratie stand noch auf sehr wackeligen Beinen. Wie wackelig, das hatte noch 1981 der versuchte Staatsstreich von Antonio Tejero demonstriert, einem Oberstleutnant der Guardia Civil, der eines Morgens in das Parlament stürmte, in die Luft schoss und das spanische Volk an diesem langen Tag im Februar verängstigt zurückließ. Der Europäischen Union beizutreten bedeutete unter anderem, dass sich aus irgendeinem Grund Schrecken wie diese nicht wiederholen würden, dass das Zeitalter der Oligarchie, religiöser Finsternis und rücksichtsloser Moralität nicht zurückkommen würde. Schließlich war das, was Europa uns versprach, die Entwicklung einer echten, offenen und transparenten Demokratie mit Freiheit und Rechten, die unser Volk zuvor nie genossen hatte. Europa würde uns Reichtum bringen, neue und moderne Jobs, mehr Kultur und Bildung, ein besseres Verkehrswesen; es würde Kriege verhindern und die Grenzen aufheben. Das war die Europäische Union, die den Anspruch erhob, Menschenrechte und Demokratie zu verteidigen.

Heute kann ich diese höchsten Werte in der EU kaum noch entdecken. Dennoch stimmt es, dass mein Land dank des Kohäsionsfonds wirtschaftlich gewachsen ist. Diese Unterstützung ist uns aber nicht geschenkt worden, wir mussten einen Preis dafür zahlen. Ich lebte in einer mittelgroßen Stadt, deren Schwerpunkt in der Industrie, besonders der chemischen und der Bergbauindustrie, lag. In nur wenigen Jahren sahen wir, wie ein Großteil der Wirtschaftsstruktur verschwand, und all diese Arbeit und dieses Wissen, denen keine Wertschätzung zuteil wurden, verschwanden auf einer stürmischen See, einer See von Frühverrentungen, Demonstrationen, Streiks, brennenden Reifen und Polizeianklagen – ich erinnere mich so gut daran, weil ich es vom Balkon meines Hauses aus beobachtete –, und niemand konnte die Frage beantworten: Was für ein Leben würden wir von diesem Zeitpunkt an in unserer Stadt führen?

Etwas älter geworden, erinnere ich mich daran, wie Felipe Gonzales, der Premierminister, im Fernsehen über die berühmte

»industrielle Umstrukturierung« sprach So nannten sie den Prozess des Industrieabbaus, und um nichts anderes handelte es sich dabei, denn was sie dichtmachten, wurde überhaupt nicht umstrukturiert, sondern fiel einfach weg. All das waren EU-Auflagen, angeblich notwendige politische Maßnahmen, um unser Land zu »modernisieren« und uns wie unsere europäischen Kollegen aussehen zu lassen. Ist es nicht das, was ihr wollt, echte Europäer sein? Und wir dachten alle, dass sie ihren Lebensunterhalt nicht mit Fabriken bestritten.

Übrigens hat sich meine Stadt seitdem nicht wieder erholt und leidet unter der Arbeitslosigkeit und den Mechanismen des sozialen Ausschlusses weiterhin deutlich stärker als der spanische Durchschnitt.

Dies sind die ersten Erinnerungen, die ich an die Auswirkungen der EU in meinem eigenen Umfeld habe. Ebenfalls ist wahr, dass der Strukturfonds beträchtliche Verbesserungen für unser tägliches Leben brachte, so wie neue Straßen und Einrichtungen aller Art: für Bildung, Sport, Kultur und Gesundheit ... eine Geldinjektion, die uns in Bezug auf die Infrastruktur aus den 1950er Jahren herausholte.

Aber die Ideologie, die von den Regierungen, Institutionen, der Presse und den Meinungsmachern am häufigsten wiederholt und veröffentlicht wurde, bestand schon immer in dem, was die EU am meisten hochhält: Demokratie, Menschenrechte, Respekt und Achtung der Menschenwürde.

Ich hätte nie gedacht, dass ich eines Tages Mitglied einer Institution wie des Europäischen Parlaments sein würde. Ich wurde gewählt, nachdem Podemos in Erscheinung getreten war, dieser schwierige, jedoch leicht zu definierende Traum, der den Lauf der spanischen Politik verändert und Europa stark beeinflusst hat. Und der weiterhin von uns in die Tat umzusetzen ist ...

Seit nun etwas mehr als einem Jahr lebe ich in der Europäischen Politik, bin in ihr versunken und manchmal wie unter ihr begraben, ausgehend von einem Parlament, das weit von dem entfernt ist, was es zu sein beansprucht. Es sollte die repräsentative Kammer der europäischen Bevölkerung sein. Es sollte ein Spiegel der europäischen Gesellschaft sein, aber das ist es nicht.

Unser demokratisches System lässt Verfahren vermissen, die implementiert werden müssten, um über ein wirklich demokratisches System sprechen zu können. Indessen wählen wir weiterhin einen Schäfer, der die Schafe lenkt und sie dann, von Wölfen umrundet, alleine lässt. Wenn wir nach fünf Jahren den Schäfer wieder besuchen, ist es möglich, dass er inzwischen ein Freund der Wölfe geworden ist. Und das ist es, was mit unserer Demokratie passiert ist: Wir delegieren die Macht für zu lange und an nur wenige Eliten unter nur geringer Kontrolle. Jene, die wir zwar Vertreter nennen, die aber ihre Verpflichtung zu unserer Repräsentation leichtfertig vergessen haben, sehen im Handumdrehen nicht mehr so aus wie die Menschen, die sie gewählt haben. Sie haben nicht mehr länger dieselben Interessen. Der Wähler bleibt sprachlos zurück, die Demokratie stirbt. Und jener leere Raum hat sich mit Wölfen gefüllt.

Im Europäischen Parlament entsprechen die Lobbys diesen Wölfen, mit Angestellten, die Akkreditierungen besitzen – es sind um 4000, allein im Parlament, und sie tragen Buttons: Sie kommen und gehen, wie es ihnen gefällt. Sie organisieren Events aller Art für die Abgeordneten und laden sie ein und unterhalten sie. Diese Events, beispielsweise im gleisnerischen Gewand einer Präsentation vermeintlich unparteiischer Studien, versuchen die Politikmacher zu beeinflussen, den Ausschlag zugunsten ihrer eigenen Interessen zu geben und die Politik zu ihrem eigenen Vorteil auszurichten. Diesen Lobbygruppen stehen Millionenbudgets zur Verfügung, und die Profitabilität ist offenkundig sehr hoch. Nach Washington ist Brüssel der Ort mit der höchsten Konzentration an Lobbyisten und Organisationen, wie die NGO Corporate Europe Observatory belegen kann, mit schätzungsweise 15000 bis 30000 Mitarbeitern, die sich sämtlich dem Lobbyismus in den Europäischen Institutionen, besonders der Europäischen Kommission, verschrieben haben. Sie arbeiten für 1 500 Industrie-gruppen. Ihre Büros liegen wie eine Mauer rund um die Parlamentsgebäude und die Kommission, sichtbar und effektiv. Es sind ihre Stimmen, die die Ohren der Politiker und der höherrangigen EU-Offiziellen zudröhnen, nicht die Stimmen der Bürger. Und sie sind es, die über die Mittel verfügen, um Entscheidungen zu kaufen.

Eines dieser Mittel ist das Phänomen des Drehtüreffekts. Damit gemeint sind Politiker, die ein öffentliches Amt bekleideten und nun beispielsweise in einen Direktorenjob einer großen Firma gewechselt sind. In Spanien ist die Liste der Politiker, die vom Drehtüreffekt Gebrauch machten, nahezu endlos. Einige kehren für eine Weile zurück in den öffentlichen Bereich und immer so weiter.

Lobbyismus ist sehr profitabel. Diese Mischung aus wirtschaftlichen Möglichkeiten und leichtem Zugang zu Entscheidungsträgern sowie das absolute Fehlen von öffentlicher Kontrolle verwandeln die europäischen Institutionen in das Paradies des Lobbyismus. Nur wenige Büros werden nicht von ihren Tentakeln erreicht.

Zu alledem kommt hinzu, dass die meisten supranationalen Institutionen wie die Troika alles sind, aber keine demokratischen Strukturen, und natürlich repräsentieren sie auch nicht die Bürger. Niemand wählt sie oder legt ein Veto gegen sie ein. Sie machen Weltpolitik, indem sie Entscheidungen vom Kaliber eines Regierungswechsels oder der ökonomischen Strangulation eines Landes treffen. Sie gehören zu den politischen und ökonomischen Eliten. Sie repräsentieren sich selbst und oktroyieren ihre Ideologie durch Macht, verkleidet als Nicht-Ideologie. Sie versuchen ein Modell zu etablieren, in dem sie nie verlieren können.

Diese Europäische Union arbeitet nicht für die Menschen. Und vielleicht hat sie es auch nie getan. Trotzdem glaube ich, dass es einmal eine Zeit gab, in der die Idee der Verbreitung und Vertiefung des Wohlstandes der Menschen und die Menschenrechte auf der Tagesordnung vieler führenden Köpfe Europas standen, jener, die an dieses Projekt glaubten und ihre Energie auf dieses Ziel richteten. Aber davon ist nahezu nichts mehr übrig.

Wir können diesen Trend sehr gut nachvollziehen, wenn wir die Außenpolitik der EU beobachten. Die Wirtschaftsmächte haben es geschafft, die Institutionen weltweit zu ihren besten Botschaftern zu machen. Investitionen in und freier Handel mit Drittländern, besonders Entwicklungsländern, deren Begleittexte von Höchstachtung für die Menschenrechte, Solidarität und Gerechtigkeit sprechen, von Umweltschutz, Unterstützung für die endogene Entwicklung, Achtung der Souveränität und der nationalen Gesetze. All diese Artikel sind reine Kosmetik und völlig nutzlos, sie machen die EU zur Verräterin ihrer selbst, denn sie verletzt permanent die Gesetzgebung, die sie entwickelt und beschließt.

Was wirklich zählt, sind Handelsabkommen und rote Teppiche für die multinationalen Konzerne, damit sie tun können, was sie wollen, wo sie wollen. Das verteidigen die europäischen Insititutionen mit Wirtschaftsdaten: Wenn Firmen so viel Geld machen, dann können wir Europäer so auch viel Geld machen. Was für eine Falle und Geringschätzung der Intelligenz anderer, aber am meisten für das Leben der wirklich Benachteiligten, der Enteigneten!

Die EU ist weit davon entfernt, die Firmen, die diese Artikel nicht respektieren, zu kontrollieren oder zu sanktionieren, und demonstriert damit ein hohes Niveau an Toleranz gegenüber Menschenrechtsverletzungen. Die EU ist heute ein Motor der Ungleichheit und Ungerechtigkeit innerhalb und außerhalb ihrer Grenzen.

Es ist signifikant, wie die Wölfe ihre Ideologie – den Neoliberalismus – in ein Dogma verwandelt haben, in nicht hinterfragbare Wahrheiten, in eine Realität ohne Alternative. Und wie tun sie das? Sie umgehen demokratische Kanäle, indem sie Lobbypolitik betreiben, während Bürger lediglich wählen können – in einem standardisierten und von allen akzeptierten, legitimierten Prozess. Hier müssen wir ergänzen, dass ihre Sprache und ihr Diskurs hegemonial geworden sind. Das sind die großen Errungenschaften des Kapitalismus.

Dennoch ist die Schlacht keinesfalls verloren. Die Bürger Europas zeigen Solidarität, und unsere Werte sind nicht pervertiert wie die vieler unserer Vertreter. In der letzten Zeit beobachten wir, besonders im Falle Griechenlands, ein empörendes Schauspiel, in dem die Masken fallen, wo politische Mächte die verborgene Realität offenlegen: Sie arbeiten exklusiv für die Wirtschaftsmächte. Sie sind von den großen Wirtschaftsmächten absorbiert worden. Sie sind eins mit ihnen.

In der Krisenzeit, in der wir leben, ist es notwendig, innezuhalten und über die Gründe, die uns hierhergebracht haben, nachzudenken. Wir müssen herausfinden, rigoros, was passiert ist. Die Hinweise sind klar: Die Profite werden privatisiert und die Verluste sozialisiert. Banken, Investoren und große Firmen haben mit der Gegenwart und Zukunft ganzer Nationen Roulette gespielt, und dabei gab es zwingende geheime Absprachen zwischen nationalen Regierungen und europäischen Institutionen. Austerität ist synonym mit Sozialisierung der Verluste.

Es ist ebenfalls notwendig zu sprechen, zu diskutieren, zu hinterfragen, zu denken und Alternativen vorzuschlagen. Und es ist die beste Zeit dafür. Wir leben in einer zunehmend politisierten Gesellschaft, auch wenn es beschämend ist, dass wir erst in extreme Situationen geraten müssen, um uns als Bürger darüber klar zu werden, dass die Partizipation an Regierungen eine Notwendigkeit ist. Als alles gut war, gaben wir uns damit zufrieden, wegzuschauen. Aristoteles hätte uns Idioten genannt, weil wir aufgehört haben, uns um die Regierung der Öffentlichkeit zu sorgen. Doch auch die Wölfe sind Idioten; denn sie sind extrem egoistisch und meinen, dass sie die Gesellschaft für ihre Existenz nicht benötigen.

Syriza und Podemos tragen innerhalb dieser Explosion des politischen Interesses, der Partizipation, Diskussion, der Beschwerden und Vorschläge, große Verantwortung. Es sind politische Bewegungen, die Bewusstsein und Hoffnung selbst über ihre Grenzen hinaus geschaffen haben, was den elitären und exklusiven politischen Regimes in Griechenland und Spanien tiefe Risse zugefügt hat. Sie haben einige der Glaubenssätze, dass der Neoliberalismus »alternativlos« ist, zum Platzen gebracht. Und das ist einer unserer größten Erfolge.

Wir haben die Saat der Veränderung gesät. Die Zukunft Europas verdient und braucht andere Kapitäne. Wir brauchen Regierungen, die die Menschen verteidigen und sie nicht zur Ware machen. Wir brauchen Politiker, deren Werteskala dieselbe ist wie die der einfachen Leute, welche unter den destruktiven staatlichen Politiken leiden. Wir brauchen Menschen, um Politik für Menschen zu machen.

Was in Griechenland passiert, hat vielen die Augen geöffnet, die klar gesehen haben, wer die europäischen Institutionen und die Troika wirklich befehligt. Keine dieser Entscheidungen basiert auf dem Leben als höchstem Wert, auf Menschenrechten, auf Volkssouveränität noch auf irgendeinem der Werte eines vereinten Europas, das sie uns verkauften.

Es ist total schockierend und inakzeptabel, dass die Forderungen mancher Gläubiger Vorrang vor den fundamentalen Rechten einer gesamten Nation erlangen. Es ist eine Beleidigung des Wertekanons, der Gesetze und der sozialen Entwicklung, die über Jahrhunderte von Kämpfen und unter Einsatz des Lebens errungen worden sind. Und dabei still zu halten und faul zuzusehen, ohne Druck für echte Veränderungen nach vorne auszuüben, beleidigt all jene, die einst für die Rechte, die wir nun genießen, gekämpft haben. Die Rechte und die Freiheit, die doch so logisch, fundamental und eigentlich so selbstverständlich sind, dass es mühsam ist, sie in der politischen Aktion immer wieder einzufordern. Es sind Konzepte, die in der Ideologie der Wölfe nicht existieren. Oder vielleicht entspricht das, was der Europäischen Union passiert ist, dem, was Miguel de Unamuno meinte: dass manchmal ein Ding so bekannt ist, dass wir es vergessen.

Straßburg im August 2015

1 Die Krise des Kapitalismus und deren Umwandlung in ein »griechisches Problem«

Mit diesem Buch möchte ich ein anderes Licht auf das werfen, was die »amtliche« öffentliche Erzählung in Griechenland, in Europa und besonders in Deutschland im nunmehr fünften Jahr in Folge über die »griechische Frage« verbreitet.

Ich teile die Erfahrung eines Volkes, das nun schon seit Jahren dem unmenschlichen Neoliberalismus ausgesetzt ist, gegen den es ankämpft, um seine Würde zu bewahren und um an der Hoffnung festzuhalten, dass das thatcheristische TINA (there is no alternative) sich bei den europäischen Völkern nicht einnisten kann. Es ist ein verzweifelter und manchmal einsamer Kampf darum, dass Europa zu seinen Gründungswerten zurückfindet, sie erweitert, dass die Diskussion wieder aufgenommen wird über die Entwicklung, die soziale Gerechtigkeit und den gesellschaftlichen Zusammenhalt, den Sozialstaat, die Bekämpfung der Arbeitslosigkeit, den Schutz der Umwelt und die offenen Grenzen. Vor allem ist es ein Kampf für Wohlstand und Demokratie.

Diesem Kampf des griechischen Volkes für die Wiederaneignung der verlorenen und für Europa offenbar unmaßgeblichen Werte stellen die Gläubiger eine Reihe nicht nachvollziehbarer Argumente gegenüber: Die griechische Wirtschaft sei nicht wettbewerbsfähig, der griechische Staat und die öffentliche Verwaltung seien ineffektiv und korrupt, die Griechen seien Faulpelze und Steuerhinterzieher. Das sind irrige Behauptungen, die nur darauf abzielen, jede Gegenwehr und jeden Widerstand zu brechen.

Beim Versuch der Beweisführung und der Widerlegung des Kalküls der Gegner nehme ich zu Beginn die wirtschaftlichen Faktoren in den Fokus. Damit meine Antwort auf die herrschende Erzählung über einen verspäteten Kapitalismus und mangelnde Wettbewerbsfähigkeit Griechenlands besser nachvollzogen werden kann, erlauben Sie mir eine Tour de Force durch die internationale und europäische ökonomische und politische Umgebung. Das wird uns dabei helfen, nicht nur das Geschehen selbst, sondern auch die immer neuen Spannungen zu rekapitulieren, zumal die Entwicklung weiter andauert, noch während diese Zeilen niedergeschrieben werden.

Mir geht es darum zu zeigen, dass wir es nicht ausschließlich mit einem »griechischen Fall«, mit der »Krise Griechenlands« zu tun haben, sondern mit einer Systemkrise *par excellence*, die unauflöslich mit dem Kapitalismus und seinen Auswirkungen verknüpft ist. Griechenland, so meine feste Überzeugung, muss im Rahmen dieser Krise vor allem dafür herhalten, die Umsetzung einer unmenschlichen Politik zu Lasten seiner Einwohner exemplarisch zu erproben und die Rolle eines Versuchskaninchens für die innere Abwertung zu spielen.[1]

Gestatten Sie mir hier eine kleine begriffliche Vorbemerkung. In der öffentlichen Debatte hat sich eine ideologisch gefärbte und sehr heikle Terminologie durchgesetzt, die eigentlich ein eigenes Glossar verdient. Die an Griechenland ausgegebenen Kredite laufen gemeinhin unter der Überschrift »Rettungsprogramme« oder »Hilfspakete«. In Brüssel werden demzufolge aus schierer Gutherzigkeit Pakete geschnürt, um dem armen Griechenland beizuspringen. Dass diese Pakete ihre hohen Preise – Preise, die ihrerseits beschönigend »Reformen« genannt werden, obwohl sie die früher erkämpften Arbeitnehmer- und Menschenrechte deformieren – haben, gerät dann leicht ins Hintertreffen. Ich bevorzuge stattdessen den neutralen Begriff »Memorandum«. Ein solches »Memorandum of Understanding« oder auch »Schuldenmemorandum« ist ein zwischen der Eurogruppe und

der griechischen Regierung in einem Machtungleichgewicht aus-
gehandeltes Dokument, in dem Summen, Fristen, Auflagen und
Konditionen festgelegt sind.

Ein weiterer beliebter Euphemismus ist die Verwendung des
Begriffs »Sparpolitik«, wenn eigentlich Kürzungs- beziehungsweise Austeritätspolitik gemeint ist. Und in ähnlicher Weise wie
die »Pakete« hat auch der Begriff »Troika« etwas Verniedlichen-
des. Eigentlich sollte ich das Wort immer in Anführungszeichen
setzen, aber das liest sich auf Dauer so ermüdend, dass ich dann
doch darauf verzichtet habe.

Die Systemkrise und die Konstruktionsfehler der EU

Im Jahr 2008 verzeichnete das globale Bruttoinlandsprodukt
(BIP) den stärksten Rückgang seit der Weltwirtschaftskrise 1929;
es fiel binnen eines Jahres weltweit um 2,5 Prozent. Beunruhi-
gend ist, dass sich diese Tendenz in den Folgejahren fortsetzt und
schrittweise verschärft. Mithin gibt die globale Ökonomie – und
geben insbesondere die Wachstumsraten – seit 2010 ununterbrochen nach. Wir haben es weiterhin mit einem Negativwachstum
zu tun. Im Jahr 2010 lag die Quote bei -5,2 Prozent, 2011 bei -3,9
Prozent, 2012 bei -3,2 Prozent und 2013 bei -3,0 Prozent. Das
gleiche Bild zeigt sich auch in den wirtschaftlich entwickelten
Ländern, wo wir 2010 einen Rückgang von -3,0 Prozent, 2012
von -1,5 Prozent und 2013 von -1,2 Prozent haben.[2]

In der globalen Finanzkrise von 2008/2009 (und bei deren Bewältigung) zeigte sich vor allem auch die problematische Konstruktion der Europäischen Wirtschafts- und Währungsunion
(WWU). Anfangs provozierten die internationale Finanzkrise
und die Rezession die europäische Finanzkrise, welche sich
hauptsächlich als Liquiditätskrise der Länder des Südens äu-

ßerte. In der Folge entwickelte sich diese Krise in denselben Ländern zu einer Schulden- und Bonitätskrise weiter. Heute hat sie bereits das Format einer Kohäsions- und Legitimationskrise der Eurozone.

Was aber ist der Grund dafür, dass die Strukturen der EU und der Eurozone nicht in der Lage waren, die Krise zu bekämpfen und sie abzuwenden? Warum waren die zu ihrer Bekämpfung durchgeführten Maßnahmen nicht effektiv? Kann das Funktionssystem der EU künftig und überhaupt Kohäsion und Nachhaltigkeit sichern?

Im gesamten Verlauf der Krise erweist sich die Unzulänglichkeit der gemeinsamen währungspolitischen Interventionen als Hauptproblem. Außer dem ausschließlichen Ziel der Währungsstabilität mit der willkürlich festgelegten Inflationsrate von zwei Prozent, die die meisten Länder nicht einhalten, gibt es keinerlei weiteres Interventionsmoment. Auf diese Weise wird die Möglichkeit der Länder zur Intervention in Beschäftigung und Wachstum, die den Wirtschaftszyklus beeinflussen, beschnitten. In der Sache wird das streng monetäre Modell der Bundesbank, das Deutschland zur Voraussetzung für die Teilnahme an der WWU gemacht hat, auf alle Länder der Eurozone übertragen und somit das deutsche System in ein europäisches System überführt.

Während wir also die Supranationalisierung der Währungspolitik mit der Folge ihrer Entpolitisierung haben, bleiben alle anderen wesentlichen Bereiche zur Ausübung von Wirtschaftspolitik – inklusive der Haushalts-, Sozial- und Einnahmepolitik – Angelegenheit und Zuständigkeit der Nationalstaaten, trotz der sie betreffenden einschränkenden Regelungen. Das ist eine Tatsache, welche die Konkurrenz unter den Nationen erhöht, insbesondere deshalb, weil die Währungsunion nicht von der ihr entsprechenden wirtschaftlichen Union flankiert wurde.

Die gemeinsame Währung, die supranationale Währungspolitik also, nimmt den Mitgliedstaaten der Eurozone mittels sachlicher und institutioneller Beschränkungen die Möglichkeit zur

Ausübung einer eigenen, nationalstaatlichen Haushaltspolitik. So bleibt den nationalen Regierungen in Krisenphasen mit einer Rezession oder der Erhöhung der Außenhandelsdefizite nichts anderes übrig als die Möglichkeit einer inneren Abwertung auf der Grundlage von Einnahmen und Strukturveränderungen. Das beweist auch die Klassenorientierung dieser Entscheidung bereits zu Beginn der Konstruktion des Gefüges der Eurozone, denn jede Art einer ökonomischen Krise wird abgewälzt auf die arbeitende Bevölkerung und mittels der Abwertung der Arbeit und des Sozialsystems letztlich auf die Gesellschaft. Und diese durch die Memoranden auferlegte Abwertung soll Griechenland umsetzen – und damit sowohl die Rezession und die Wirtschaftskrise als auch die soziale Katastrophe und die Unruhen verschärfen.

Obwohl das alles schon bei der Einführung des Euros bekannt war, haben die Institutionen in Brüssel auch in der Krisenphase der EU zu keinem Zeitpunkt Mechanismen zur Vorbeugung oder auch nur zur Bewältigung dieser Szenarien eingebaut. Ich kann mir nicht vorstellen, dass die führenden Politiker so naiv waren zu glauben, die Währungsstabilität und die Haushaltsdisziplin seien ausreichend, um einerseits das Auftreten von Krisen in der Eurozone zu verhindern und um andererseits diese Krisen *intra muros* auf die Staaten beschränken zu können, in denen sie zuerst aufgetreten sind. Vielmehr glaube ich, dass es eine bewusste politische Entscheidung war, das gesamte Feld den Finanzmärkten unter dem Vorwand ihrer Sicherheit und Stabilität zu überlassen, also den Banken und dem »flüchtigen« Kapital.

Der gravierendste Fehler in der »Konstruktion« des Gefüges der Eurozone besteht in der organisierten Abhängigkeit der Länder von den Privatbanken und den Finanzmärkten in Phasen von Liquiditäts- und Bonitätskrisen. Während alle anderen Staaten der Welt in einer solchen Situation auf eine Kreditaufnahme bei ihren Zentralbanken ausweichen können, können sich die 19 Eurostaaten nur bei Privatbanken Geld leihen, womit sie ihnen gewiss enorme Superrenditen sichern, da der Unterschied zwischen der Kreditaufnahme der Banken bei der Europäischen Zentralbank (EZB) und der Kreditaufnahme der Staaten wegen der von den Banken verlangten Zinsen sehr groß ist. Dem Wesen nach ist es so, als ob sie sich mit Devisen versorgten. Sobald die Finanzmärkte also die Kredite aussetzen, besteht die einzig verbleibende Lösung im Bankrott oder in der Kreditaufnahme im Ausland. Genau das geschah im Falle der griechischen Krise. Weil darüber hinaus ein Staatsbankrott des Landes 2010 den Bankrott vieler Privatbanken in Europa bedeutet hätte, wurde eilig das »Hilfsprogramm« ins Leben gerufen, das im Wesentlichen eine Aktion zur Bankenrettung ist, wie ich noch ausführlich darstellen werde. Und als das »Hilfsprogramm« gerade erfolgreich die Sozialisierung der Bankenverluste umsetzte, ohne aber zugleich die sich weiter sowohl auf ökonomischer als auch auf sozialer Ebene zuspitzende Krise zu bekämpfen, begann erneut die Diskussion über den Staatsbankrott und den Grexit. Die Rechnung dafür ging nicht an die Märkte – nicht sie wurden damit belastet, sondern die griechische Bevölkerung.

Föderal organisierte Staaten wie die USA oder Deutschland selbst haben nun seit Jahrzehnten Ausgleichsmechanismen für Disparitäten geschaffen, indem sie über Mechanismen zu ausgleichenden Transferleistungen zugunsten ihrer ärmeren und von der Krise betroffenen Regionen verfügen. Sie haben also die Solidarität untereinander gesetzlich verankert. Auf der Ebene der Eurozone hingegen wurden solche Mechanismen gezielt ausgeschlossen, um mit der Union die Privilegien einzelner mächtiger Länder und besonders Deutschlands selbst zu sichern, das von der »starken D-Mark« direkt zum »starken Euro« überging. So setzten die Länder des Südens, besonders Griechenland, die Finanzierung der laufenden Handelsdefizite gegenüber den reichen Ländern des Nordens, besonders Deutschlands, durch die Aufnahme von Krediten auf den Finanzmärkten fort. Die Resultate liegen nunmehr auf der Hand: Die Defizite Griechenlands weiten sich zusammen mit den anderen Ländern des Südens aus, und zwar bei nahezu gleichzeitiger und fast summengleicher Ausweitung der Überschüsse Deutschlands an erster Stelle, aber auch der anderen reichen Länder des Nordens. Keine Win-win-, sondern bloß eine Win-Situation für Deutschland.

Deutschland an erster Stelle und Frankreich als sein wichtigster Verbündeter sind die Hauptverantwortlichen für den Misserfolg der Europäischen Kommission, trotz der sehr bewegten deutsch-französischen Geschichte. Nachdem sie mit der Konstitution der EU und der Eurozone ihre Vormachtstellung gesichert haben, beuten sie jede ihrer Krisen aus, sowohl um ihre Interessen ihrer nationalen Eliten zu stützen als auch um ihre politischen und wirtschaftlichen Einflüsse auszudehnen. Es sind die Länder, die ihre Haushaltsstabilität praktisch aufgehoben haben, als sie es 2003/2004 ablehnten, ihre Defizitquoten zu senken. Frankreich, aber auch Spanien (aufgrund offenkundiger politischer Freundschaft) hielten noch vor kurzem, unter Stillschweigen und versteckt hinter dem breiten Rücken Deutschlands, ihre Defizitquoten aufrecht und weiten sie noch über die Limits der Verträge aus. Nie wurden diesen Ländern die dafür vorgesehenen Sanktionen auferlegt, während sie auch heute noch weiterhin Gebrauch von Ausnahmen machen, die mit der Evaluation des Stabilitätspakts 2005 und auch besonders 2008 eingeräumt wurden.

Heute wäre die Mehrzahl der EU-Länder auf Grundlage der festgelegten Kriterien nicht in der Lage, in die Eurozone einzutreten. Doch diese »lockere« Umsetzung der Regeln hat ebenfalls den Transfer des Reichtums aus den Ländern des Südens in die Länder des Nordens, besonders nach Deutschland, zur Folge. Das erhöhte Außenhandelsdefizit in Griechenlands Handelsbilanz steigerte dessen Kreditaufnahme beim reichen Norden und verstärkte folglich parallel dessen Überschüsse. Das deutsche »Wirtschaftswunder« ist also primär dem Aderlass des Südens und der langjährigen Austerität im Inneren Deutschlands geschuldet und an zweiter Stelle den großen Divergenzen der tatsächlichen

Währungskurse, den Unterschieden in den öffentlichen Ausgaben und besonders den großen Abweichungen bei Preisen und Arbeitslöhnen.

Das heiße Thema »Staatsschulden«

Alle Wirtschaftswissenschaftler, egal welcher Schule, stimmen darin überein, dass der Kapitalismus und seine Entwicklung untrennbar mit seinen periodischen Krisen verbunden ist. Allerdings weist jede Krise ihre eigenen Merkmale auf und muss von Fachleuten verschiedener Disziplinen differenziert und unabhängig voneinander untersucht werden. In unserem Fall steht bei der Frage, wie diese Krise Europa und besonders Griechenland beeinflusst hat, der Gesichtspunkt der Staatsverschuldung im Mittelpunkt.

Wie schon erwähnt, durchlief das globale Finanzsystem 2008/2009 die größte Krise seit dem Börsenkrach von 1929. Obwohl die Anzeichen der Krise bereits seit 2006 sichtbar waren, wurden keine Maßnahmen zu ihrer Bewältigung getroffen – mit dem Ergebnis der Lehman-Brothers-Pleite und des nur knapp vermiedenen Zusammenbruchs der Großbanken Wachovia Corporation, Merrill Lynch und Bear Sterns.

Alles begann 2006 mit dem Platzen der Immobilienblase, mit dem Platzen eines Marktes also, dessen Volumen allein in den USA in jener Zeit die 12-Billionen-Dollar-Marke überschritten hatte und der zu einem Prozentsatz von 75 Prozent verbrieft war. Die Entwicklung dieses Marktes übertraf jedes Albtraumszenario, während inmitten der Krise bei der französischen Geschäftsbank BNP Paribas allein im Zeitraum von August bis November 2007 ein beachtlicher Zahlungsverzug bei den Krediten zu beobachten war, so dass sie bereits zu nicht bedienten Krediten wurden. Diese Tatsache führte zur Zwangsvollstreckung von über einer Million Wohnungen und rief so ein großes soziales und wirtschaftliches Problem hervor.

Ich erinnere hier daran, dass die wesentlichen Gründe, die zu dieser offensichtlichen Krise beigetragen haben, im exzessiven Gebrauch von Schuldverschreibungen, im übermäßigen Gebrauch von beliehenem Kapital und im rechtlichen Rahmen lagen, aber auch in den maßlosen Gehältern und Boni der berüchtigten Golden Boys, der Investmentbanker.

Die Exposition der europäischen Banken, in erster Linie der Versicherungsgesellschaften vieler europäischer Staaten, in den börsengehandelten Derivaten der amerikanischen Blase transferieren die Toxizität der Krise direkt nach Europa.

In einem historisch beispiellosen Versuch zur Stützung des privaten Kapitals mit öffentlichen Geldern schüttete die US-Notenbank (FED) eine Billion Dollar aus. Es folgte die EZB, die an nur einem Tag, am 9. August 2007, zusätzliche Liquidität in Höhe von 95 Milliarden Euro bereitstellte und damit das europäische Kreditsystem und die Wirtschaft mit der gefährlichen Giftmischung aus den USA »infizierte«.

Durch die Bereitstellung von Liquidität aus öffentlichen Geldern kam die erste, aber kritische Phase der Sozialisierung der Bankverluste zu ihrem Abschluss. Und an diesem Punkt stellen sich ein paar Fragen. Wann, mal ehrlich, verteilten die Banken auch nur einen Teil ihrer Gewinne auf die Bürger? Aufgrund welcher Logik wurden und werden die steuerzahlenden Bürger dazu aufgefordert, die Privatbanken aus ihren von ihnen selbst verursachten Verlusten zu retten, und schließlich, warum tun das nicht ihre Aktionäre oder Eigentümer selbst?

Betrachten wir die Sache etwas genauer. Der Versuch, die Krise sowohl in den USA als auch in der EU hauptsächlich durch Maßnahmen mit haushalts- und währungspolitischem Charakter zu bewältigen, hatte die sprunghafte Erhöhung der Defizitquoten im Staatshaushalt und der Staatsverschuldung zum Ergebnis. In den USA haben wir eine Erhöhung der Staatsverschuldung im Verhältnis zum BIP von 60 Prozent auf 105 Prozent, in der Eurozone von 67 Prozent auf 94 Prozent und in Japan von 165 Prozent auf 205 Prozent. Diesem Sachverhalt zum Trotz galt die erste und wesentliche Sorge der EU-Regierungen der Rettung der Banken, indem sofortige Rettungs- und Stützungsmaßnahmen des Bankensystems eingeleitet wurden. Damit dies gelingen konnte, wurde ein aufwendiger Plan zur Umwälzung der Kosten auf die Steuerzahler eingesetzt:

	Land	Kosten des Plans in Mrd. Euro	In Prozent des BIP 2009
1	Italien	52	3,2 %
2	Belgien	19,6	5,5 %
3	Griechenland	28	10,8 %
4	Norwegen	NOK 350	13,5 %
5	Portugal	24	13,9 %
6	USA	USD 2 500	17,2 %
7	Frankreich	360	18,0 %
8	Deutschland	500	19,5 %
9	Spanien	250	22,4 %
10	Finnland	54	27,3 %
11	Österreich	100	34,2 %
12	Niederlande	237	39,1 %
13	Vereinigtes Königreich	GBP 1 163	78,7 %
14	Schweden	SEK 1 565	49,3 %
15	Irland	410	220,0 %
16	EU-27	3 460	26,8 %

Quelle: IWF, Zentralbanken, Ministerien[3]

Und dennoch, allen Versuchen zum Trotz verschärft sich währenddessen die Krise des Finanzkapitals, die nun klar ersichtlich von der Gesellschaft geschultert wird. Die USA setzen die in den östlichen Ökonomien exponiert vertretene EU unter Druck, noch weitere Maßnahmen zur Bankenrettung zu treffen. Die Banken Osteuropas halten Verpflichtungen in Höhe von 1,66 Billionen Euro, davon 1,5 Billionen bei westeuropäischen Banken. Aufschlussreich ist die Aussage, dass die Exposition Österreichs sich auf 82 Prozent belief, die der Schweiz auf 53 Prozent, der Niederlande auf 49 Prozent und so weiter (Prozentangaben jeweils bezogen auf das BIP eines Landes). In dieser veränderten wirtschaftlichen Umgebung ergriff die Eurozone mit 16 EU-Staaten, kurz: Euro-16 allein im Jahr 2009 zusätzliche Haushaltsmaßnahmen in einer Höhe von 245 Milliarden Euro, also 2,6 Prozent ihres BIP, die sich ebenfalls als nicht zufriedenstellend erweisen werden.[4]

Griechenland bildet das schwächste Glied in der europäischen Wirtschaft, dennoch weist es in den Basisgrößen keine auffälligen Abweichungen von den übrigen Ländern auf. Der einzige Unterschied, der auch die dauerhafte Hauptschwäche der griechischen Ökonomie ausmacht, ist das disproportional große Defizit in der Handelsbilanz.

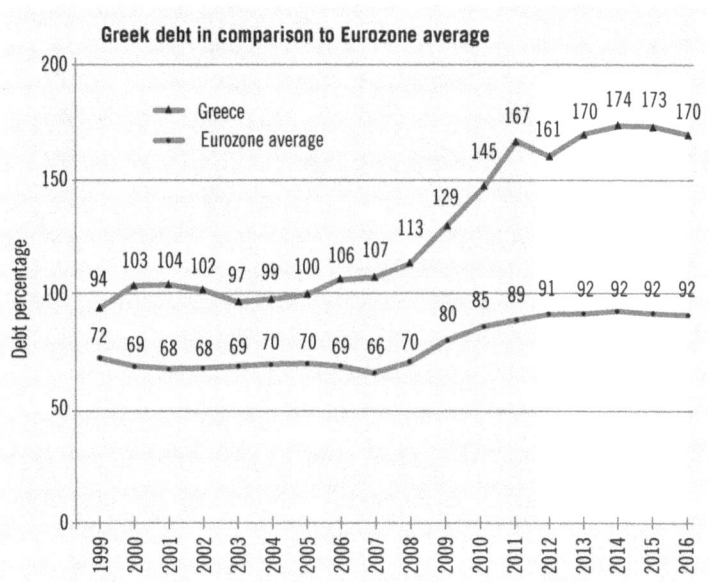

Quelle: Eurostat, *Schätzungen

In dieser hier abgebildeten Tafel sehen wir die griechischen Staatsschulden im Vergleich zum Durchschnitt der Staatsschulden in der Eurozone. Klar wird, dass die Tendenz zur Erhöhung der griechischen Staatsschulden nicht viel von jener der Euro-zone abweicht. Mit einem Blick auf die Details und als Versuch zur Wiederherstellung der allgemeinen Vernunft legen wir als Stichtag den 31. Dezember 2014 mit den Schulden in Tausend Euro zugrunde, entsprechend den Auflagen des Maastricht-Ver-trags.

Die durchschnittliche Pro-Kopf-Verschuldung aller 28 EU-Staaten liegt bei 23 863,51 Euro und jene der 19 Länder der Euro-zone bei 27 542,11 Euro. Deutschland liegt mit 26 867,26 Euro eine Position unterhalb des Durchschnitts der Eurozone und zwei Positionen oberhalb des Durchschnitts der EU der 28. Griechen-land liegt mit 29 081,31 Euro genau einen Rangplatz über Deutschland (!), und auch der Durchschnitt der 19 liegt drei Po-sitionen oberhalb des Durchschnitts der 28.

Die höchste Pro-Kopf-Verschuldung verzeichnet Irland mit 44 147,08 Euro, gefolgt von Belgien mit 38 233,21, Italien mit 35 123,83, Österreich mit 32 689,84 Euro, dem Vereinigten Kö-nigreich und Frankreich. Spanien, Zypern und Portugal – alles Länder, die ein Hilfsprogramm in Anspruch genommen und ein Schuldenmemorandum, *Memorandum of Understanding* (MoU) unterschrieben (sich also auf ein Programm sogenannter Refor-men eingelassen) haben – verzeichnen sämtlich eine Pro-Kopf-Verschuldung unterhalb des Durchschnitts sowohl der 28 EU-als auch der 19 Eurozonen-Staaten. Die geringste Staatsver-schuldung pro Kopf verzeichnen schließlich Estland, Bulgarien und Rumänien.[5]

Dem Maastricht-Vertrag zufolge sind keinem Land Schulden von mehr als 60 Prozent des BIP erlaubt. Griechenland weist zwar unbestreitbar die höchste Staatsverschuldung auf, aber im-merhin weitere 13 Staaten der Eurozone reißen diese Maastricht-Hürde. Darunter sind alle starken Ökonomien Europas vertreten wie Deutschland mit einem Schuldenanteil von 74,73 Prozent am BIP, Frankreich mit 95,2 Prozent, Italien mit 132,11 Prozent (!), aber natürlich auch die Memoranden-Staaten wie Portugal

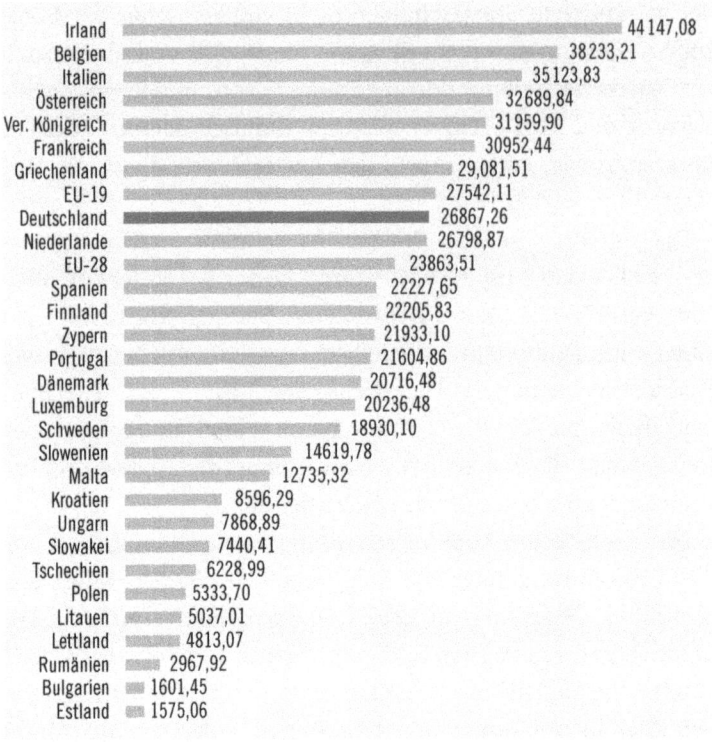

Irland	44 147,08
Belgien	38 233,21
Italien	35 123,83
Österreich	32 689,84
Ver. Königreich	31 959,90
Frankreich	30 952,44
Griechenland	29,081,51
EU-19	27 542,11
Deutschland	26 867,26
Niederlande	26 798,87
EU-28	23 863,51
Spanien	22 227,65
Finnland	22 205,83
Zypern	21 933,10
Portugal	21 604,86
Dänemark	20 716,48
Luxemburg	20 236,48
Schweden	18 930,10
Slowenien	14 619,78
Malta	12 735,32
Kroatien	8596,29
Ungarn	7868,89
Slowakei	7440,41
Tschechien	6228,99
Polen	5333,70
Litauen	5037,01
Lettland	4813,07
Rumänien	2967,92
Bulgarien	1601,45
Estland	1575,06

mit 130,18 Prozent, Spanien mit 97,67 Prozent und Zypern mit 107,50 Prozent. Im Durchschnitt liegen die 28 Länder der EU bei 86,81 Prozent und die 19 Mitglieder der Eurozone gar bei 91,86 Prozent.[6]

Nominell, also in absoluten Zahlen, ist es ausgerechnet Deutschland, das mit 2 155,23 Milliarden Euro die höchsten Staatsschulden verzeichnet. Es folgen Italien mit 2 134,01 Milliarden und Frankreich mit 2 031,49 Milliarden Euro. Griechenland mit 315,51 Milliarden Euro steht in der Rangliste einen Platz über dem wirtschaftlich starken Österreich, das eine Staatsschuld in Höhe von 264,53 Milliarden Euro aufweist.[7]

Daraus lässt sich erstens schlussfolgern, dass die hohe Staatsverschuldung nicht nur Griechenland oder die Memoranden-

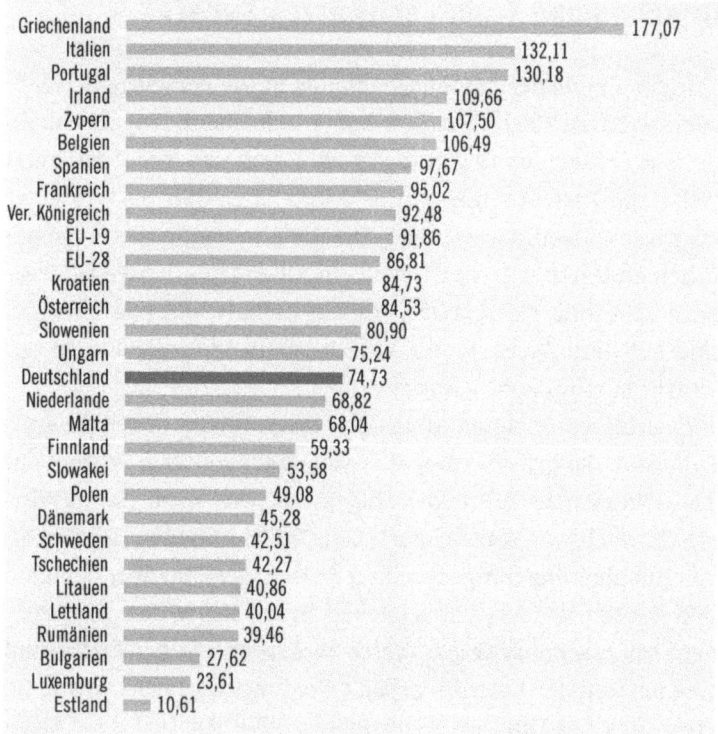

Griechenland	177,07
Italien	132,11
Portugal	130,18
Irland	109,66
Zypern	107,50
Belgien	106,49
Spanien	97,67
Frankreich	95,02
Ver. Königreich	92,48
EU-19	91,86
EU-28	86,81
Kroatien	84,73
Österreich	84,53
Slowenien	80,90
Ungarn	75,24
Deutschland	74,73
Niederlande	68,82
Malta	68,04
Finnland	59,33
Slowakei	53,58
Polen	49,08
Dänemark	45,28
Schweden	42,51
Tschechien	42,27
Litauen	40,86
Lettland	40,04
Rumänien	39,46
Bulgarien	27,62
Luxemburg	23,61
Estland	10,61

Länder des Südens betrifft, sondern alle EU-Länder – und besonders jene, die noch als starke Ökonomien gelten wie Frankreich, Italien und besonders Deutschland. Und zweitens wird deutlich, dass die meisten Länder der EU und insbesondere der Eurozone über viele Jahre hinweg sehr viel höhere Staatsschulden ausweisen, als es der strenge Maastricht-Vertrag vorsieht.

Somit erweist sich, dass wir es nicht mit einem rein »griechischen Fall«, sondern mit einer streuenden und sich selbst reproduzierenden Schuldenkrise in ganz Europa und der Eurozone zu tun haben, gleichermaßen ein Ergebnis der sich hinziehenden Rezession und der Finanzkrise, aber auch des problematischen Aufbaus der WWU und des Euro selbst.

Griechenland – ein »schwarzes Schaf«

Seit der Eingliederung Griechenlands in die gemeinsame Währung im Jahre 2001 übten sich knapp zehn Jahre lang die einander abwechselnden Regierungen von Pasok und Nea Dimokratia (ND), die Parteifreunde von SPD und CDU/CSU also, in einer höchst kreativen Buchhaltung. Die Buchhaltung basierte auf gefälschten Daten, was von den EU- in Allianz mit den NATO-Partnern im Sinne eines geopolitischen Kalküls akzeptiert wurde, und auf diese Weise wurde Griechenland schließlich auch der Beitritt zur Eurozone gestattet.

En detail verzeichnen wir in den Jahren 1980 bis 1993 die erste Explosion der griechischen Staatsschulden von 28,6 Prozent auf 111,6 Prozent des BIP. In den Folgejahren wurde ein großes Wirtschaftswachstum verzeichnet – zum Teil ein Ergebnis der kreativen Buchhaltung mit gefälschten Zahlen, gestützt aber auch auf den Tausch von Verbindlichkeiten beziehungsweise Forderungen, sogenannten Swaps. Dieser Tausch wurde mit Erfolg und Gewinn von der Investitionsbank Goldman Sachs betrieben. So »schaffte« das Land im Schlüsseljahr 1999 das Ziel des Maastricht-Vertrags, der eine Defizitquote im Staatshaushalt von maximal drei Prozent vorschreibt, und wurde offiziell Mitglied der Wirtschafts- und Währungsunion.

Im März 2010 betonte Serge Halimi die außerordentlichen Verdienste von Goldman Sachs bei der kreativen Bücherfälschung in seinem Artikel in der französischen Zeitung *Le Monde diplomatique* mit dem Titel »Bien mal acquis profite toujours (à Goldman Sachs)«[8] und erläuterte:

»Die Staaten retteten die Banken, ohne einen Gegenwert zu erhalten. Und jetzt richten die Banken ihre wiedererlangte Kraft gegen die Staaten. Und sie halten sie in Geiselhaft, indem sie die Irregularitäten ausnutzen, zu denen sie den besagten Staaten selbst geraten haben. Denn mit dem Fall der Kreditwürdigkeit der öffentlichen Hand steigen die Zinsen auf Kredite. Goldman Sachs half also Griechenland, sich insgeheim Milliarden von Euro zu leihen. In der Folge riet das Wall-Street-Unternehmen Athen, sich in ›intelligente Buchführung‹ und finanzielle

Kniffe zu flüchten, um die europäischen Gesetze zu beugen, die der öffentlichen Staatsverschuldung Grenzen setzen. Die Rechnung aus diesen Innovationen wurde immer dicker und die ohnehin schon aufgeblähte griechische Staatsschuld ebenfalls.

Wer gewinnt? Wer zahlt? Der Präsident (CEO) und internationale Berater von Goldman Sachs, Lloyd Craig Blankfein, hatte gerade einen Bonus von neun Millionen Dollar eingestrichen, als die griechischen Beamten jährlich ein Monatsgehalt einbüßten. Ungefähr gleichwertig mit einer Bank, ist ein Staat ›too big to fail‹, also ›zu groß, um bankrott zu gehen‹. Das retten wir also auch, aber das wird er teuer bezahlen. Der Direktor der EZB, Jean-Claude Trichet, zeigte sich der Regierung in Athen gegenüber unnachgiebig, während seine Organisation tatsächlich versuchte, ihr ihre Tricks nachzuweisen. Trichet forderte Griechenland auf, mit äußerster Härte und Disziplin zu versuchen, seine Abweichung vom Kurs zu korrigieren.

Unter der strikten und nahezu permanenten Aufsicht der Europäischen Union, also unter Zugeständnissen der eigenen ökonomischen Souveränität, muss Griechenland sein Defizit von 12,7 Prozent des Bruttoinlandsprodukts (BIP) im Jahr 2009 auf drei Prozent im Jahr 2012 senken. Es ist fast unmöglich, nahezu zehn Prozentpunkte des BIP aufzuholen, insbesondere in einer Phase anämischen Wachstums. Es handelt sich also nicht um Kürzungspolitik, sondern um einen schwerwiegenden chirurgischen Eingriff. Das Paradoxe ist, dass die Operation zur Eurorettung zu einem Zeitpunkt vorgenommen wird, als die Vereinigten Staaten und China mit der Abwertung ihrer Währungen eine Konjunkturerholung zu initiieren versuchen.

Angela Merkel hat es als ›beschämend‹ bezeichnet, dass ›Banken, die uns schon an den Rand gebracht haben, auch noch einen Anteil an der Fälschung der Haushalts- und Finanzstatistiken in Griechenland haben‹. Solche verbalen Scheingefechte lassen Goldman Sachs unberührt. Auf die Frage nach dem Bonus für Blankfein schien Präsident Barack Obama ebenso wenig schockiert: ›Wie die Mehrheit der Amerikaner auch würde ich nichts Schlechtes über Erfolg und Reichtum sagen. Sie sind Teil der Marktwirtschaft.‹ Dieser ›Erfolg‹ kommt, wie bekannt, der gesamten Gesellschaft zugute ... War es nicht Goldman Sachs, die zuletzt 0,6 Prozent Gewerbesteuer zahlten?«[9]

Die Eingliederung Griechenlands in die Eurozone wurde nicht nur von unseren führenden Politikern und unserer wirtschaftliche Elite begrüßt. Sie wurde von der Gesamtheit aller Regierungen und Politiker in Europa, besonders derjenigen Frankreichs und Deutschlands, begrüßt und willkommen geheißen. Heute suche ich vergeblich nach Äußerungen von Politikern oder Analysen von Fachleuten aus dieser Zeit, die auch nur den leisesten Unterton oder Zweifel darüber lassen, dass Griechenland eventuell mit »gezinkten« Daten in die WWU eingetreten sein könnte. Damals erschien alles perfekt und gut gemacht.

In der Folge begann sich die Lage zu destabilisieren, die feierlichen Begrüßungen verebbten, und die anfängliche Euphorie über die griechische Eroberung der Eurozone wich sukzessive immer neuen Nöten und Sorgen. In dieser Zeit brachte der Konflikt zwischen den beiden herrschenden Parteien in Griechenland den Wirtschaftsminister Georgios Alogoskoufis der ND-Regierung dazu, auch unter dem luftabschnürenden Druck des Statistischen Amts der Europäischen Union (Eurostat), eine Bestandsaufnahme der ökonomischen Gegebenheiten, das zentrale Thema für Griechenland im Jahr 2004, in Angriff zu nehmen. Die Feststellung von großen Abweichungen und die Vorenthaltung von Daten durch die Vorgängerregierung der Pasok revidierten und korrigierten nicht nur die Defizite nach oben, sondern untermauerten auch das Verdikt der Unglaubwürdigkeit des ganzen Landes. Dieser Mangel an Glaubwürdigkeit führte zu einer drei Jahre dauernden Brüsseler Kontrolle, und gleichzeitig wurde die Diskussion über die Existenz der bis dato in ganz Europa »unbekannten« manipulierten Daten in Gang gesetzt.

Von diesem Zeitpunkt an gerieten Griechenland, seine Bevölkerung und seine Ökonomie ins Fadenkreuz interessierter »Marktteilnehmer«, wie es so schön heißt. Diese Spekulanten und Investoren nutzten die Gelegenheit der vermeintlichen mangelnden Vertrauenswürdigkeit, um die Zinsen auf die Kreditaufnahmen der öffentlichen Hand zu erhöhen. Dieser Umstand führte, bezogen auf das BIP, zur Erhöhung des Volumens der öffentlichen Verschuldung, was für die Märkte mittlerweile hemmend wirkt, so dass sie noch höhere Zinsen auf die Kreditvergabe an das Land forderten. So entwickelte sich Jahr um Jahr eine tödliche Kreditspirale, die 2010 in die Sackgasse führte.

Ich bin der Letzte, der behaupten würde, dass Griechenland selbst bar jeder Verantwortung für seine Situation und deren Entwicklung in der Vergangenheit und in der Zukunft ist. Ganz im Gegenteil. Als Mitglied von Synaspismos tis Aristeas, tis Oikologias kai ton Kinimaton (»Bündnis der Linken, der Ökologie und der Bewegungen«) und später von Syriza haben meine Partei und ich die Regierungen von Pasok und ND von Beginn an angeprangert. Wir haben wirklich hart dafür gekämpft – damals noch als kleine Partei –, dass dem permanenten Machtwechsel der beiden Parteien ein Ende gesetzt wird. Ein bewusster Kampf gegen das berüchtigte Zweiparteiensystem, das verantwortlich ist für die Abgründe des Landes und in Verbindung gebracht wird mit einer laufend sich verschärfenden ökonomischen Situation, der *diaploki* (was etwa so viel bedeutet wie »geheime Absprachen« und das personell, finanziell und verwandtschaftlich eng verflochtene System aus Medien, Unternehmen und Altparteien kennzeichnet), dem Klientelsystem im Staat, der Vergeudung öffentlicher Gelder und auch mit der Unglaubwürdigkeit des Landes.

Wir wendeten uns sogar gegen die Ausrichtung der Olympischen Spiele 2004, was damals mit einem »Verrat an der Nation« gleichgesetzt wurde, weil wir glaubten, dass Griechenland, ein kleines Land mit einer problematischen Ökonomie, eine solche kostenintensive Veranstaltung und deren Austragung nicht schultern könnte. Wir fanden kein Gehör. Die politischen und ökonomischen Eliten des Landes brauchten den unverzichtbaren Mythos des »starken« Griechenland, um das neue soziale, politische, konsumistische und besonders das ökonomische Modell zu etablieren, für das die beiden sich an der Macht abwechselnden politischen Parteien warben und das sie auf den Weg bringen wollten. Dieser Mythos fütterte das »manipulierte« und »vorgetäuschte« Bild Griechenlands – vermittelten doch die von ihm vorgelegten Daten wie eh und je den Eindruck wirtschaftlicher Gesundheit und uneingeschränkter Fähigkeit, so ein großes Weltsportereignis ausrichten zu können, ohne auf die Kosten achten zu müssen.

Nach der olympischen Abschlusszeremonie revidierte und korrigierte Eurostat noch im selben Jahr die Daten der kreativen Buchhaltung nach oben, bis sich schließlich offenbarte, dass Griechenland 1999, leider, den Kriterien zum Eintritt in die gemeinsame Währung nicht genügt hatte. Was für eine Überraschung!

Erlauben Sie mir an dieser Stelle eine rhetorische Frage: Mal im Ernst, gibt es heute noch irgendjemanden, der glaubt, dass das kleine Griechenland von allein und nur mit Hilfe von Goldman Sachs die Supermacht EU an der Nase herumführen und sich quasi hintenherum in die Eurozone einschleichen konnte? Ich bin ja öfter in Talkshows des deutschen Fernsehens eingeladen worden, und da habe ich von vielen meiner Gesprächspartner, so etwa auch von dem bekannten bayerischen Populisten Markus Söder (CSU), hören müssen, dass es Griechenland offenbar unter absoluter Geheimhaltung geschafft hätte, alle technischen Teams und die Regierungen der Eurozone reinzulegen. Ich lasse diesen Vorwurf stellvertretend für die damaligen Verantwortlichen in Athen gern auf mir sitzen, weil ich ihn nicht ernst nehmen kann – im Gegenteil: Ich finde ihn ganz und gar naiv.

Als in den Jahren 2004 bis 2007 verhältnismäßig hohe Wachstumsraten verzeichnet wurden, erhöhten sich auch die Schulden hinsichtlich des Prozentsatzes am BIP. In Verbindung mit dem relativ hohen Defizit in der Handelsbilanz im Jahr 2008 und vor dem Hintergrund der Krise bot dies den Opportunisten die Gelegenheit, die griechischen Staatsanleihen ein weiteres Mal anzugreifen und die Zinsen auf Anleihen der öffentlichen Hand nach oben zu katapultieren.

Die Angriffskampagne begann mit der allmählichen, aber sich kontinuierlich beschleunigenden Abwertung der griechischen Ökonomie durch die drei federführenden Ratingagenturen. In 2009 wertete Standard and Poor's die langfristige Kreditwürdigkeit des Landes von A auf −A herab, gefolgt von Fitch mit der miesen Benotung BBB+. Da wollte Moody's nicht zurückstehen. Das Ergebnis dieses Dreiklangs war die jähe Erhöhung der Kosten für die Kreditaufnahme des Landes. Unter Mitwirkung der internationalen Ratingagenturen begann die offizielle Kurserhöhung der griechischen Spreads[10], und die Aufnahme von Anleihen kam das Land immer teurer zu stehen. Am 21. Januar 2010 lag der Spread der griechischen Staatsanleihen mit zehnjähriger Laufzeit bereits bei 300 Einheiten, um im April desselben Jahres auf die astronomische Höhe von 1 000 Einheiten hochzuschnellen.

Austeritätspolitik und Widerstand

Noch vor der Unterzeichnung des ersten Memorandums und als ein Versuch, die Märkte zu besänftigen und die Zinserhöhungspolitik zu stoppen, kündigte die damalige griechische Regierung unter Giorgos A. Papandreou am 9. Februar 2010 eine Reihe von strengen Maßnahmen und Einschnitten bei den öffentlichen Ausgaben, also hauptsächlich die Kürzung von Löhnen und Renten, sowie die Erhöhung der indirekten Steuern an. Das waren klassische Instrumente aus dem austeritätspolitischen Werkzeugkasten, die sich auf die Beschäftigten in den Niedriglohnsegmenten, die Lohnempfänger und mit den kleinen Selbstständigen auf einen Teil der Mittelschicht bezogen. Sofort folgten die Reaktionen in der Gesellschaft, und es kam zum ersten gesamtgriechischen Streik der gewerkschaftlich organisierten Beamten und Angestellten im öffentlichen Dienst. Wie nicht anders zu erwarten, führten die verhängten Maßnahmen nicht zu einer Verbesserung des Klimas und zur Bewältigung des Problems der Refinanzierung der griechischen Schulden. Der Appetit der Finanzmärkte auf immer mehr Gewinne erhöhte die Zinsen noch weiter, die Gefahr des Bankrotts nahm täglich zu, und die griechische und die europäischen Regierungen sahen es als »einzigen« Ausweg an, die Einkommen noch stärker zu beschneiden und die Kürzungspolitik noch weiter auszuweiten, obwohl sich die wirtschaftliche Depression genau aufgrund dieser Maßnahmen verschärfte.

Am 3. März 2010 erfolgte dann die offizielle Bekanntgabe der Kürzungsmaßnahmen. Sie umfassten: Kürzung des Weihnachts-, Oster- und Urlaubsgeldes um 30 Prozent, Kürzung aller Zuschläge im öffentlichen Dienst um zwölf Prozent, Kürzung der

Bezüge der Beschäftigten der Öffentlichen Betriebe (DEKO), der Organisation der Kommunalverwaltungen (OTA) und der Körperschaften des Privaten Rechts (NPID) um sieben Prozent, Erhöhung der verschiedenen Mehrwertsteuersätze von 4,5 auf fünf, von neun auf zehn und von 19 auf 21 Prozent, Erhöhung der Mineralölsteuer um 15 Prozent, Aufschlag von zusätzlichen zehn bis 30 Prozent auf die (bereits bestehenden) Einfuhrsteuern auf den Wert der meisten eingeführten Personenkraftwagen, Wiedereinführung des Nachweises der Betriebskosten, inklusive der Personenkraftwagen (war im September 2003 aufgehoben worden), sogar noch der Fahrzeuge mit minimalsten Hubräumen.[11]

Die griechische Gesellschaft, schockiert von der Heftigkeit des Angriffs, dem sie ausgesetzt war, ahnte bereits von diesem Augenblick an, dass sie als Versuchskaninchen zur Umsetzung der Politik der inneren Abwertung herhalten musste. Die Parteien der Linken und die Gewerkschaften reagierten mit Gegenwehr und bereiteten die Mobilisierung vor. Die Kommunistische Partei Griechenlands (KKE) betonte in einer Erklärung:

»Der wütende Sturm, vor dem die KKE bereits zeitig gewarnt hatte, ist in vollem Gange. Der Krieg, den die Regierung und die EU mit der Zustimmung von ND und der rechtspopulistischen Partei LAOS gegen das Volk entfesselt haben, geschieht zugunsten der griechischen und europäischen Plutokratie. Von dem gleichen Angriff sind auch alle Bevölkerungen der EU und weitere betroffen.«

Alexis Tsipras, der Vorsitzende von Syriza, aber damals noch Oppositionspolitiker, erklärte in Brüssel:

»Heute hat sich die griechische Regierung dazu entschlossen, die griechische Gesellschaft und ihre Errungenschaften dem Feuer zu übergeben. Aber das, was wie ein großzügiges Geschenk an die Spekulanten erscheint, gehört ihr nicht. Es gehört den griechischen Arbeitnehmern, die es mit ihren Kämpfen und ihren Opfern in den letzten Jahrzehnten errungen haben.«[12]

Am 5. März kam es zur ersten großen Mobilisierung und zu Demonstrationen im Rahmen des vom griechischen Gewerkschaftsbund (GSEE) organisierten Generalstreiks auf dem Syntagma, dem zentralen Platz Athens, der von besonderem symbolischem

Wert für die griechische Demokratie ist. Die beeindruckende Massendemonstration wurde massiv von den Sondereinheiten der Polizei angegriffen, welche die Bürger ununterbrochen mit chemischem Kampfgas einnebelten und auf sie einknüppelten, selbst direkt vor den Augen der Parlamentsfraktion von Syriza, die an der Kundgebung teilnahm. Der Angriff mit chemischem Kampfgas aus unmittelbarer Nähe auf Manolis Glezos, die zentrale symbolische Figur des griechischen Widerstands gegen die deutschen Besatzungstruppen und nun Parlamentsabgeordneter von Syriza, der den damals Achtundachtzigjährigen mitten ins Gesicht traf[13], statuierte ein Exempel: Offenbar sollte von Anfang an klargestellt werden, dass die griechischen und internationalen Eliten unter Führung des Finanzkapitals nicht gewillt sind, auch nur die geringste Toleranz gegenüber den Protesten walten zu lassen, die möglicherweise Zweifel am Plan zur Unterwerfung des griechischen Volkes erwecken könnten. Dem griechischen Volk sollte und soll es nicht gestattet werden, sich als Hoffnungsträger und Vorbild für den Widerstand zu zeigen, dem die übrigen Völker Europas nachfolgen könnten.

Schnell erwiesen sich auch diese Maßnahmen als ungenügend für die Märkte. Die dem Kranken verabreichte Therapie führte – statt zur Verbesserung seines Zustands – zu dessen Verschlechterung. Die Wirtschaft versank in eine immer tiefere Rezession, und die Anzeichen der humanitären Krise – die ich weiter unten im Einzelnen beschreibe – wurden deutlicher.

Gleichzeitig mehrten sich in ganz Europa die Stimmen gegen das »falsche Rezept«, gegen die Verabreichung eines Medikaments, das den Patienten vergiftete, anstatt ihn zu heilen, und ihn zu einem langsamen und sicheren Tod verurteile. James K. Galbraith, Professor für politische Ökonomie an der LBJ School of Public Affairs an der Universität Texas, führte aus:

»Die Käufer von Staatsanleihen haben sich in die einzigen Gutachter über die Kürzungsprogramme verwandelt, zu deren Annahme die Regierungen verpflichtet sind. Nur sie entscheiden darüber, ob den Völkern und ihrer Fähigkeit zur

Rückzahlung der Schulden Glauben geschenkt werden kann. Damit die Zinsen auf ein erträgliches Maß fallen und die Quellen der Finanzierung zum Sprudeln gebracht werden, muss sich ein Land eiserner Haushaltsdisziplin unterziehen.

Diese Theorie birgt jedoch einen Makel, und dazu noch einen sehr schwerwiegenden. Schöne Versprechungen kosten nichts. Selbst wenn ein Staat alle Launen der Märkte befriedigt, um sich bei ihnen anzubiedern, braucht es Zeit, bis die Kürzungsmaßnahmen in Kraft treten, und noch mehr Zeit, bis sie die in sie gesetzten Leistungserwartungen erfüllen. Wie aber kann es sein, dass ein Staat als vertrauenswürdig eingeschätzt wird, der für seine Verantwortungslosigkeit berüchtigt ist? Wie sehr Griechenland auch immer schwört, dass es alle Beamten und Rentner bis aufs Hemd auszieht, seine Staatsschulden werden fällig werden, bevor es auch nur annäherungsweise dazu kommt, seine Versprechen in die Tat umzusetzen. Und hier empfiehlt ihr das Paradoxe: Je mehr Athen sich zur Beschränkung seiner Ausgaben verpflichtet, desto mehr misstrauen ihm die Märkte, weil es versucht, sich anzubiedern.«[14]

Die Akteure auf den berüchtigten Finanzmärkten, die dem Land seit Jahrzehnten Kredite verschafft und dabei schwindelerregende Summen aus den hohen Zinsen erzielt haben, kamen plötzlich zu der Auffassung, dass Griechenland als Land und als Marktwirtschaft mit einem hohen Risiko behaftet sei, und drohten mit einer Unterbrechung der Refinanzierung seiner Staatsschulden, den strengen, bereits unter der Regierung von Giorgos A. Papandreou getroffenen Maßnahmen zum Trotz. Griechenland kam an die Schwelle des Staatsbankrotts, und war – um ehrlich zu sein – in der Sache eigentlich bereits pleite.

In der gesamten Eurozone begann eine Phase der Instabilität. Immer neue Konferenzen und Gipfeltreffen in kurzer Folge wurden mit dem Ziel veranstaltet, den Euro zu stabilisieren, der mittlerweile ernsthaft vom Staatsbankrott Griechenlands bedroht wurde. Zusammen mit dem Euro waren auch einige europäische Banken in Gefahr, in erster Linie französische und deutsche, welche mit den griechischen Banken auch den Löwenanteil an griechischen Staatsanleihen hielten.

Am 1. Mai 2010 wehrten sich die Arbeiter und Rentner, die Schüler und die Arbeitslosen. Die Versammlungen und die traditionellen Maidemonstrationen in ganz Griechenland waren gewaltig. Die Gesellschaft hatte eindeutig erkannt, dass sich ein bedeutender Klassenkampf entfaltete. Sie reagierte, sammelte und widersetzte sich.

Nach den beispiellosen Mobilisierungen »beantwortete« der damalige Finanzminister Giorgos Papakonstantinou die Empörung in der Bevölkerung mit einem weiteren besonders strengen Programm zur Haushaltsanpassung, das einem Programm der inneren Abwertung mit einem klaren und zwingenden Klassencharakter gleichkam und das die Verluste und die Lasten des Kapitals zunächst den Beamten und danach allen Beschäftigten und Rentnern aufbürdete. Die neuen schmerzhaften Eingriffe zur garantierten Fortsetzung der vorangegangenen Maßnahmen waren:

»Das 13. und das 14. Monatsgehalt der Beamten werden auf jeweils 500 Euro gekürzt, Oster- und Urlaubsgeld werden auf jeweils 250 Euro gekürzt, das Weihnachtsgeld auf 500 Euro. Die Zulagen bei den Beamten werden um acht Prozent, die Löhne bei den Beschäftigten der Betriebe und Gesellschaften der öffentlichen Hand (DEKO), wo es keine Zulagen gibt, um drei Prozent gekürzt. Bei den Beamtengehältern werden die Zulagen für drei Jahre eingefroren. Bei den Renten (private und im öffentlichen Dienst) betragen die ausgezahlten Zulagen des 13. bis 14. Monatsgehalts jeweils 200 Euro Oster- und Urlaubsgeld sowie 400 Euro Weihnachtsgeld. Der LAFKA (Solidaritätsfonds der Sozialversicherungsträger) auf hohe Renten wird wieder eingeführt. Das 13. bis 14. Monatsgehalt im privaten Bereich bleibt unberührt. Änderungen zur Regulierung der Abfindungen und Entlassungen werden eingeführt, Überstunden werden geringer vergütet. Eine Sonderabgabe auf ›sehr gewinnträchtige‹ Unternehmen wird eingeführt. Die Mehrwertsteuersätze werden auf 23 Prozent, elf Prozent und 5,5 Prozent erhöht (um zehn Prozent auf jeder Stufe). Es gibt neue Erhöhungen von zehn Prozent auf Getränke, Zigaretten und Brennstoffe aufgrund der Erhöhung der Sonderverbrauchssteuer. Die Luxussteuer wird um zehn Prozent erhöht. Die ›geschlossenen Berufe‹[15] werden geöffnet. Die Vergleichswerte der Personenkraftwagen (neutrale Bewertung gebrauchter Kraftfahrzeuge ähnlich der Schwacke-Liste; G.Ch.) werden erhöht. Ohne Genehmigung erbaute Gebäude werden besteuert, eine Gebühr auf den Unterhalt dachloser Räume wird erhoben. Die Gewährung der zweiten Rate des Arbeitslosengeldes wird aufgehoben. Ein finanzpolitischer Stabilitätsfonds wird eingerichtet.«[16]

Am 3. Mai 2010 stellte Griechenland einen Antrag auf einen 80-Milliarden-Euro-Kredit bei den damals noch 15 anderen Mitgliedstaaten der Eurozone und beim Internationalen Währungsfond auf weitere 30 Milliarden Euro. Dieser Antrag wurde von drei Memoranden (»Memorandum of Understanding«) flankiert: 1.) Memorandum der Wirtschafts- und Finanzpolitik, 2.) technisches Memorandum der Verständigung und 3.) Memorandum der Verständigung und spezifische Vorabbedingungen zur Wirtschaftspolitik. Am 8. Mai 2010 wurde das Loan Facility Agreement mit den Ländern der Eurozone und dem Stand-by-Agreement mit dem IWF akzeptiert. Der Kürze halber wird die Gesamtheit dieser Vereinbarungen als erstes Memorandum angesehen.

Mit den damit verbundenen Auflagen begann auch offiziell der Prozess der Sozialisierung der griechischen Staatsschulden. Die Mittel aus den Krediten von EZB und IWF orientieren sich nicht an der Entwicklung der griechischen Ökonomie oder den Bedürfnissen des griechischen Staates, sondern an der Rückzahlung der Altschulden an die Privatbanken Frankreichs, Deutschlands und Griechenlands.

Am 5. Mai, einen Tag vor der parlamentarischen Abstimmung über die Kürzungsmaßnahmen, rief der griechische Gewerkschaftsbund zum Generalstreik auf. Die Kampfbereitschaft war groß. In Athen fand die mit Abstand größte Kundgebung und Demonstration unserer jüngeren Geschichte statt. 250 000 bis 300 000 Menschen demonstrierten im Stadtzentrum in einer außergewöhnlichen und anfangs friedlichen Demonstration. Die angespannte Atmosphäre, die überflüssige, unverhältnismäßig große Präsenz und provozierende Haltung der Polizei bereiteten jedoch den Nährboden für ein Klima, diese überwältigende Intervention der Bevölkerung mit Ausschreitungen und Randale gleichzusetzen und zu stigmatisieren. Denn die Demonstration zog den tragischen Tod dreier Angestellter der Marfin-Bank nach sich. Es handelt sich um Paraskevi Zoulia, 35 Jahre, Angeliki Papathanasopoulou (im 4. Monat schwanger), 32 Jahre, und Epaminonda Tsakalis, 36 Jahre, welche in der brennenden Filiale der Bank in der Odo-Stadiou-Straße eingeschlossen waren, als Unbekannte einen Molotowcocktail in das Ladeninnere warfen.[17] Die

Unglücklichen erstickten auf tragische Weise durch Dämpfe, als sie im Gebäude ohne Notausgang eingeschlossen waren, da sie dessen Türen abgeschlossen hatten, um den Bankgeschäften ungestört nachgehen zu können.

Das Untersuchungsergebnis des Arbeitsschutzbeauftragten schrieb dem Arbeitgeber die erdrückende Verantwortung für die Übertretung und Nichtbeachtung der Sicherheitsregeln im Gebäude zu, die sich für die Beschäftigten als schicksalhaft erwies.[18] Die Vereinigung der Bankangestellten beschuldigte ebenfalls die Eigentümer der Marfin-Bank, weil sie die Beschäftigten unter Androhung der Entlassung regelrecht dazu zwangen, an diesem Tag der Massendemonstrationen zu arbeiten, und sie dazu nötigte, im kritischen Augenblick die Filiale abzuschließen. Unter anderem hieß es in der Verlautbarung dieser Vereinigung zum Streiktag in den Banken: Verantwortlich für den Tod der drei Angestellten sei »die ausgeübte Politik, die Polizeieinsatzführung, aber auch die Haltung der Bankdirektorien, die die Teilnahme der Beschäftigten an den Mobilisierungen behinderten, während sie auf unverantwortliche Weise nicht rechtzeitig alle erforderlichen Sicherheitsmaßnahmen ergriffen«.[19]

Und während das Land im wahrsten Sinne des Wortes in Flammen stand, bildete sich nach der Unterzeichnung der Memoranden das undemokratischste, unbeliebteste und abstoßendste Gebilde in der gesamten europäischen Geschichte: die »Troika«.

Die Rolle der Troika und der europäischen Institutionen

Es würde ein ganzes Buch in Anspruch nehmen, um die Rolle, aber auch das Verhalten der Troika in Griechenland zu beschreiben, der Instanz also, zu der sich die EZB, der IWF und die Europäische Kommission zur Kontrolle der geflissentlichen Ausführung der

Memoranden zusammengeschlossen haben. Zum Auftakt will ich bloß aus einem Artikel zitieren, den der amerikanische Denker Noam Chomsky in der Belgrader Zeitung *Politika* veröffentlichte:

»Die Austeritätspolitik, die Griechenland auferlegt wurde, entbehrt aus ökonomischer Sicht jeder Vernunft und ist katastrophal für das Land. Das Verhalten der ›Troika‹ stellt eine Schande dar. Es gibt keinen Zweifel darar, dass es ihr Ziel ist, in alle Richtungen die Botschaft zu verbreiten, dass der Widerstand gegen die Banken des Nordens und die Bürokratie Brüssels nicht toleriert wird und dass die Kämpfe für Demokratie und den Respekt des Willens der Bevölkerungen aufgegeben werden müssen.«[20]

Die verhassten Gesichter der Troika wurden und werden von ihrem Chef, dem Dänen Poul Thomsen, angeführt. Er ist stellvertretender Direktor der Europa-Abteilung des IWF und hat sich den Titel des »Hardliners« in seinen vorangegangenen Missionen der IWF-Einsätze in einigen Ländern Osteuropas erworben. Daneben waren zunächst beteiligt der Belgier Servaas Deroose (Generaldirektor der Generaldirektion Wirtschaft und Währung der Europäischen Kommission) als Vertreter der EU, der damalige finnische EU-Kommissar Olli Rehn und der Deutsche Klaus Masuch als Repräsentant der EZB. Ihr Basisteam zählte 32 Mitglieder, sie gingen in den Ministerien ein und aus, sie ließen Mitglieder des griechischen Kabinetts vorsprechen, sie forderten von den Angestellten Daten ein, und sie waren es, die das Land tatsächlich »regierten« – ein Land, das seine wirtschaftliche Souveränität eingebüßt hat und um die Aufrechterhaltung seiner politischen Souveränität kämpft. Die internationale und griechische Presse und das Fernsehen waren täglich randvoll mit Bildern der schweigsamen Troika-Vertreter, wie sie aus ihren Limousinen stiegen und hinter verschlossenen Türen verschwanden. Unter Wahrung der Form stand doch das Verhalten der Troika dem der herrschenden Mächte in den schwärzesten Zeiten des Kolonialismus und der Apartheid in nichts nach.

Ich will nicht verschweigen, dass der Troika die Umsetzung der in den Memoranden beschriebenen Maßnahmen allein nicht ausreichte. Oft handelte sie als Vertretung des einheimischen ökonomischen Establishments. Sie verlangte also auf Bestellung die Ausführung der Wünsche der griechischen Oligarchen, welche die Krise und die Kontrolle der Troika als eine Gelegenheit erster Güte betrachteten, um ihre Gewinne zu erhöhen und gleichzeitig ihre Differenzen mit der Gesellschaft zu lösen. Ein himmelschreiendes Beispiel war dabei der Abbau der Arbeitnehmerrechte und die Öffnung der geschlossenen Berufe. Betroffen waren beispielsweise die Lizenzen für Taxis und Lastkraftwagen, als ob die Zukunft einer Ökonomie und eines Landes von den institutionellen Rahmenbedingungen für Taxis abhinge!

Ein aussagekräftigeres Beispiel ist vielleicht der Fall der Kioske, die in Griechenland traditionell Zigaretten und verschiedene Kleinigkeiten verkaufen und die ursprünglich einmal installiert wurden, um den Kriegsversehrten eine Perspektive zu bieten. Die Kioske – abgesehen davon, dass sie ebenso ein nicht wegzudenkender Bestandteil des griechischen Stadt- und Dorfbildes im Land sind wie etwa in Wien die Würstchenstände und Fiaker – weisen einen Gesamtumsatz von fünf Milliarden Euro im Jahr und Nettogewinne um zehn Prozent auf. Dieser Umsatz ist für die großen Supermarktketten und andere Unternehmensinteressen mitnichten zu vernachlässigen. Also forderten sie die Troika zur Neuregelung auf. Eine weitere »couragierte Reform« also unter den vielen, die Griechenland, der Brüsseler Lesart zufolge, nicht schnell genug verwirklicht hat.

Bleiben wir aber beim politischen Teil. Die Einsetzung der Troika und ihre Mission, die Memoranden in Ländern wie Griechenland, Zypern und Portugal durchzusetzen, bildet vielleicht die größte institutionelle Abirrung der EU bis heute. Sie ist ein weiterer Beweis dafür, wie sehr die Politik die Macht letztlich an die Banken und die Finanzmärkte abgegeben hat. So ausgeleuchtet erscheint die Troika als nicht viel mehr denn ein moderner Wachmann im Dienste des strengen Neoliberalismus, der in absolutem Gehorsam gegenüber seinen im Verborgenen bleibenden Bossen und auf strenge und quälende Art deren Plan zur wirtschaftlichen Versklavung der Bevölkerungen durchsetzt. Das gilt besonders denjenigen, die Widerstand leisten, er setzt den Plan nicht mit der Peitsche, nicht mit dem Gewehr durch, sondern mit einer wirtschaftlichen Erpressung, die allen Geboten der Menschlichkeit Hohn spricht.

In ihrem Handeln und Verhalten überschritt die Troika in Griechenland ihre Zuständigkeiten in einem solchen Maße, dass sogar konservative Europaparlamentarier Kritik an ihr äußerten und es auch bis heute tun. In ihrem vom Europaparlament beauftragten Bericht merken die Referenten, der Österreicher Othmar Karas von der Europäischen Volkspartei (EVP) und der Franzose Liêm Hoang Ngoc von der Allianz der Sozialdemokraten, unter anderem an:

>Die drei unabhängigen institutionellen Organe innerhalb der Troika hatten eine ungleichgewichtige Verteilung der Verantwortungsbereiche, unterschiedliche Mandate, sowie unterschiedliche Verhandlungs- und Entscheidungsstrukturen auf verschiedenen Verantwortungsniveaus. All diese Faktoren trugen zur Abwesenheit der geeigneten Kontrolle und der notwendigen demokratischen Rechenschaftslegung in ihrer Gesamtheit bei.«[21]

Im selben Bericht ist zu lesen, dass die demokratische Rechtsgültigkeit der Verhandlungen mit der Troika und der Beschlüsse der Eurogruppe nicht ausreichend ist und unter Berücksichtigung der Tatsache, dass die Troika nur ein technisches Gremium ist, verstärkt werden muss.[22]

Mit der Annahme dieses Berichts durch das Europaparlament haben wir das offizielle Eingeständnis, dass die Bedeutung, das Verhandlungsmandat und überhaupt die Existenz der Troika in keinerlei Weise demokratisch legitimiert sind. Spitzenpolitiker wie der Vorsitzende des Europaparlaments, der deutsche Sozialdemokrat Martin Schulz, bewundern die Rolle dieses Konstrukts weiterhin und halten es auch zukünftig für unverzichtbar, womit sie zur Vertiefung des Grabens zwischen den Bürgern und den Institutionen der EU beitragen. Politiker wie er haben ebenfalls ihren Anteil an der immer größeren Abwertung der demokra-

tisch gewählten und damit der demokratischen Rechenschafts-
pflicht unterliegenden Organe der EU. Es wird damit überdeut-
lich, dass auf diese Art einem unerklärten, aber allzu sichtbaren
Ziel gedient wird: der Verlagerung der Macht von den demokratisch gewählten Organen auf die intransparenten Finanzmärkte.

Obwohl die Regierung von Giorgos A. Papandreou gehorchte
und sich an die Anforderungen des ersten, im Mai 2010 vereinbarten Memorandums hielt, zeigte die Situation des Landes keinerlei Verbesserung. Im Gegenteil, sämtliche Zahlen der griechischen Wirtschaft verschlechterten sich dramatisch, und die
Gefahr des Staatsbankrotts tauchte ein weiteres Mal am Horizont
auf. Die Lösung des Problems der beobachteten Verschlechterung wurde wieder einmal von der Troika gegeben und war mit
der vorangegangenen identisch, allerdings schärfer: Austerität,
mehr Austerität und noch viel mehr Austerität. Ein Insistieren,
das nicht nachvollziehbar war, so wenig nachvollziehbar, dass es
sich verdächtig machte. Und ganz allmählich wurde das eigentliche Ziel deutlich, das gar nicht in der Lösung der finanz- und
wirtschaftspolitischen Probleme besteht. Die Troika selbst wusste
und weiß es besser als jeder andere, dass die griechischen Staatsschulden nicht tragfähig sind und nicht in Gänze zurückgezahlt
werden können. Damit erweist sich, dass das eigentliche Ziel die
Bestrafung eines Volkes ist, das unentwegt Widerstand leistet,
und natürlich die Vorenthaltung eines alternativen Auswegs,
nicht nur für Griechenland, sondern auch für ganz Europa.

Im Verlauf des Jahres 2011 stürzte die gewissenhafte Umsetzung der Kürzungsprogramme die griechische Ökonomie in eine
nur noch tiefere Rezession. Die Krise verschärfte sich, und die
Gesellschaft reagierte. Große Kundgebungen wurden auf allen
Plätzen des Landes von der »Bewegung der Empörten« organisiert. In Athen und anderen Städten fanden Demonstrationen
mit massenhafter Beteiligung statt. Die Wirtschaftsdaten blieben
jedoch unverändert. Die Arbeitslosigkeit beispielsweise wuchs
ununterbrochen, und ihre Zunahme stieg tendenziell dramatisch

an, wie die Grafik und die ihr zugrunde liegenden Daten der Griechischen Statistikbehörde (EL.STAT)[23] sowie die folgende Tabelle auf plastische Weise darlegen.

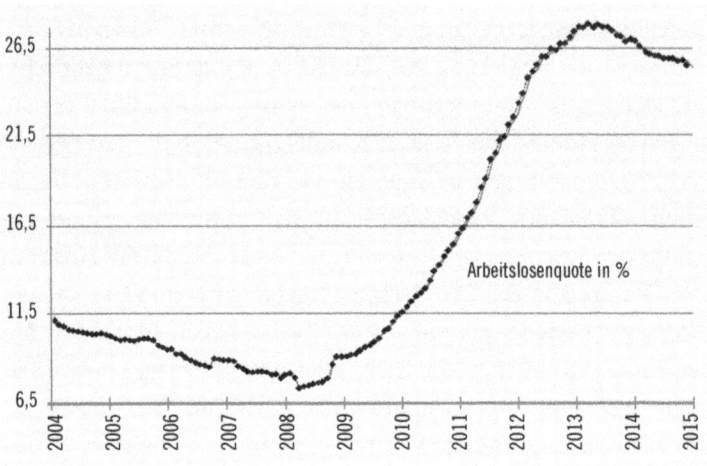

	Jan.	Febr.	März	Apr.	Mai	Juni	Juli	Aug.	Sept.	Okt.	Nov.	Dez.
2009	9,0	9,2	9,2	9,2	9,3	9,4	9,6	9,7	10,0	10,1	10,4	10,7
2010	11.1	11,4	11,7	11,9	12,3	12,5	12,7	12,9	13,3	14.0	14,3	14,8
2011	15,1	15,6	16,1	16,4	16,9	17,2	17,8	18,5	19,0	19,8	20,9	21,6
2012	22,0	22,3	22,6	23,3	24,0	24,9	25,1	25,5	26,0	26,0	26,4	26,4
2013	26,8	26,9	27,2	27,5	27,7	27,6	27,8	27,7	27,9	27,7	27,7	27,4
2014	27,2	27,2	27,0	27,1	27.0	26,7	26,3	26,2	26,1	26,1	25,9	25,9
2015	25,6	25,4										

Unmittelbar nach der Feststellung eines großen Rückstandes bei den Einkünften des Staatshaushalts begann die Diskussion über die Notwendigkeit neuer Kürzungsmaßnahmen. Bezeichnenderweise hieß es:

»Besonders für das Halbjahr Januar bis Juni 2011 verändert sich das Defizit des Staatshaushaltsplans (auf der Grundlage des Etats) auf 12 781 Millionen Euro gegenüber einem Ziel von 10 374 Millionen Euro und einem Defizit von 9 997 Millionen Euro im gleichen Jahresabschnitt 2010. Die Gesamteinnahmen des Staatshaushalts im ersten Halbjahr weisen gegenüber dem Ziel einen Rückstand von

3 051 Millionen Euro auf, während die Gesamtausgaben um 644 Millionen Euro gemindert sind. Im Einzelnen weisen die Nettoeinnahmen des ordentlichen Haushaltsplans eine Minderung um 8,3 Prozent im Verhältnis zum Vergleichszeitraum in 2010 auf und belaufen sich nunmehr auf 21 814 Millionen Euro«.[24]

Der Juni 2011 erwies sich als kritischer Monat. Der Versuch der Regierung, den Vorgaben der Troika mit neuen Maßnahmen gerecht zu werden, provozierte öffentliche Erregung, der Druck der Gesellschaft, die auf die Straßen und Plätze ging und auf jede erdenkliche Weise Widerstand leistete, beschleunigte die Prozesse. Abgeordnete traten zurück, Minister wurden abgelöst. In dieser Phase trat der harte Neoliberalismus im Mantel eines Sozialisten auf. Der Pasok-Veteran Evangelos Venizelos wurde auf den Posten des Finanzministers und des stellvertretenden Regierungschefs berufen und zur Durchführung neuer Maßnahmen aufgefordert, die folgende Änderungen enthielten:

»Auflage einer Sonderabgabe auf alle Einkommen von ein bis vier Prozent. Das Geld wird in sechs gleichen Monatsraten, die jeweils nicht weniger als 300 Euro betragen, gezahlt. Abschaffung der Steuerermäßigung durch Vorlage von Belegen. Erhöhung der für die Steuerfreistellung erforderlichen Summe aus Belegen auf 25 Prozent des Einkommens. Verringerung der Steuerermäßigung auf zehn Prozent von 20 Prozent für Darlehenszinsen bei einem jährlichen Pro-Kopf-Einkommen von über 40 000 Euro. Erhöhung des Nachweises der Lebenshaltungskosten um durchschnittlich 70 Prozent. Auflage einer gestuften Vergleichsskala auf Ausgaben für den Wohnsitz: Bis zu 80 Quadratmeter belaufen sich die Kosten auf 40 Euro pro Quadratmeter, von 81 bis 120 Quadratmeter auf 65 Euro pro Quadratmeter, von 121 bis 200 Quadratmeter auf 110 Euro, von 201 bis 300 Quadratmeter auf 200 Euro, bei 300 Quadratmeter und mehr auf 400 Euro. Einführung einer Jahresgebühr für Freiberufler und Gewerbetreibende von 400 bis 500 Euro pro Jahr. Einsetzung einer Arbeitskräftereserve für Beamte aus Behörden und Betrieben, die abgeschafft oder zusammengelegt werden. Mitarbeiter werden beurteilt und müssen einen neuen Antrag über die ASEP (Behörde zur Personalauswahl für Beamte) stellen, während sie für zwölf Monate weiter 60 Prozent ihres Grundgehalts erhalten. Auflage einer speziellen Solidaritätsabgabe von zwei Prozent auf alle Gehälter und Diäten der Beamten zur Bekämpfung der Arbeitslosigkeit. Auflage einer speziellen Abgabe für die Rentner, die Zusatzversicherungen beziehen, von denen drei bis zehn Prozent in Abzug gebracht werden. Erhöhungen der Kraftfahrzeugsteuer von zwei bis 120 Euro.«[25]

Im August desselben Jahres wurden noch weitere Maßnahmen getroffen, wie die Ausweitung einer Arbeitskräftereserve oder die neue Sondersteuer auf Wohnungen, die zusammen mit der Stromrechnung des öffentlichen Stromversorgers DEI gezahlt wird, des Weiteren die Kürzung der Renten und große Einschnitte beim Efapax (Einmalzahlung beim Renteneintritt, eine Berufsendeprämie), neue Kürzungen der Pensionen und Umsetzung eines einheitlichen Gehaltssystems. Weiter wurden die Steuerfreiheitsgrenzen von 8 000 Euro auf 5 000 Euro gesenkt und alle geschlossenen Berufe geöffnet.

Inmitten größter Unruhen der griechischen Gesellschaft wurde am 26. und 27. Oktober 2011 in Brüssel ein EU-Sondergipfel abgehalten, in dessen Rahmen weitere Maßnahmen zur Stabilisierung und Rettung des Euro beschlossen und Griechenland weitere kürzungspolitische Auflagen gemacht wurden.

Ich füge hier das gesamte Dokument des Beschlusses ein, aus dem klar und deutlich hervorgeht, dass das gesamte Paket nicht der Rettung Griechenlands galt, sondern der Verlagerung der Banken- und Eurorettung auf den Rücken sowohl der griechischen Bürger als auch der europäischen Steuerzahler.

Das Dokument im Wortlaut:

»Brüssel, den 26. Oktober 2011. Wichtigste Ergebnisse des Euro-Gipfels
Der Euro bildet das Kernstück unseres europäischen Projektes des Friedens, der Stabilität und des Wohlstands.

Wir haben heute ein umfassendes Paket von Maßnahmen zur Wiederherstellung des Vertrauens und zur Bewältigung der gegenwärtigen Spannungen an den Finanzmärkten vereinbart. In diesen Maßnahmen kommt unsere unerschütterliche Entschlossenheit zum Ausdruck, die aktuellen Schwierigkeiten gemeinsam zu überwinden und alle notwendigen Maßnahmen in Richtung auf eine Vertiefung der Wirtschaftsunion zu treffen, die unserer Währungsunion angemessen ist.

Heute haben wir uns auf die folgenden Maßnahmen geeinigt:
1. Vereinbarung, durch die eine Senkung der Defizitquote Griechenlands sichergestellt werden soll, mit dem Ziel, bis 2020 eine Quote von 120 Prozent zu erreichen. Die dem Euro-Währungsgebiet angehörenden Mitgliedstaaten werden einen Beitrag von bis zu 30 Milliarden Euro zur Beteiligung des Privatsektors leisten. Die nominelle Abzinsungsrate für von privaten Investoren gehaltene griechische Staatsanleihen wird sich auf 50 Prozent des Nennwerts belaufen. Ein neues mehrjähriges Programm von EU und IWF, aus dem bis zu 100 Milliarden Euro bereitgestellt werden können, wird bis Ende des Jahres aufgelegt. Flankierend dazu werden die Mechanismen für die Überwachung der Durchführung der Reformen verstärkt.

2. Erhebliche Optimierung der Ressourcen der EFSF, ohne Aufstockung der ihr zugrunde liegenden Garantien. Die vereinbarten Optionen ermöglichen eine Vervielfachung der Finanzmittel der EFSF. Die Hebelwirkung der beiden Optionen wird unterschiedlich ausfallen, je nach ihren spezifischen Merkmalen und Marktbedingungen, aber der Faktor könnte bis zu 4 oder 5 betragen, so dass voraussichtlich eine Billion Euro (etwa 1,4 Billionen Dollar) zur Verfügung stehen wird. Wir bitten die Euro-Gruppe, die Bedingungen für die Umsetzung dieser Modalitäten im November endgültig festzulegen. Außerdem wird eine weitere Zusammenarbeit mit dem IWF angestrebt, um die Wirkung der Finanzmittel der EFSF weiter zu steigern.

3. Umfassendes Paket von Maßnahmen zu Stärkung des Vertrauens in den Bankensektor durch I) leichteren Zugang zu längerfristiger Finanzierung mithilfe eines koordinierten Vorgehens auf EU-Ebene und II) die Anhebung der Eigenkapitalposition von Banken auf neun Prozent Kernkapital (›Tier 1‹) bis Ende Juni 2012. Die jeweilige nationale Bankenaufsicht muss sicherstellen, dass die Rekapitalisierungspläne der Banken nicht zu einer übermäßigen Verringerung des Fremdkapitalanteils führen.

4. Unmissverständliches Eintreten für die Gewährleistung der Haushaltsdisziplin und die Beschleunigung von Strukturreformen für Wachstum und Beschäftigung. Besondere Anstrengungen werden derzeit von Spanien unternommen. Neue entschiedene Zusagen in Bezug auf Strukturreformen sind von Italien gegeben worden. Portugal und Irland werden ihre Reformprogramme mit der Unterstützung unserer Krisenmechanismen fortsetzen.

5. Erhebliche Verstärkung der wirtschafts- und steuerpolitischen Koordinierung und Überwachung. Es wird ein Bündel von ganz besonderen Maßnahmen vorgesehen, die weit über das kürzlich angenommene Paket über die wirtschaftspolitische Steuerung hinausgehen.

6. Zehn Maßnahmen zur Verbesserung der wirtschaftspolitischen Steuerung im Euro-Währungsgebiet.

7. Mandat für den Präsidenten des Europäischen Rates, in enger Zusammenarbeit mit dem Präsidenten der Kommission und dem Präsidenten der Euro-Gruppe mögliche Schritte zur Vertiefung der Wirtschaftsunion zu ermitteln, wozu auch gehört, zu sondieren, inwieweit in begrenztem Umfang Vertragsänderungen vorgenommen werden können. Ein Zwischenbericht wird im Dezember 2011 vorgelegt. Ein Bericht über die Art und Weise der Umsetzung der vereinbarten Maßnahmen wird bis März 2012 fertiggestellt.«[26]

Nahezu ausnahmslos hielten alle griechischen Oppositionsparteien diesen Beschluss für katastrophal und für ein Vorzeichen eines Grexits, aber auch für eine weitere Verkleinerung der EU selbst. Das Land wird auf lange Sicht – bis 2021 – unter Kontrolle gestellt. Der Synaspismos, die Vorläuferpartei von Syriza, kam in einer seiner Verlautbarungen unter anderem zu dem Schluss: »Es stellt keine insgesamt tragfähige Lösung für das Problem der griechischen

Staatsschulden dar, und es ist abzusehen, dass es zur Ausweitung der Krise in allen europäischen Ökonomien führen wird.«[27]

Ein paar wenige Tage nach einem neuerlichen EU-Sondergipfel, am 31. Oktober 2011, kündigte Ministerpräsident Papandreou seine Absicht zur Durchführung eines Referendums über den neuen Kreditvertrag im Volumen von 172 Milliarden Euro an. Die Finanzmärkte reagierten sofort: Die Kosten für Anleihen Griechenlands und der anderen Länder des Südens stiegen ein weiteres Mal sprunghaft an (besonders die der Obligationen Italiens). Unter dem Eindruck der von den Märkten ausgesandten Botschaft forderten die Regierungen der EU-Länder neue Maßnahmen, um die Ausschöpfung weiterer Gewinne aus dem Kapital zu garantieren, welches in den Staatsanleihen der EU platziert war.

Frankreichs Präsident Nicolas Sarkozy beschloss im Einvernehmen mit der deutschen Bundeskanzlerin Merkel, den Ministerpräsidenten Griechenlands zum am 2. November bevorstehenden G20-Gipfel in Cannes einzuladen, um ihn zur Räson zu bringen. Die beiden Politiker vereinbarten am Rande dieses Treffens zusammen mit Jean-Claude Juncker (damals Vorsitzender der Eurogruppe), Christine Lagarde (Direktorin des IWF), Herman Van Rompuy (damals Präsident des Europäischen Rates) und José Manuel Barroso (damals Präsident der Europäischen Kommission) einen gemeinsamen Standpunkt gegenüber Griechenland und forderten, dass das Referendum sich auf den Verbleib Griechenlands in der Eurozone beziehen solle. Außerdem untersagten sie die Auszahlung der sechsten Tranche des Kredits aus dem ersten »Rettungspaket« bis zum Referendum.

Im Laufe des Treffens griff Sarkozy Papandreou scharf an und rief ihn dazu auf, die Schritte noch zum Zeitpunkt seiner Rückkehr nach Athen zu beschließen, während Merkel ihn mit den Worten mahnte: »Heute verzeichnete Deutschland zum ersten Mal einen Anstieg der Arbeitslosigkeit und einen Rückgang in der Nachfrage nach Industriegütern. Siehst du nun ein, dass du ein Problem im Kern von Europa schaffst?« Und tatsächlich, nach der Ankündigung eines Referendums streifte die Rezession das einzige Land, das den Euro »hart bezahlt«.[28]

Das schockierendste Ereignis bei diesem G20-Gipfel war aber das von Peter Spiegel in der *Financial Times* vom 11. Mai 2014 unter dem Titel »How the Euro was saved«[29] beschriebene Geschehen. Demzufolge bat Barroso – im Beisein des stellvertretenden griechischen Regierungschefs und Finanzministers Venizelos – den oppositionellen ND-Vorsitzenden Andonis Samaras darum, das Referendum wegen der Ansteckungsgefahr der Krise in der gesamten Eurozone abzuwenden. Samaras signalisierte dem Kommissionspräsidenten seinerseits die Bereitschaft zur Unterstützung einer Regierung der Zusammenarbeit aus ND und Pasok mit dem Ziel, das Volk als politischen Faktor tunlichst aus allen Entwicklungen herauszuhalten.

Als im Morgengrauen des 3. November die griechische Gesandtschaft nach Athen zurückkehrte, wurde prompt eine Erklärung des Pasok-Mannes Venizelos gegen die Durchführung des Referendums veröffentlicht, in der er postulierte: »Der Platz Griechenlands im Euro ist eine historische Errungenschaft des Landes, die nicht in Zweifel gezogen werden darf. Diese Errungenschaft des griechischen Volkes darf nicht von der Entscheidung eines Referendums abhängig gemacht werden.«[30] Zu diesem Zeitpunkt waren die Regierung Papandreou und der Ministerpräsident selbst de facto bereits Vergangenheit.

Es folgten dramatische Entwicklungen mit diversen Treffen zwischen Papandreou und Samaras, in deren Verlauf die Bildung einer neuen Regierung mit einem Technokraten als Ministerpräsident und der Beteiligung mehrerer Parteien beschlossen wurde. Am 11. November wurde schließlich die neue Koalitionsregierung aus Pasok, ND und der rechtspopulistischen Partei LAOS unter dem Ministerpräsidenten Loukas Papadimos vereidigt.

Dessen Lebenslauf ist von besonderer Relevanz. Es handelt sich um einen Mann des Finanzsystems. 1980 arbeitete er als Ökonom in der Federal Reserve Bank in Boston, 1985 kehrte er nach Griechenland zurück und übernahm die Position eines Wirtschaftsberaters der Bank von Griechenland (1985–1993). 1993 wurde er zu deren Vizepräsident bestellt, und im Folgejahr wurde er Direktor der griechischen Zentralbank, was er bis 2002 blieb. Im selben Jahr übernahm er die Vizepräsidentschaft der EZB, einen Posten, den er 2010 quittierte. Er war Mitglied im Rat des Europäischen Währungsinstituts (1994–1998), Vorsitzender des Ausschusses für Währungspolitik des EZB-Rates (1993–1995) sowie Mitglied der globalen, nichtstaatlichen Organisation Trilaterale Kommission.

Der Vorfall in Cannes und das weitere Vorgehen zum Sturz einer gewählten Regierung demonstrieren das tatsächliche Ausmaß der Krise der EU und ihrer Institutionen selbst. Als Papandreou seine Absicht verkündete, ein Referendum abhalten zu wollen, reagierten die europäischen Institutionen schleunigst und effizient, aus lauter Angst, dass das Volk die Initiative übernehmen könnte. Sie fanden willfährige Politiker in Griechenland und schreckten nicht davor zurück, eine demokratisch gewählte Regierung zu stürzen, indem sie einen eigenen Mann als Ministerpräsident platzierten! Einen Mann der Banken und der Ratingagenturen, also der wesentlichen Verantwortlichen für die Krise. Wer wäre besser dazu geeignet als ein solcher Technokrat, um die Lasten der Krise auf die Gesellschaft umzuschichten und damit zu garantieren, dass die Banken und das Finanzkapital gerettet werden und die Kosten von den griechischen Bürgern bezahlt werden – und wahrscheinlich, sollte das nicht ausreichen, auch von den europäischen Steuerzahlern?

Die Regierung der Technokraten

Die Regierung der Technokraten nahm schnell ihre Arbeit auf. Sie erfreute sich breiter parlamentarischer Unterstützung, um ihr Werk, die Rettung der Banken also und die Stabilisierung des

Euro, in die Tat umzusetzen. Gleichzeitig jedoch sah sie sich dem stärkeren Unmut und Widerstand des griechischen Volkes, der Gewerkschaften und der Parteien der Linken gegenüber.

Unter dem Vorwand, dass das »Programm nicht aufgeht«, und unter dem luftabschnürenden Druck der Troika wurde schnell schon die nächste, noch stärkere Dosis der ungeeigneten Therapie verabreicht, die aus einem Folgepaket von Kürzungsmaßnahmen bestand und sich in der Folge zum zweiten Memorandum entwickelte. Diese Maßnahmen wurden mit der Troika beschlossen und von der griechischen Regierung am 10. Februar 2012 ratifiziert. Sie umfassten Folgendes:

- Senkung des Mindestlohns auf allen Stufen um 22 Prozent des Grundgehalts (von 751 Euro auf 586 Euro) und 32 Prozent bei den Berufsanfängern bis 25 Jahre,
- Abschaffung von 150 000 Arbeitsplätzen im öffentlichen Bereich bis 2015, 15 000 davon noch 2012,
- individuelle oder Haustarifverträge anstelle von Branchentarifverträgen,
- Aufhebung der Einstellung auf Lebenszeit bei den Betrieben und Gesellschaften der öffentlichen Hand (DEKO) und den unter staatlicher Aufsicht stehenden Banken,
- Einschnitte bei den Renten, Zulagen, Gesundheitsausgaben, bei der Verteidigung, bei den staatlichen Verwaltungskosten und den Ausgaben für Wahlen,
- Abschaffung der Agentur für Arbeiterwohnungen und Heimstätten,
- Erhöhung der Werte in den Vergleichsskalen und Vereinheitlichung der Steuern auf Immobilien,
- umfassende Öffnung von 20 geschlossenen Berufen[31],
- Erhöhung der Fahrpreise der städtischen Verkehrsmittel und der griechischen Eisenbahn um 25 Prozent,
- Schließung von 200 Steuerämtern,
- Aufhebung von Steuerermäßigungen und des verminderten Mehrwertsteuersatzes auf den Inseln.[32]

An dieser Stelle muss ich einen kleinen Einschub machen. Ich bin in öffentlichen Diskussionen und Talksshows mit Repräsentanten der politischen und medialen Eliten Deutschlands oft und provokant gefragt worden: »Warum besteuert ihr nicht die reichen Griechen?« Aber diese Provokation geht ins Leere. Denn wie sollen wir denn die Reichen besteuern, wenn uns mittels der Troika auferlegt wird, Finanz- und Steuerämter zu schließen und die dort Beschäftigten zu entlassen? Die Auflösung des Apparats zur Eintreibung der Steuern in unserem Land ist ein weiterer Fall des *business à la carte*, den die Troika auf Bestellung der Eliten in Griechenland durchführte. So werden nur die bekannten Lasttiere, die Beschäftigten und die Rentner, die dem nicht entgehen können, besteuert, während das angehäufte Kapital, ob versteckt oder offen, unbehelligt bleibt.

Die parlamentarische Abstimmung über das neue, das zweite, Memorandum, erfolgte zwei Tage später, am Sonntag, dem 12. Februar 2012, und wird in die Geschichte eingehen. Am selben Tag riefen die beiden großen Gewerkschaftsorganisationen und mehrere kleine Arbeiterverbände, die Parteien der Linken, die »Bewegung der Empörten« und andere gesellschaftliche Organisationen zu Kundgebungen auf dem Syntagma und auf anderen Plätzen aller Städte des Landes auf.

Die Kundgebung in Athen war trotz der offensichtlichen Einschüchterungsversuche der Bevölkerung durch die Medien und die Polizei auch diesmal groß und machtvoll. Der Angriff auf die Versammlungsteilnehmer durch die repressiven Sondereinsatzkräfte der griechischen Polizei war beispiellos. Die Schärfe und Brutalität der ausgeübten Gewalt spiegelte auf physischer Ebene die Härte der austeritätspolitischen Maßnahmen wider, welche genau zeitgleich im Parlament von einer demokratisch gewählten Regierung auf Weisung der demokratisch nicht legitimierten Troika und der Gläubiger beschlossen wurden.

Durch die Angriffe der Polizei mit chemischen Kampfgasen und Schlagstöcken wurden Hunderte Demonstranten verletzt und noch einmal so viele festgenommen; letztere mussten die Nacht in den Zellen der Hauptpolizeidirektion Attika verbringen. Die ganze Nacht über dauerten die Zusammenstöße an, was massive Brandschäden an Gebäuden im Stadtzentrum zur Folge hatte. Die Bürgerkriegsatmosphäre in der Stadt übertrug sich auch auf den Plenarsaal, wo die Kommunistische Partei von einer gezielten Provokation sprach. Vom Rednerpult des Parlaments aus bezichtigte ihre Generalsekretärin Aleka Papariga die Regierung der Anstiftung zu den Ausschreitungen:

»Der Großteil der Vermummten, sein wesentlicher Kern, ist Teil Ihres Apparates. Klare Fakten: Athen wurde überschwemmt, die Zahl der Demonstranten erreichte über 50 000, trotz des schlechten Wetters, trotz der Gewitter und obwohl es die meiste Zeit über regnete. Und nun kommt Herr Venizelos, oder wer auch immer es war, der diesen ungeheuren Gebrauch von Tränengas und Leuchtspurmunition gerechtfertigt hat, weil es, wie er sagt, 50 Vermummte gab. Und genau das ist Ihr Plan, dass der Syntagma zur Sicherheitszone wird.«[33]

Unter den Demonstranten war trotz seines Alters auch der weltberühmte Komponist Mikis Theodorakis (geboren am 29. Juli 1925). Er machte sich ins Parlament, um zu den Abgeordneten zu sprechen:

»Ich komme ins Parlament, um Ihnen ins Auge zu sehen, weil einige sich darauf vorbereiten, Griechenlands Tod zuzustimmen. ... Wir haben eine optimistische Botschaft. ... Wir haben Mühen auf uns genommen, wir haben gekämpft und gesiegt, und wir werden auch dieses Mal siegen. ... Von diesem Augenblick an beginnt der Verrat.«[34]

Dieser besondere Tag wird in der griechischen, aber auch in der europäischen Geschichte als ein schwarzer Tag in Erinnerung bleiben, an dem wir eine doppelte Rechtsverletzung zu beklagen hatten, die in der offenkundigen Schmähung der demokratischen Traditionen und Institutionen besteht, und zwar auf griechischer wie auch auf europäischer Ebene.

Im Parlament entschied sich eine heterogene und beflissene Mehrheit von Abgeordneten zusammen mit den harten Maßnahmen auch für die Beschneidung der Demokratie. Mit anderen Worten: Sie akzeptierten die Einschränkung der wirtschaftlichen

Souveränität des Volkes, dessen gewählte Vertreter sie waren, und übergaben übergeordnete Kompetenzen an eine willkürliche und autoritäre übernationale Institution. Das Parlament beschränkte sich in seiner Mehrheit auf seine Rolle als williger Vollstrecker der Troika. Es ist seitdem lediglich dazu aufgefordert, die Auflagen der Gläubiger in Gesetze des griechischen Staates umzuwandeln, in dessen Folge die Regierung deren Umsetzung schuldet, und zwar ungeachtet der Kosten für die Gesellschaft und die Wirtschaft.

Die Durchsetzung dieses »Demokratie«-Modells durch unsere Partner in der von Merkel und Schäuble geführten EU zielt auf die Verbreitung der Botschaft auch in die anderen Länder und Bevölkerungen ab, darunter in die deutsche selbst, dass Demokratie ein »überflüssiger Luxus« ist und dass die Entscheidungen von den Banken und den Finanzmärkten getroffen werden, während die gewählten Regierungen nur dazu da sind, ihre Realisierung zu sichern. Bankokratie anstelle von Demokratie.

Damit auch nicht der leiseste Zweifel an der Entschlossenheit der transnationalen Unternehmer aufkommen kann, mussten wir die brutale Repression der Sondereinheiten der griechischen Polizei erleben, was der zweite Grund dafür ist, dass dieser besondere Tag in die Geschichte eingehen wird. Auf jede erdenkliche Art und Weise musste deutlich gemacht werden, dass es keinerlei Raum für die Anzweiflung des Projekts der völligen Unterwerfung einer Gesellschaft gibt, die dazu auserkoren wurde, als Versuchskaninchen für die Austeritätspolitik zu dienen. Auch der letzte europäische Bürger soll begreifen, dass es für das Europa der Finanzmärkte, der Banken und des Profits keine Alternative gibt. Dass sie vor dem Einsatz aller Mittel nicht zurückschrecken, nicht vor einem Staatsstreich vom Typ Cannes, nicht vor dem Sturz der Regierung und nicht vor der Anwendung nackter Gewalt gegen jene, die sich zum Widerstand gegen all das entschlossen haben.

Der sich voll entfaltende Wirtschaftskrieg erreichte auch die realen Schlachtfelder auf der Straße und den Plätzen der Athener: auf der einen Seite die Widerstand leistende Gesellschaft, die Jugend, die Beschäftigten und die Arbeitslosen, die die Beendigung der Austerität fordern, und auf der anderen Seite die Polizeigewalt, die Repression, die herrschenden Medien und die damit in Gleichklang gebrachten Regierungen. Das sind die Fronten, die den neuen Konflikt zwischen den Klassen und den gegenwärtigen Widerspruch in ganz Europa ausmachen.

Die politischen Machtverhältnisse gerieten weiter ins Rutschen, und aus den vorgezogenen Wahlen im Juni 2012 ging eine Dreiparteienregierung aus ND, Pasok und der Demokratischen Linken unter Ministerpräsident Andonis Samaras hervor. Die neoliberalen Eliten beeilten sich, das Anpassungsprogramm in Griechenland abzuschließen, um auch den anderen PIIGS-Ländern (Portugal, Italien, Irland, Griechenland, Spanien) zu zeigen, dass die Austeritätspolitik alternativlos ist und Widerstand keine Aussicht auf Erfolg hat.

Die neue Regierung verpflichtete sich zur sofortigen Aufnahme von Verhandlungen mit der Troika über das nächste Kürzungsprogramm, das in einer Vereinbarung über die »Mittelfristige Haushaltsstrategie 2013–2016« am 7. November von der Regierungsmehrheit im Parlament beschlossen wurde, natürlich ohne Gegenstimmen aus den eigenen Reihen. Die Maßnahmen, die einem Volumen von 18,9 Milliarden Euro entsprochen hätten – 9,4 Milliarden allein im Jahr 2013 –, sind die folgenden:

- Erhöhung des Renteneintrittsalters um zwei Jahre, vom 1. Januar 2013 an,
- Kürzung der Renten von fünf bis 15 Prozent bei 1 000 Euro und darüber,
- Kürzungen im Efapax (der bereits erwähnten Berufsendeprämie zum Renteneintritt) um bis zu 83 Prozent,
- Aufhebung der Allgemeingültigkeit der nationalen allgemeinen Arbeitsverträge,
- Abschaffung des Weihnachts-, des Oster- und des Urlaubsgeldes für die Beamten und Pensionäre,

- Verkürzung der Kündigungsfrist von sechs auf vier Monate,
- Kürzungen für besondere Lohngruppen,
- Eingliederung der Beschäftigten der öffentlich-rechtlichen Betriebe in einen einheitlichen Lohntarif.,
- Einführung des Bereitschaftsdienstes für Lebenszeitbeamte, deren Stellen wegfallen, auf ein Jahr bei gemindertem Lohn,
- Aufhebung der Zulagen für kinderreiche Familien und ihr Ersatz durch ein einheitliches Kindergeld,
- Erhöhung der Steuer auf Flüssiggas für Fahrzeuge um 23 Cent pro Liter,
- Einführung einer Sonderabgabe auf Photovoltaikanlagen,
- Erhebung einer Gebühr von 25 Euro für die Aufnahme in ein Krankenhaus.[35]

Drei Jahre sind seitdem vergangen. Die Ergebnisse dieser Kürzungspolitik lassen sich nunmehr mit bloßen Händen greifen. Die Ökonomie befindet sich in der Dauerrezession, das BIP schrumpft, die Staatsschuld wächst trotz des anteiligen Schuldenschnittes der privaten Gläubiger im März 2012, die Gesellschaft versinkt in der humanitären Krise.

Das Einzige, was gedeiht, ist die beispiellose Diskussion in den griechischen und internationalen Massenmedien über die Gründe und Ursachen der Krise. Hier haben wir eine echte Inflation der Mythen über die korrupten und faulen Griechen, über den verschwenderischen und verfilzten griechischen Staat, über die niedrige Wettbewerbsfähigkeit der Binnenwirtschaft, weil die Griechen angeblich über ihre Verhältnisse lebten und leben, zu Lasten der anderen Europäer. Es werden unglaublich viel Sendezeit und Zeitungsspalten für ein einziges Ziel verschwendet: dass sich die Diskussion von den wirklichen Ursachen der Krise und den vorhandenen Alternativvorschlägen zu ihrer Bewältigung wegbewegt. Es darf auf keinen Fall offensichtlich werden, dass die Krise systemisch, kapitalistisch und gesamteuropäisch ist.

2 Die humanitäre Katastrophe in Griechenland

Dramatische Arbeitslosigkeit

Die Arbeitslosigkeit in Griechenland stieg auf ein derart dramatisches Niveau an, wie es in diesem Ausmaß in der europäischen Geschichte nur in Folge von nationalen Katastrophen oder nach Kriegen vorkam. Nie zuvor und in keinem anderen Land Europas trat eine damit vergleichbare Arbeitslosigkeit in Friedenszeiten auf.

Gemäß den offiziellen Daten des griechischen Statistikamtes (EL.STAT) verdreifachte sich demnach die Arbeitslosigkeit zwischen 2009 und 2012 nahezu. 2009 betrug der Anteil der offiziell erfassten Arbeitslosen ungefähr 9,5 Prozent, 2010 bewegte er sich zwischen 11,9 und 12,7 Prozent, 2011 erhöhte er sich auf 16,4 Prozent und stieg bis 17,9 Prozent, und im Oktober 2012 schnellte er auf 26,8 Prozent hoch, während er zum Ende des Jahres bei 24,4 Prozent lag. In 2013 erhöhte sich die Zahl auf 27,5 Prozent, und 2014 erreichte sie am Ende 27,3 Prozent. Innerhalb von nur einem Jahr verloren 356495 Menschen ihren Job, und ihre Anzahl steigt weiter, denn jeden Monat verlieren 30000 Menschen ihre Arbeit.

	2009	2010	2011	2012	2013	2014
Beschäftigte	4539721	4446835	4105817	3741679	3508790	3471930
Arbeitslose	461780	601574	808198	1138422	1330398	1303454
Wirtschaftlich Inaktive	3441222	3335976	3400272	3400272	3353297	3370392
Arbeitslosenanteil	9,2 %	11,9 %	16,4 %	23,3 %	27,5 %	27,3 %

Quelle: www.statistics.gr/portal/page/portal/ESYE

Die qualitativen Daten der Arbeitslosigkeit sind noch dramatischer. Jugendliche und Frauen sind die größten Opfer der Krise, zumal die Arbeitslosigkeit von jungen Menschen bis 25 Jahre bei 56,4 Prozent liegt, in Wirklichkeit aber die 60-Prozent-Marke übersteigt[1], während sie bei den Frauen an 30 Prozent heranreicht.

Angesichts der bei 80 Prozent liegenden Langzeitarbeitslosigkeit (über zwölf Monate) haben sich viele junge Arbeitslose dazu entschlossen, Griechenland zu verlassen und im Ausland Arbeit zu suchen. Schätzungen gehen davon aus, dass als unmittelbare Folge der Rezession, die die Umsetzung der Memoranden ausgelöst hat, über 200 000 Menschen aus Griechenland emigriert sind.[2] Der Großteil der Emigranten besteht aus jungen und besonders gut ausgebildeten Menschen. Allein diese Tatsache stellt bereits ein besonderes Problem für ein so kleines Land wie Griechenland dar, doch ein weitaus größeres Problem liegt darin, dass diese Fachkräfte für den Wiederaufbau des Landes unverzichtbar sind. Die in Haushalten lebende Bevölkerung, in denen keine Person oder eine Person insgesamt weniger als drei Monate im Jahr beschäftigt ist, beläuft sich auf mehr als 1 200 800 Menschen.

Ich will hier noch einen Sachverhalt hinzufügen, der für Deutschland von unmittelbarem Interesse ist. Die Krise vertreibt die Crème der griechischen Arbeiter und ihres akademischen Nachwuchses aus unserem Land. Der Großteil macht sich in Richtung Deutschland auf, wo er zur wirschaftlichen Entwicklung beiträgt. Ärzte sind dafür ein typisches Beispiel.[3] Zehntausende griechischer Ärzte sind während der Krisenjahre emigriert und haben in Deutschland eine Arbeit aufgenommen, was für das Zielland offenkundig von großem Nutzen ist: Zuerst kommt es durch diesen Braindrain in den Genuss der wertvollen Dienstleistungen eines akademischen Personals, für dessen Ausbildung es nicht einen Euro ausgegeben hat, und dann passt es die branchenüblichen Vergütungen an griechische Verhältnisse zu Lasten der Gesamtheit der beschäftigten Ärzte an.

Gewiss, spricht man in Deutschland über Arbeitslosigkeit, dann denkt man sofort an Arbeitslosengeld und andere Sozialleistungen, in deren Genuss die Menschen hier gelangen, was natürlich nicht bedeutet, dass diese Leistungen ihnen ein würdevolles Leben und einen Lebensunterhalt sichern, der dem im Land produzierten Reichtum entspricht. In Griechenland sind es aber von den 1 500 000 und mehr Arbeitslosen nur ungefähr 200 000, die eine – spärliche – Arbeitslosenhilfe (die sich zwischen 180 bis 468 Euro im Monat bewegt) für den Zeitraum von fünf bis zwölf Monaten erhalten. Und noch etwas ist besonders wichtig: Die Aushöhlung der sozialen Netze ist derzeit so umfassend und gewaltförmig, dass auch die weltweit am besten organisierte statistische Behörde keine exakten Schlussfolgerungen zu den tatsächlichen Ausmaßen der Arbeitslosigkeit treffen könnte.

Einkommenskürzungen, Steuererhöhungen

Zu den ausgesprochen hohen Arbeitslosenzahlen kommt eine gravierende Kürzung der Löhne und Renten hinzu, was einer inneren Abwertung entspricht, da die gemeinsame Währung nicht abgewertet werden kann. Von 2010 bis heute sind die Löhne und Renten um 35 bis 50 Prozent und ist das durchschnittliche Familieneinkommen im Vergleich zu 2009 um 38 Prozent gesunken. Seit 2012 wurde unter der Umsetzung des zweiten Memorandums der Bruttomonatslohn zusätzlich für die über 25-Jährigen um 22 Prozent von 751 Euro auf 586 Euro gesenkt, während die unter 25-Jährigen Einbußen um 32 Prozent, also von 751 Euro auf 511 Euro hinnehmen mussten, ihre Nettoeinkünfte sanken dabei auf 427 Euro.[4] Auf diese Weise und mit einem bei 2,7 Euro liegenden Stundenlohn wurden die Löhne auf das Niveau von 2005 gesenkt, während die reale Kaufkraft des Durchschnittslohns auf das Niveau von 2003 zurückfiel und der Mindestlohn auf das Niveau der 1970er Jahre.

Hier muss ich allerdings anmerken: Wenn Tausende Menschen in Griechenland noch über einen Arbeitsplatz verfügen, dann bedeutet das nicht, dass sie auch entlohnt werden. Der vollständige Abbau des Arbeitsrechts, so wie wir es kannten, führte de facto oft genug zu der Situation, dass die Arbeitnehmer bis zu zwölf Monate lang auf ihren bereits erarbeiteten Verdienst warten. Extrem ist die Situation in vielen Urlaubsorten, wo die Beschäftigten eine Saison lang arbeiten und erst in der nächsten ausbezahlt werden, aber nur unter der Voraussetzung, dass sie denselben Job wieder aufnehmen können – also mit einem Jahr Verspätung, aber gleich einer Geisel völlig ausgeliefert! Das gab es nicht einmal in der Epoche der Schuldknechtschaft und wird nun von vielen europäischen Partnern, aber auch vom herrschenden öffentlichen Diskurs in Deutschland als erforderliche und nützliche Reform präsentiert.

All das reichte immer noch nicht. Hinzu kam eine drastische Erhöhung der direkten und indirekten Steuern der Lohnabhängigen und Angestellten sowie der Freiberufler und Kleingewerbetreibenden. Die Reichen und jene, die dauerhaft Steuern hinterzogen, wurden von den Memoranden sogar noch mehr begünstigt, denn die indirekten und direkten Steuern wurden erhöht und somit die steuerliche Plünderung fortgesetzt. Die Mehrwertsteuer wurde bis auf 27 Prozent erhöht, den Beschäftigten im öffentlichen Dienst und den Freiberuflern wurde eine »Solidaritätssteuer« auferlegt und eine zusätzliche Steuer auf alle Immobilien (mit Häusern bebaute Grundstücke) eingeführt.

Die 2011 von den Lohnabhängigen und Rentnern gezahlten Steuern (direkte wie indirekte) beliefen sich auf 55,5 Prozent des gesamten Steueraufkommens, das heißt auf 7,1 Milliarden Euro, während es die von den Unternehmen gezahlten Steuern auf 28,1 Prozent brachten, d.h. auf 3,6 Milliarden Euro. Dem Gewerkschaftsdachverband zufolge stieg die Steuerlast der Lohnabhängigen und der Rentner in Griechenland 2011 auf 35,6 Prozent ihres Bruttoeinkommens, während ihr Durchschnitt in den anderen EU-Mitgliedsstaaten bei 31,7 Prozent nachgab.[5]

Und während 49 Prozent der Bevölkerung nicht in der Lage waren, ihre Steuerschulden zu begleichen, wurden 2013 neue steuerliche Maßnahmen zur Bedienung der von der Troika auferlegten Verpflichtungen eingeführt, um weitere 2,5 Milliarden aufzutreiben. Ich will hier betonen, dass das einzige Mittel zur Erhöhung der Staatseinnahmen auf der Einbehaltung (Steuererhöhung) von Löhnen und Gehältern beruht, während es bei den Einnahmen aus der Mehrwertsteuer gleichzeitig zu einem bemerkenswerten Rückgang um 15 Prozent kam, der auf den Einbruch des Heizölverbrauchs und die Zahlungsausfälle der Mehrwertsteuer durch die Unternehmen zurückzuführen war.

Aber trotz dieser als gesichert geltenden Fakten beharren die Institutionen und die Troika weiter auf ein und demselben Rezept: der Erhöhung der Mehrwertsteuer und der Kürzung der Renten, was eine noch tiefere Rezession nach sich ziehen wird, zumal sich die griechische Wirtschaft primär auf die Binnennachfrage stützt. Was Wunder, dass sich die Mehrwertsteuereinnahmen trotz der höheren Sätze rückläufig entwickeln, weil ihre Erhöhung einerseits ebenfalls zur Schrumpfung des Konsums, andererseits aber auch zur Zahlungsunfähigkeit und schließlich zur Erhöhung der Steuerhinterziehung führt.

Die Amputation des Arbeitsrechts

Die Abschaffung der Flächentarifverträge setzte gewaltige Veränderungen der Arbeitsbedingungen in Gang und führte beinahe zur Abschaffung aller institutionellen Schutzvereinbarungen für die Rechte der Beschäftigten. Sie ermöglichte Rechtsbeugungen und -brüche, die Nichtauszahlung der Löhne an die Angestellten,

aber auch die Nichtzahlung der Sozialversicherungsbeiträge seitens der Arbeitgeber.

Gemäß den Daten der Arbeitsinspektion (Januar 2013) übersteigt die für die Zeit von zwei bis fünf Monaten unbezahlt blei-
bende Anzahl der Beschäftigten eine halbe Million! Die Veränderungen in den Arbeitsbeziehungen sind ein offener Bruch der von
der Internationalen Arbeitsorganisation geschützten Grundprin-
zipien und -rechte, etwa der Vereinigungsfreiheit und des Rechtes
zu Kollektivverhandlungen (Übereinkommen Nr. 87 und 98).[6]

Darüber hinaus wurden die Rücklagen der Sozialversiche-
rungskassen für die Bedienung der Kreditvereinbarungen verwendet, was zur Folge hatte, dass das Sozialversicherungs- und
Rentensystem in Griechenland völlig plattgemacht wurde. Zuerst waren es ja die Versicherungskassen, die dazu verpflichtet
wurden, mit ihren Rücklagen Schuldscheine des griechischen
Staates zu kaufen, und diese Schuldscheine verloren dann durch
den im Februar 2012 vereinbarten Schuldenschnitt 53 Prozent
ihres Nennwertes und über 70 Prozent ihres Realwertes.

Auf diese Weise schrumpften die vorgesehenen jährlichen Einkünfte aus Zinsen und Renditen in der Höhe von 700 bis 800 Millionen Euro nach dem PSI auf nur noch 120 bis 160 Millionen
zusammen. Daher gilt die Tragfähigkeit der Sozialversicherungs-
kassen, ebenso wie ihre Fähigkeit zur Zahlung der Renten, als außerordentlich fragwürdig, was zu einer noch stärkeren Erhöhung
der Versicherungsbeiträge der Beschäftigten führt, und das in
dem Augenblick, in dem der Arbeitgeberanteil noch weiter gesenkt oder ganz abgeschafft wird.

Offensichtlich also sind der Zusammenbruch und die fehlende
Nachhaltigkeit der Kassen und allgemein des Versicherungssys-
tems eine Folge und nicht die Ursache der ökonomischen Krise.
Dennoch wird dies zum wiederholten Male zum Anlass genommen, um noch mehr Rentenkürzungen als angeblich notwendige
Reform zu beschließen. Sichtbar wird dieser Umstand bereits in
den fortlaufenden Veränderungen der Beitragssätze zur Sozial-

versicherung, den Memoranden sei Dank, in der Einschränkung oder Abschaffung vieler Versicherungsansprüche, der Erhöhung des Renteneintrittsalters, den Rentenkürzungen (zwischen 2010 und 2012 um bis zu 40 Prozent) und in der Einschränkung oder Abschaffung der Sozialleistungen.

Und nachdem unsere Gläubiger das Sozialversicherungssystem und den Schutz der Bürger an den Rand des Abgrunds gebracht haben, fordern sie verstärkt die Reform dieser Systeme, weil sie nicht nachhaltig seien. Was für eine Heuchelei! Genau diese Heuchelei und diese Propaganda der veröffentlichten Meinung, die Methode hat, nötigte den Premierminister des Landes Alexis Tsipras zu einem Gastbeitrag im *Tagesspiegel*, dessen Wiedergabe sich in Gänze lohnt. Und das nicht nur wegen der in ihm enthaltenen Fakten, sondern besonders auch aufgrund der Tatsache, dass die Intervention eines Ministerpräsidenten eines Landes nötig wurde, um die Linie der *Bild-Zeitung* abzuwehren:

»Diskussionen und das Beharren auf den eigenen Argumenten sind Teil jedes Verhandlungsprozesses und als solche zu begrüßen, sofern sie auf Ehrlichkeit der Gesprächspartner beruhen. Dialoge hingegen, die nicht auf Wahrheitsfindung abzielen, führen uns notgedrungen zur Methodik, die Arthur Schopenhauer in *Die Kunst, Recht zu behalten* erörtert. So scheint die Verzerrung der Realität durch die selektive Verwendung statistischer Parameter nichts anderes als ein Rückgriff auf unlautere Methoden zu sein, so man sich nicht einmal scheut, renommierte Wirtschaftswissenschaftler wie den IWF-Chefökonomen Olivier Blanchard infrage zu stellen.

Meine Wortmeldung im *Tagesspiegel* dient der Richtigstellung eines verbreiteten Mythos. Wer behauptet, deutsche Steuerzahler kämen für die Löhne, Renten und Pensionen der Griechen auf, lügt. Ich melde mich nicht zu Wort, um Probleme zu leugnen, sondern um aufzuzeigen, wo sie sich befinden und wie sie gelöst werden können. Und um aufzuzeigen, warum die Kürzungsoffensive der letzten Jahre zu nichts geführt hat, außer in eine problemverschärfende Rezession.

Es mag unerhört erscheinen, dass 75 Prozent der Primärausgaben des griechischen Haushaltes für die Zahlung von Löhnen, Renten und Pensionen verwendet werden. Tatsache ist jedoch, dass davon gerade 30 Prozent für Renten und Pensionen anfallen. Lohnzahlungen stellen eine getrennte Kategorie dar, deren einfache Summierung einen bedeutenden methodologischen Fehler darstellt.

Der Vergleich mit Deutschland ist irreführend
Dabei ist vor allem der Vergleich zur Bundesrepublik irreführend: Die Daten der ›Ageing Reports‹ 2009 und 2015 belegen, dass die Staatsausgaben für Renten und Pensionen in Griechenland von 11,7 Prozent des BIP im Jahr 2007 im Jahr 2013

auf 16,2 Prozent des BIP gestiegen sind. In der Bundesrepublik beliefen sich die Rentenausgaben auf 10,4 Prozent des BIP im Jahr 2007 und sind seitdem konstant auf demselben Niveau geblieben. Woher kommt dieser Anstieg der griechischen Rentenausgaben? Die Zahl der Rentner ist nicht wesentlich angestiegen, die Höhe der Renten infolge der in den vergangenen Jahren verfolgten Politik sogar dramatisch beschnitten worden.

Renteneintrittsalter in Griechenland liegt bei 67 Jahren

Man muss nur die Grundrechenarten beherrschen, um zu erkennen, dass der Anstieg der im Verhältnis zum BIP eines Landes ausgedrückten Staatsausgaben für Renten und Pensionen ausschließlich aus dem Zusammenschrumpfen der Wirtschaftsleistung Griechenlands rührt und nicht aus der Erhöhung der vom griechischen Staat für die Zahlung von Renten und Pensionen aufgewandten Summen. Anders formuliert ergibt sich dieser Wert aus der Tatsache, dass das BIP Griechenlands viel schneller gesunken ist als die Renten.

Anders als behauptet wird, liegt das Renteneintrittsalter in Griechenland von Männern und Frauen bei 67 Jahren, in Deutschland bei 65 Jahren. Das durchschnittliche Alter, in dem Männer sich aus dem Arbeitsmarkt zurückziehen, liegt bei 64,4, für Frauen bei 64,5 Jahren. Die Werte liegen für deutsche Arbeitnehmer und Arbeitnehmerinnen bei 65,1 und 64,2 Jahren.

Es geht mir nicht darum, die Fehler und Verkrustungen unseres Rentensystems zu leugnen, sondern zu zeigen, dass die Probleme dieses Systems nicht aus dessen vermeintlicher Großzügigkeit rühren. Tatsache ist, dass die schwerwiegendsten Probleme der griechischen Rentenkassen aus dem dramatischen Einnahmerückgang der letzten Jahre resultieren.

Diese sind das Ergebnis des Haircuts, bei dem die Einlagen der Rentenkassen um 25 Milliarden Euro beschnitten wurden, ebenso wie dem (sic!) Rückgang der Sozialversicherungseinnahmen infolge des scharfen Anstiegs der Arbeitslosenzahlen und der Lohnkürzungen. Die Maßnahmen haben für die Rentenkassen zwischen 2010 und 2014 Ausfälle in Höhe von 13 Milliarden Euro bedeutet. Im gleichen Zeitraum sind die Renten und Sozialausgaben um bis zu 50 Prozent gekürzt worden, was weitere Eingriffe in diesen sensiblen Bereich unmöglich macht.

Das Problem liegt nicht auf der Ausgaben-, sondern auf der Einnahmeseite

Das Problem liegt somit nicht auf der Ausgaben-, sondern auf der Einnahmenseite. Darüber hinaus muss auf eine Besonderheit der griechischen Krisensituation hingewiesen werden: Sofern das Rentensystem eine institutionalisierte Form der Solidarität der Generationen ist, stellt das Überleben der Rentenkassen ein zentrales, das gesellschaftliche Ganze betreffende Problem dar. Bisher bedeutete das, dass durch die Sozialabgaben junger Menschen die Renten ihrer Elterngeneration bezahlt wurden. In den Jahren der Krise hat sich dieses Verhältnis jedoch umgekehrt, denn im heutigen Griechenland kommen Rentner für den Lebensunterhalt ihrer Kinder auf.

Für unzählige Familien, in denen es kein oder nur noch ein arbeitendes Familienmitglied gibt, stellt die Rente der älteren Familienmitglieder eine wichtige, oftmals die einzige Einkommensquelle dar. In einem Land, dessen Bevölkerung zu 25 Prozent arbeitslos ist, in einem Land, in dem die Hälfte aller jungen Menschen ohne Arbeit ist, kann das blinde Beharren auf Kürzungen nichts anderes bringen als die weitere Verschärfung der ohnehin dramatischen sozialen Lage.

Meine Regierung ist entschlossen, das Überleben des Rentensystems zu sichern. Dazu haben wir konkrete Vorschläge vorgelegt. Unter anderem die Abschaffung von Regelungen zur Frühverrentung, die den Anstieg des durchschnittlichen Rentenalters zur Folge haben, ebenso wie die Zusammenführung der Rentenkassen, welche zur Senkung der Verwaltungskosten beiträgt und die Abschaffung von Sonderregelungen zur Folge hat. Wie in den Gesprächen mit den Institutionen genauestens dargelegt, garantieren diese Maßnahmen die nachhaltige Überlebensfähigkeit des Rentensystems. Keine Reform jedoch führt über Nacht zu Ergebnissen. Die Sicherstellung der Nachhaltigkeit und des Überlebens des Rentensystems muss eine langfristige Perspektive haben und kann unmöglich engen haushaltspolitischen Kriterien, etwa einer Kürzung der Ausgaben um ein Prozent des BIP für 2016, unterliegen.

Wie Benjamin Disraeli sagte, gibt es drei Arten von Lügen: gewöhnliche, katastrophale und statistische. Wir dürfen nicht zulassen, dass die obsessive Verwendung statistischer Parameter einen in den letzten Monaten herangereiften Kompromiss vernichtet. Es ist unsere Pflicht. Unser aller Pflicht.«[7]

Banken gerettet, Gesellschaft verarmt

Während also Griechenland vom explosionsartigen Anstieg der Arbeitslosigkeit und den Lohn- und Rentenkürzungen regelrecht fertiggemacht wird, kommen noch dramatische Erhöhungen beim Preisniveau der Waren des täglichen Bedarfs, aber auch der öffentlichen Güter und Leistungen hinzu. Ein aussagekräftiges Beispiel ist die Erhöhung des Strompreises. Seit Juli 2008 erhöhte er sich 15-mal, insgesamt verteuerte er sich im Vergleich zum Ausgangspreis um 44 Prozent.

Genauer gesagt, der Preis elektrischer Energie stieg nach der Durchsetzung des ersten Memorandums (2010) und im Rahmen der Kreditverträge im Januar 2011 um 13,7 Prozent, im Januar 2012 um 9,2 Prozent und im Januar 2013 um weitere 8,8 Prozent an, während der Druck auf eine völlige Aufhebung der Preisbindung des elektrischen Stroms bei gleichzeitiger Privatisierung der öffentlichen Stromerzeuger von Memorandum zu Memorandum erhöht wurde.

Als darüber hinaus die Haushalte dazu gezwungen wurden, die Immobiliensteuer (Einheitssteuer auf Immobilienbesitz, ENFIA) zusammen mit der Stromrechnung zu begleichen, überschritt die Zahl der Familien, die zu einem Leben ohne Elektrizität verurteilt waren, jedes für ein Industrieland und Mitglied der EU erträgliche Maß.

Der Mehrwertsteuersatz auf den Verbrauch von Energie – der zuletzt zum Gegenstand großer Diskussionen und Auseinandersetzungen in den Medien und im öffentlichen Diskurs wurde – stieg von neun Prozent, wo er im März 2010 lag, auf 13 Prozent im Januar 2011. Der Vorschlag der »Institutionen«, diesen Satz auf 23 Prozent zu erhöhen – was ebenfalls als Reform bezeichnet wurde –, brachte ihre Verhandlungen mit der Syriza-Regierung etliche Male in eine Sackgasse. Die Standhaftigkeit von Alexis Tsipras und die Unterstützung vor allem durch Frankreich, Italien und Österreich trugen dazu bei, dass er (vorerst!) schließlich bei 13 Prozent blieb, womit ein noch dramatischerer Anstieg der Zahl der Wohnsitze ohne elektrischen Strom abgewendet wurde.

Armut und Verelendung großer Teile der Gesellschaft sind das Resultat der Griechenland auferlegten und auf Kürzungsmaßnahmen und innere Abwertung systematisch abzielenden Politik, die angeblich als Reform dem Ausweg des Landes aus der Krise und der Rückzahlung der Staatsschulden dienen soll. Schockierend ist nicht nur das enorme Abrutschen in die relative Armut, sondern auch die Zunahme der extremen Armut, also in einen Zustand, in dem die Menschen nicht mehr in der Lage sind, ihre Grundbedürfnisse konstant und dauerhaft zu befriedigen. 2010 erreichte der Prozentsatz der unter der Armutsgrenze lebenden Griechen 21,4 Prozent (das sind 2 341 000 Personen), während sich dieser Anteil 2011 auf 22,9 Prozent erhöhte. In nur einem Jahr (2010 bis 2011) vervierfachte sich damit die Geschwindigkeit der Steigerung des Anteils der Armen in der Gesellschaft.

Hier ein paar weitere Daten, die auf eindrucksvolle Weise die haarsträubende Situation in einem 2015 zur Eurozone gehörenden Industrieland beschreiben:

Den Angaben der griechischen Statistikbehörde EL.STAT zufolge sind 3 903 800 Personen 2013 unmittelbar von Armut oder

Ausschluss aus der Gesellschaft gefährdet (2012 waren es 3 795 100 Personen). Um Ihnen ein klareres Bild zu vermitteln: Pro Kopf liegt die Armutsgrenze bei einem Jahreseinkommen von 5 023 Euro, für eine vierköpfige Familie mit zwei minderjährigen Kindern bei 10 547 Euro.

Bei 52 Prozent liegt der Anteil der Haushalte, die gemäß einer Untersuchung des griechischen Unternehmer-, Handwerker- und Kaufleuteverbandes als Haupteinnahmequelle die Rente von Familienmitgliedern, also der Großeltern, angeben. Das sind die Renten, die auf der Grundlage des Vorschlages der Institutionen und von Schäuble mit dem dritten Memorandum, das Griechenland durch Erpressung auferlegt worden ist, noch ein weiteres Mal gekürzt werden.

42,5 Prozent der Haushalte äußern sich sehr pessimistisch über die Möglichkeiten, im Jahr 2015 ihren Grundverpflichtungen nachzukommen. Drei von zehn Haushalten äußern Angst davor, dass sie ihren Hauptwohnsitz verlieren, weil sie wegen des Einkommensverlusts, aber auch wegen der Erhöhung der Verpflichtungen, wie Kredite und Steuern, nicht dazu in der Lage sind zu bezahlen. Diese Aufzählung ließe sich beliebig fortführen.

Und was enthalten die Vorbedingungen für das neue Memorandum 2015? Die Erleichterung der Zwangsversteigerung des Hauptwohnsitzes durch die Banken! Das würde für sich genommen im Land bereits ein neues immenses soziales Problem mit Tausenden neuen Obdachlosen verursachen – nach dem Vorbild Spaniens, einem anderen Memoranden-Land. 230 000 mittelständische Betriebe mussten von 2008 bis heute schließen. 1,1 Milliarden Euro – so hoch ist die monatliche Steuerschuld. Gemäß einer Studie des Unternehmerverbandes[8] meinen 35,4 Prozent der Haushalte, den Steuerverpflichtungen im Folgejahr 2016 nicht nachkommen zu können. Und das nicht, weil die Griechen in ihrer DNA das Gen zur Steuerhinterziehung trügen, wie es in einem großen Teil der deutschen Mainstream-Medien auf monotone und nervenaufreibende Weise wiederholt wird.

Lesen Sie also hier die Einzelheiten zu den Ergebnissen dieser Studie über die Folgen der Umsetzung der Anpassungsprogramme in Griechenland:

1. Mehr als drei von zehn Haushalten erklären, dass sie von einem jährlichen Familieneinkommen der untersten Einkommensstufe leben (weniger als 10 000 Euro). Höher ist ihr Anteil in der Kategorie der Haushalte mit zwei bis vier Mitgliedern.

2. 93,7 Prozent der Haushalte verzeichneten einen deutlichen Rückgang ihrer Einkünfte nach dem Ausbruch der Krise. Diese Tendenz führt mit höchster Wahrscheinlichkeit in die Ausweitung der sozialen Ungleichheit.

3. 46,9 Prozent der Bevölkerung geben an, dass ihr Familieneinkommen nicht ausreicht, um ihre Grundbedürfnisse zu befriedigen, und 55 Prozent der Bevölkerung geben an, dass sie auf zusätzliche, nicht eigene Einkommensquellen zurückgreifen mussten (Verwandte und Bankkredite, Veräußerungen von Vermögenswerten, Pfandanleihen).

4. In 35,9 Prozent der Haushalte, das heißt bei über einer Million Menschen, lebt mindestens ein Arbeitsloser in der Familie, von denen nur 8,9 Prozent Arbeitslosenleistungen erhalten.

5. In 52 Prozent der Haushalte stellen Renten der Eltern und Großeltern die Haupteinnahmequelle dar. 2012 waren es noch 42 Prozent.

6. Mehr als einer von drei Haushalten befindet sich aufgrund von Zahlungsunfähigkeit am Limit des Zahlungsverzugs gegenüber den öffentlichen Kassen und Banken, kann die Kredite nicht mehr bedienen und so weiter.

7. 42,5 Prozent der Haushalte befürchten, im nächsten Jahr ihren Grundverpflichtungen nicht nachkommen zu können. 35,4 Prozent sind der Meinung, dass sie ihre Steuerpflichten im nächsten Jahr nicht erfüllen können.

8. Der Anteil der privaten Ausgaben der Haushalte für medizinische Versorgung aufgrund der Erhöhung des Eigenanteils und der Minderung der öffentlichen Gesundheitsleistungen stieg

an (in der einzigen Kategorie, in der es eine positive Ausgaben-
bilanz gab).

9. Im Verlauf des Jahres 2014 wurden über 54 Prozent der Haushalte dazu aufgefordert, mehr als 500 Euro an Immobilien-
steuern zu zahlen, 2013 waren es 46,8 Prozent. Drei von zehn
Haushalten äußern ihre Angst davor, deswegen und wegen zu-
sätzlicher Belastungen (Kredite, Steuern und so weiter) ihr
Haus zu verlieren.[9]

Austerität tötet

Kinder sind die anfälligste Bevölkerungsgruppe in dieser organisierten Krise. Im Jahr 2009, basierend auf Daten von Eurostat,
lebten 439 000 Kinder (bis zu 17 Jahren) in Griechenland unterhalb der Armutsgrenze, das heißt, die Rate der Kinderarmut betrug circa 23 Prozent, während sie in ganz Europa bei 20,5 Prozent lag. Nach der Studie von EL.STAT stieg der Anteil der in
Armut lebenden Kinder im Jahr 2010 auf 23,7 Prozent und ist
damit 2,3 Einheiten höher als die Vergleichszahl in der Gesamtbevölkerung.[10]

37,1 Prozent der unterhalb der Armutsgrenze lebenden Kinder
wachsen in Haushalten auf, die ihre Wohnräume nicht ausreichend heizen können. Erstmals werden auch Vorfälle verzeichnet, wo Schüler aufgrund von Unterernährung in der Schule zu-
sammenbrechen. Dies hat viele Schulen dazu veranlasst, ihren
Schülern kostenlos kleine Mahlzeiten anzubieten. Das Bildungs-
ministerium kündigte im Zusammenhang mit dem kostenlosen
Angebot von Milch und Obst für 250 000 Kinder in den von solchen Vorfällen betroffenen Schulen an, Finanzmittel aus europäischen Programmen zur Bekämpfung der Armut sicherzustellen.

Zum ersten Mal seit 1950 wurde eine Erhöhung der Säuglings-
sterblichkeit in unserem Land verzeichnet! Sie lag vor der Krise

bei 2,7 Prozent und erhöhte sich seit 2008 auf 3,8 Prozent. Die Tendenz ist weiterhin negativ. Aller Wahrscheinlichkeit nach wird sich die Lebenserwartung der Gesamtbevölkerung um zwei bis drei Jahre vermindern. Dies hängt nicht nur mit der Auflösung des Gesundheitssystems und den Einrichtungen der Wohlfahrt zusammen, sondern vor allem mit dem allgemeinen Rückgang des Lebensstandards.

Die große Arbeitslosigkeit, zunehmende Armut, die drastischen Kürzungen bei den Ausgaben im Gesundheitswesen und die Einführung einer Gebühr für den Zugang zu den Krankenhäusern (von einem Euro bis fünf Euro, ohne Ausnahme) – all das führte zu einem Zusammenbruch des öffentlichen Gesundheitssystems. Nach den Daten der Organisation *Ärzte ohne Grenzen* sank die staatliche Finanzierung der öffentlichen Krankenhäuser um 40 Prozent, während die Nachfrage nach medizinischer Versorgung im Krankenhaus im gleichen Zeitraum um 24 Prozent anstieg.

Hunderttausende von Griechen, die ihre Arbeit verloren haben und zur Zahlung von Versicherungsbeiträgen außerstande sind, sind mittlerweile von der Gesundheitsversorgung ausgeschlossen. Mehr als 3 500 000 Männer und Frauen haben keinen Zugang zum öffentlichen Gesundheitssystem, das durch die Reduzierung der finanziellen und personellen Ressourcen ohnehin völlig zerstört ist.[11]

Die Kürzungen haben sowohl zu einer drastischen Reduzierung des Pflegepersonals als auch zu erheblichen Mängeln in der technischen Ausrüstung aller öffentlichen, aber auch privaten Gesundheitseinrichtungen geführt. Einige regionale öffentliche Krankenhäuser wurden geschlossen, andere verzeichnen erheblichen Bedarf an Medikamenten. Viele Krankenhäuser sind daher gezwungen, Bandagen und Verbandsmaterial zur Wiederverwendung zu sterilisieren, während sowohl die Quantität als auch die Qualität der Mahlzeiten für Patienten im Krankenhaus abnimmt. Etliche Patienten bringen daher ihre notwendigen Medikamente, Heilmittel, aber auch die Nahrung selbst mit.

All dies ist eine Folge der finanziellen Ausgleichsmaßnahmen und der Suche nach »billigeren Lösungen«, die leider nur die Kosten berücksichtigt und die Gesundheit der Bürger außer Acht lässt. Die Rate der Krankenhausinfektionen in Griechenland hat sich derart erhöht, dass der Vertreter der Weltgesundheitsorganisation (WHO) in der EU, Roberto Bartolini, erklärte, »die Kürzungen bei finanziellen Ressourcen und Personal« werde »die Kontrolle der Infektionen und der Hygienevorschriften erheblich erschweren«.[12]

Darüber hinaus erhöhten sich in der Zeit von Januar bis Oktober 2011 die Fälle von HIV-Infektionen bei Drogenkonsumenten um 1 250 Prozent – eine Tatsache, die auf die drastische Einschränkung von Programmen zur Bereitstellung kostenloser steriler Spritzen zurückzuführen ist. Schließlich wurde zum ersten Mal seit 40 Jahren das Ausbrechen der Malaria sowie eine plötzliche Zunahme von Tuberkulose in der Gruppe von Migranten aus armen Ländern beobachtet.

Wenn ich die Folgen des laut Schäuble »größten Rettungsprogramms« noch länger fortsetze, dann werde ich wahrscheinlich das ganze Buch benötigen – und Sie, die unerschrockenen Leser, Ihre letzten Antidepressiva. Aber kann ich wirklich darauf verzichten, noch auf die vielen Schulen und Wohnungen hinzuweisen, die seit mehreren Wintern nicht mehr beheizt werden?

Der Anteil an der Bevölkerung, der 2010 erklärtermaßen wirtschaftlich nicht dazu in der Lage war, zufriedenstellend und dauerhaft zu heizen, betrug 18,7 Prozent.[13] Die wiederholten Erhöhungen der Sondersteuern führten seit 2009 zu einer Vervielfachung der Heizölpreise. 2009 lag der Durchschnittspreis pro Liter Heizöl bei 0,57 Euro, 2010 bei 0,71 Euro, 2011 erhöhte er sich auf 0,91 Euro und 2012 erreichte er 1,37 Euro!

Zusätzlich griffen die Bürger zu anderen Energie- und Heizquellen, darunter auch Holz, was das Wiederauftreten von giftigem Smog in vielen Städten Griechenlands mit katastrophalen Folgen für die Umwelt zur Folge hat. Besonders in den Großstädten verbrennen die Menschen »alles Brennbare«: alte Möbel, Türen, Fenster, sogar Bäume aus Parks, alte Reifen und Motoröle. Und all das in Wohnungen ohne die für solche Nutzungen notwendigen Vorrichtungen und unter offenkundiger Lebens- und Gesundheitsgefahr. Was tat die Samaras-Regierung, um diesem Phänomen zu begegnen? Warnungen in den Massenmedien und Strafandrohungen!

Aber die gravierendste Folge der Preiserhöhungen bei Brennstoffen ist, dass viele Schulen unbeheizt blieben. Denn besonders die Kommunen in den Gebirgsregionen erklären, nicht dazu in der Lage zu sein, die notwendigen Ausgaben aus ihren Mitteln zu bestreiten, weil die Leistungen des Staates gegenüber den Kommunen in den Jahren der Kürzungspolitik drastisch gestrichen wurden.

Die folgenden Daten geben ein genaues Bild von der Energiearmut in Griechenland auf der Grundlage der europäischen Indizes zur Energiearmut. Diese Indizes sind a) die Unfähigkeit zur Bereitstellung ausreichender Beheizung in den Wohnungen, b) der Zahlungsrückstand bei den Rechnungen an die öffentlichen Versorger und c) der Anteil der Personen, die in Wohnungen unter unzureichenden Existenzbedingungen leben (undichte Dächer, feuchte Wände, Böden oder Fundamente).

Aus diesen Daten geht hervor, dass die drei Länder mit den höchsten Anteilen in allen Indexbereichen Bulgarien, Zypern und Griechenland sind, während insbesondere für Schweden, Holland, Dänemark und Luxemburg Energiearmut alles andere als ein drückendes Problem ist. In Griechenland sind 70 Prozent aller Wohnungen unzureichend beheizt, sind 50,7 Prozent der Haushalte im Rückstand bei der Begleichung von Rechnungen der öffentlichen Versorger und leben 29,5 Prozent der Personen in Wohnungen unter mangelhaften Existenzbedingungen. Diese Prozentsätze sind um einiges höher als im europäischen Durchschnitt mit jeweils 10,8 Prozent, zehn Prozent und 15,1 Prozent.[14]

Wegen der Energiearmut hatten wir mittlerweile auch die ersten Toten zu beklagen. Ich erinnere an den Vorfall mit Studenten in Larissa, bei dem ein junger Mensch starb, und an den Tod einer Schülerin in Thessaloniki. Die jungen Leute hatten jeweils wegen des Mangels an Strom und Heizöl Kohle verbrannt, wobei sich giftige Kohlenmonoxiddämpfe entwickelt hatten.

Und all das geschieht in Griechenland für ein unmöglich zu erreichendes Ziel, für ein Problem, dessen Lösung eine andere ist, für eine Staatsverschuldung, die nicht zurückgezahlt werden kann – geschieht in einem Land, in dem die Strukturen der sozialen Träger und Einrichtungen sowieso noch nie an die Standards des europäischen Sozialstaats heranreichten. Die gesellschaftlichen Strukturen waren immer schon schwach und problematisch, mit der Einführung der barbarischen Kürzungsprogramme und der Memoranden verschlechterten sie sich nur noch mehr.

Ein aussagekräftiges Beispiel sind die Obdachlosen, deren Anzahl allein 2011, nach nur einem Jahr unter dem ersten Memorandum, die 20 000 überschritt. Mehr als die Hälfte von ihnen leben in Athen und Piräus, wo sich ihre Zahl von 2009 bis 2011 um 25 Prozent erhöht hat. Gerade heute, am 22. Juli 2015, während ich diese Zeilen schreibe, wird im griechischen Parlament gemäß der Forderung der Gläubiger beschlossen, die Beschlagnahmung von Wohnungen durch die Banken zu erleichtern. Dies ist die Vorbedingung zur Aufnahme von Verhandlungen über einen neuen Kredit. Danach wird sich die Zahl der Obdachlosen im Land weiter dramatisch erhöhen.

Die gegenwärtige Situation gipfelt in der drastischen Zunahme der Suizide. In einer weiteren wissenschaftlichen Untersuchung werden die Folgen der Krise auf die psychische Gesundheit der Griechen festgestellt: Forscher aus Griechenland und Großbritannien analysierten die ihnen zugänglichen Daten und kamen zu dem Schluss, dass es bei den Selbsttötungen in den Jahren 2011 bis 2012, verglichen mit der Zeit bis 2010, eine Erhöhung um 35 Prozent gab, was hauptsächlich auf den Anstieg der Arbeitslosigkeit in der Zeit der Memoranden und die durch sie hervorgerufene Verzweiflung zurückzuführen ist.[15]

In den ersten Jahren der Krise war jede Selbsttötung noch eine Nachricht. Später hörten wir auf zu zählen. Wir verloren den Überblick, es wurde für uns zu einem gewohnten Phänomen. Hier und da schreckten wir angesichts der hoffnungslosen Verzweiflungstaten auf, wie bei dem öffentlichen Suizid des Rentners Dimitris Christoulas am 4. April 2012, der sich mit einer Pistole mitten auf dem größten Platz des Landes, auf dem Syntagma in Athen, erschoss. Bei ihm fand man einen Zettel, auf den er geschrieben hatte:

>Die Regierung hat meine Überlebensmöglichkeit zerstört. Meine Rente, die ich selbst über 35 Jahre eingezahlt habe, ist bedroht. Bevor ich anfange, im Müll zu suchen, setze ich meinem Leben ein Ende. ... Ich glaube, dass die um ihre Zukunft betrogene Jugend eines Tages zu den Waffen greifen und die Landesverräter am Verfassungsplatz kopfüber aufhängen wird.«[16]

Griechenland zählte bislang zu den Ländern mit sehr niedriger Suizidrate, doch nun steht es an erster Stelle in Europa. Manche Berechnungen gehen von 20 000 bis 50 000 Selbstmorden in den letzten fünf Jahren aus. Und die Daten sind deshalb nicht gesichert, weil der Stolz der Griechen ein existenzieller Bestandteil der gesellschaftlichen Struktur des Landes ist. Die Gründe, die diese Menschen zu dieser ausweglosen Tat veranlassen, sind im Wesentlichen die gleichen, die es ihrem gesellschaftlichen und familiären Umfeld nicht erlauben, die Tat einzugestehen und als solche zu benennen.

Braucht es noch einen größeren Beweis für das Auseinanderbrechen des gesellschaftlichen Zusammenhalts? Was für eine größere Gefahr gibt es für die Gegenwart und die Zukunft einer Gesellschaft als die soziale Ungleichheit und die Auflösung der sozialen Kohärenz?

Das Land ist überdies das Einfallstor für Hunderttausende von Emigranten und Flüchtlingen, die vor allem wegen des entsetzlichen Krieges in Syrien ihre Heimat verlassen haben oder aus ihr vertrieben worden sind und nun auf die Verwirklichung ihrer Träume in Europa hoffen. Diese Flüchtlinge geraten nun in ein

Griechenland, in dem der soziale Zusammenhalt erodiert und die staatlichen Organe ausgezehrt sind. Sie müssen überleben in einer Umgebung brutaler Marginalisierung (in unterschiedlicher Gestalt), minimal gesicherter rechtlicher Verhältnisse (zum Beispiel in puncto Asylanträge), einem Klima verbreiteter Fremdenfeindlichkeit und mit dem Risiko rassistischer Angriffe von faschistischen Banden, die von der Polizei und der Justiz toleriert, wenn nicht sogar gedeckt werden.

Niemanden in der Krise allein lassen!

Wie haben wir, wie hat die griechische Gesellschaft auf diese brutale Verarmung reagiert? Auf diese soziale Katastrophe?

Sie nahm die Situation in ihre eigenen Hände. Sie widersetzte sich, organisierte sich, suchte nach Lösungen, entdeckte neue Formen der Selbstorganisation. Sie lehnte es in all diesen Jahren unter den Memoranden ab und lehnt es auch weiterhin ab, das Versuchskaninchen für die innere Abwertung zu sein und auch noch zum Experimentierfeld für den unkoordinierten Austritt aus der Eurozone gemacht zu werden. Die Eliten Griechenlands, Europas und der Welt – also diejenigen, die diese Katastrophe geplant hatten und deren Absicht es ist, sie bis zum Ende durchzusetzen – reagierten überrascht auf den überwältigenden Widerstand und die Ausdauer eines Volkes, das nie aufgehört hat, für sein Überleben und seine Zukunft zu kämpfen.

Wir sprechen über dasselbe Volk und dieselbe Gesellschaft, die von der *Bild*-Zeitung, der Mehrheit der angeblich »seriösen« Medien und vielen Kommentatoren, aber auch von den meisten deutschen Politikern als faul, korrupt und als Schuldenmacher dargestellt wurden. Diese bewundernswerten Menschen verstanden es vom ersten Augenblick der Einsetzung der Memoranden an, dass die Antwort darauf zuallererst die Solidarität ist: Solidarität und Widerstand.

Seit dem Beginn der Krise und nach Inkrafttreten der Memoranden haben sich unzählige Komitees in unseren Vierteln, in den Städten und an den Arbeitsplätzen gebildet, Komitees gegen Steuererhöhungen, Gebühren und die Pkw-Maut. Warum ausgerechnet gegen die Pkw-Maut?: Weil die griechischen Straßen mit europäischen, nationalen und kommunalen Mitteln gebaut und anschließend Privatfirmen übergeben wurden, die nun die Mautgebühren kassieren. Die Kampfkomitees organisierten etliche Demonstrationen und Besetzungen der Mautstellen und hielten sie so offen. Sie organisierten Rechtsbeistand für alle, die von den Privatfirmen vor Gericht gebracht wurden, sie beteiligten sich als Bewegung an allen Mobilisierungen, Versammlungen und Demonstrationen gegen die Austeritätspolitik in Griechenland.[17] Sie organisierten ebenfalls alternative Fahrten. Für eine Strecke von 500 Kilometern, von Athen nach Thessaloniki, kostet ein Personenkraftwagen 30,70 Euro, ein Lastkraftwagen weitaus mehr.[18]

Zwischen 2009 und 2011 weitete sich diese dynamische Bewegung unter dem Namen »Ich zahle nicht« aus. Ich zahle diese ganzen Gebühren und die Sondersteuern nicht, die das Problem nicht lösen, nur die Armut in der Mittel- und Unterschicht vergrößern, die Lasten der Krise nur von oben nach unten und den Reichtum in genau entgegengesetzter Richtung umverteilen. Obwohl diese Bewegungen impulsiv, spontan und unabhängig waren, hatten sie einen sicheren Klassenstandpunkt, sahen also den Konflikt zwischen denen »da oben« und denen »da unten«.

Seit 2011 wird die Bewegung der »Platzbesetzungen«, bei der sich über Wochen Bürger jeder politischen Couleur treffen, diskutieren, demonstrieren und Lösungen und Auswege fordern, immer mächtiger. Die oft heterogene Zusammensetzung auf den Plätzen stand dem Prozess der Formierung eines »neuen Spielers« mit dieser Bewegung nicht entgegen, mit dem künftig in der innenpolitischen Szenerie zu rechnen sein würde. Er verfügte auch über internationale Beziehungen, zumal auch wir in anderen europäischen Ländern analoge Prozesse kennen, deren bedeutendster Los Indignados (die »Empörten«) in Spanien sind, die sich für die Gesamtentwicklungen in Europa als wegweisend erwiesen haben – und deren Bedeutung in Zukunft gewiß noch zunehmen wird.

Diese Prozesse und die Aktionen des politischen Ungehorsams brachten die Saat der breiten und starken Solidaritätsbewegung aus. Viele lokale Träger wie Kommunalverwaltungen und Gewerkschaften nahmen an den Entwicklungsprozessen der Politik praktischer Solidarität teil. Rasend schnell bildeten sich Initiativen an der Basis der Gesellschaft, besonders dort, wo die Not am größten ist. Dort, wo das Überleben das Ziel ist. Es geht um Gesundheit, Nahrung, Bildung.

Sehr schnell bildeten sich viele Solidaritätsstrukturen heraus, in denen die Partizipation für die Menschen entscheidend ist. Das *masi*, das »gemeinsam«, wird zum Grundmotiv der Partizipation der Menschen, aber auch die treibende Kraft des Widerstands und der Transformationsprozesse. Ereignisse wie der lang andauernde Streik in der größten Stahlindustrie des Landes und die gleichzeitige Besetzung der Fabrik wurden symbolisch, wirkten wie ein Katalysator und beschleunigten den Prozess des Aufbaus von Solidaritätskomitees in jedem Viertel, in jeder Stadt.

Vorbildlich ist die Zusammensetzung und der Betrieb der »Sozialen Arztpraxen und Apotheken«. Sie entstehen, um den enormen Bedarf Hunderttausender griechischer Bürger, Migranten und Flüchtlinge in der medizinischen Versorgung abzudecken. Die Arbeitslosen und die zuvor selbstständig Beschäftigten haben kaum noch Zugang zum öffentlichen Gesundheitssystem. Das sind über 3,5 Millionen Griechen und dazu weitere Hunderttausende Migranten und Flüchtlinge. So wurden diese Arztpraxen, wo freiwillige Ärzte, Pflege- und anderes Hilfspersonal arbeiten, schnell gegründet. Sie stützen sich auf solidarische Geld- und Sachspenden aus der Gesellschaft. In einigen Kommunen, in denen linke Bürgermeister gewählt wurden, wird ihnen mit Infrastruktur, Gebäuden, Telefonleitungen und so weiter unter die Arme gegriffen.

Die Solidarität mit Griechenland ging alsbald auch über die Grenzen hinaus und erlangte europäischen und internationalen Charakter. Ich werde mich im Folgenden auf Deutschland konzentrieren, ohne die Solidaritätsaktivitäten in den anderen europäischen Ländern oder weltweit vernachlässigen zu wollen. Dafür gibt es einen guten Grund, weil Deutschland das Land ist, in dem sich die widerlichste, brutalste und inakzeptabelste Propaganda gegen Griechenland, die Griechen überhaupt und Syriza abspielt. Zugleich aber entwickelte sich hier eine große Bewegung materieller und politischer Solidarität. Es gibt keine große, mittlere oder kleine deutsche Stadt, in der sich nicht eine oder mehrere Solidaritätskomitees gebildet hätte. Sie organisieren Unterstützungsveranstaltungen, Diskussionsveranstaltungen zur Aufklärung der öffentlichen Meinung in Deutschland, sie sammeln Geld und Sachspenden, organisieren Solidaritätsbesuche. Sie geben Broschüren und Zeitungen heraus, Filme werden gedreht, Künstler gestalten Werke, Journalisten präsentieren ein wirklichkeitsnahes Bild über Griechenland und die Krise. Damit bildet sich eine wunderbare Parallelwelt zu dieser Jauchegrube der *Bild*- und vielen anderen Zeitungen heraus.

Viele Aktivisten aus Griechenland wurden eingeladen, so wie auch ich, und wir nahmen an unzähligen Veranstaltungen teil, an denen deutsche Bürger, die die herrschende Erzählung nicht einfach unhinterfragt nachbeten, nicht nur zahlreich und bunt erschienen, sondern deren Beitrag auch besonders bewegend und ermutigend für den Kampf war, den unser Volk um das Überleben führt.

Solidarität im Gesundheitsbereich

Im Verlauf dieses Kampfes haben sich etliche soziale Arztpraxen und Apotheken (KIF) gegründet, die von Freiwilligen unterstützt werden. Am KIF Elliniko in einem südlichen Stadtviertel Athens, einer der ersten dieser Arztpraxen, beteiligen sich beispielsweise mehr als 150 Personen aus allen Fachrichtungen mit systematischer freiwilliger Arbeit. Im KIF Thessaloniki gibt es 300 Ärzte jeder Fachrichtung, Pflege- und Hilfspersonal, Sekretariat und so weiter, daneben mehr als 300 weitere Ärzte und Laboratorien, die den Betrieb extern unterstützen.

Eine der ältesten sozialen Arztpraxen und Apotheken, das KIF Rethymnon auf Kreta mit 34 000 Einwohnern, versorgte in den Jahren 2009 bis 2011 erst 780, dann 1 100 und zuletzt 1 580 Personen. In Thessaloniki versorgte das dortige KIF allein 2012 mehr als 6 500 nicht versicherte Griechen, Flüchtlinge und Migranten.[19]

Doch auch die Entwicklung der Patientenzahlen beim KIF Elliniko, einem Stadtviertel im Süden Athens, ist beachtlich: Von Februar bis August 2012 versorgte es 1 200 Kranke und allein in den Folgemonaten September und Oktober 1 800![20] Diese Zahl für sich allein zeigt schon, wie schnell und immer tiefer sich die Auswirkungen der Kürzungspolitik mit der Unterzeichnung neuer Memoranden seitens der Regierungen in die Gesellschaft eingraben.

Doch diese Zahlen zeigen noch etwas anderes. Egal wie fulminant der Widerstand des Volkes und seine Solidaritätsaktionen auch sein mögen: Dem Gesundheitsproblem und der ärztlichen Versorgung der Bevölkerung, die durch die Politik von Schäuble, Merkel und ihren neoliberalen Verbündeten in Europa zum Zusammenbruch gebracht wurde, kann man nicht mit den KIF begegnen. Man muss sich bloß einmal vorstellen, dass unter dem Brüsseler Diktat die öffentlichen Ausgaben für die Krankenhäuser in Griechenland um 40 Prozent gekürzt worden sind!

Ich möchte hier drei beispielhafte Solidaritätsinitiativen vorstellen, um einerseits hervorheben, dass es auch ein »anderes Deutschland« und »andere Deutsche« gibt, und andererseits zu zeigen, dass sich diese Bewegung in dauernder Fortentwicklung befindet. Das ist ein für das griechische Volk ermutigender Prozess.

Nach einer im süddeutschen Konstanz durch Parteien und Bürger der deutschen Linken organisierten Solidaritätsveranstaltung im Oktober 2013, an der ich die Ehre hatte, als Redner die Auswirkungen der Kürzungspolitik in Griechenland und den Alternativvorschlag von Syriza darzustellen, wurde dort eine örtliche Solidaritätsgruppe ins Leben gerufen. Die aktiven Mitglieder des Komitees – der Steuerberater Peter Mannherz, der Journalist und Autor Hans-Peter Koch und andere – besuchten zum wiederholten Male das KIF Athen, wo sie sich in Diskussionen mit den Freiwilligen ihr eigenes Urteil über dessen Bedarf, dessen Möglichkeiten und Aktivitäten bilden konnten. Mit verschiedenen Aktivitäten sammelten sie Geld und statteten so die Praxis mit den notwendigen medizinischen Instrumenten und Geräten aus wie zum Beispiel Ultraschallgeräten und anderem, sicherten aber auch die Betriebskosten, also Miete, Strom und so weiter.[21]

Ein Mitglied der Initiative, der Apotheker Rüdiger Balasus, schreibt in der letzten Ausgabe der Vereinszeitung von »Gesundheitsnetz Hegau«:

»Während wir in der Klinik waren, schellten Menschen an der Tür und brachten Medikamente, die sie nicht mehr benötigten. Zum Teil ganze, aber auch aufgebrochene Packungen, nichts für die Augen eines Pharmazierates. Doch soll man die Menschen sterben lassen, die dringend ein Antibiotikum benötigen? Griechische Apotheker fordern von der Syriza-Regierung die Zurücknahme der von der Troika geforderten ›Deregulierung‹ des Apothekenmarktes mit Apothekenketten …«

Wer der Klinik helfen will, kann dies durch ein Spende auf ein Treuhandkonto tun:
Treuhandkonto Peter Mannherz
Volksbank Konstanz
IBAN: DE18 6929 1000 0226 1918 01
BIC: GENODE61RAD[22]

Ich will hier auch auf den Bildhauer Peter Lenk hinweisen, der durch seine großen gesellschaftskritischen Plastiken bekannt wurde, so zum Beispiel durch sein 2012 in Radolfzell angebrachtes großes Relief »Kampf um Europa«.[23] Mit diesem Kunstwerk nahm er die griechische Tragödie im 21. Jahrhundert zum Anlass, um den Akteuren und Verursachern der Krise in Griechenland ein »würdiges« Denkmal zu setzten. Die gefesselte Göttin Europa wird unter anderen von den Vampiren der Finanzmärkte und ihren Handlangern ausgesaugt. Lenk unterstützt die Sozialklinik in Athen seit 2013. Nachdem er 2013 schon ein medizinisches Gerät gespendet hatte, können nun betuchte Kunstfreunde seinen privaten Skulpturengarten gegen eine Spende für die Sozialklinik besichtigen. Dieses Angebot nahm kürzlich die größte Schweizer Bank an. Das so »gespendete« Geld wird zur Bezahlung der Miete in Athen verwendet.

Vor kurzem erst ist auch in Arta, einer kleinen Stadt im Westen Griechenlands, eine örtliche KIF ins Leben gerufen worden. Beinahe gleichzeitig hat sich in Bochum ein Solidaritätskomitee gebildet, zu dessen Aktivitäten unter anderem die Zusammenarbeit mit dieser Einrichtung gehört. Das dieser Zusammenarbeit zugrunde liegende Modell ist das einer »Adoption« einer griechischen Solidaritätseinrichtung. Den Mitgliedern geht es nicht nur um das Angebot materieller Hilfe und finanzieller Unterstützung, sondern auch um die solidarische Kommunikation auf Augenhöhe. Einige von ihnen besuchten Arta im Sommer 2015, zur Zeit der verhängten Kapitalverkehrskontrollen, als die Bankautomaten bereits in der dritten Woche nicht mehr als 60 Euro pro Konto und Tag herausrückten. Die Bochumer übergaben 1 500 Euro an Spendengeldern, die die Initiative aus dem Ruhrgebiet in nur wenigen Wochen gesammelt hatte, worüber unter anderem die lokale Zeitung *Tachydromos Arta* und auch das regionale staatliche Radio ERA Ioanninon ausführlich berichteten.

Um ein Bild davon zu zeichnen, wie Solidarität anstecken kann, zitiere ich im Folgenden aus dem unmittelbar nach dem Besuch entstandenen Bericht einer der Aktiven:

»Wir fahren direkt zur sozialen Arztpraxis und Apotheke, die mitten im Zentrum von Arta liegt, einer Stadt mit 40 000 Einwohnern und eine der strukturschwächsten und ärmsten Regionen Europas. Ein heißer Wind weht durch die Straßen, gut, dass es in den Räumen des KIF schön kühl ist. Alle freiwilligen Helfer stehen im Raum, auch der Gynäkologe, der uns das Medikamentenlager im hinteren Teil des KIF zeigt. Es hat etwa die Größe von 3×3 Metern, auch eine Liege steht darin. Es ist aufgeräumt, in den Regalen liegen neue und nicht mehr benötigte Medikamente, die von Menschen aus Arta gespendet oder von den Geldspenden der Mitbürger gekauft wurden. Die Mitarbeiter geben die Medikamente in der Gegenwart eines Arztes aus, so dass sichergestellt ist, dass die Patienten die richtigen Medikamente erhalten. In der sozialen Arztpraxis Arta arbeiten zehn Ärzte und Ärztinnen mit unterschiedlichen Fachrichtungen: Frauenarzt, allgemeinpraktischer Arzt, Lungenfacharzt, HNO-Arzt, Mikrobiologe, Augenarzt sowie eine Ärztin, die immer in der Praxis ist, und eine Pharmazeutin. Sie und die übrigen zehn Aktiven, in der Mehrheit Frauen, vermitteln die Kranken an diese freiwilligen Ärzte, die sie dann unentgeltlich behandeln. Manchmal schicken sie auch Patienten ins allgemeine Krankenhaus von Arta, das auf einem Hügel oberhalb der Stadt liegt und so wie viele andere Kliniken unter Medikamentenknappheit leidet. Der Raum des KIF ist freundlich eingerichtet, im Raum stehen zwei Schreibtische und Computer, an denen die Buchführung gemacht wird. An den Wänden hängen Zeitungsausschnitte, auch Broschüren vom Gesundheitsministerium gibt es.

Maria ist die Vorsitzende des Freundeskreises Soziale Arztpraxis Arta, der 45 Mitglieder hat, und die Seele der Praxis. Seit ihrer Gründung war sie jeden Tag dort, keinen einzigen Tag habe sie gefehlt, erzählt sie. Und sie ist sich sicher, dass diese Haltung ihre Freundinnen derart überrascht und dann überzeugt habe, dass einige unter ihnen durch ihr Vorbild motiviert wurden, sich ebenfalls zu engagieren. Teilweise, so erklärt Maria, verfügt die soziale Arztpraxis über mehr Medikamente als das staatliche Krankenhaus. In Zukunft will das KIF Arta so schnell wie möglich neue Räumlichkeiten beziehen und dann eine ständige Praxis mit einem allgemeinpraktischen Arzt und der entsprechenden Ausrüstung einrichten, wo es mehr Raum auch für die Medikamente gibt. Schließlich versorgt das KIF Arta schon jetzt dauerhaft 200 Patienten.

Die Solidaritätsbewegung in Griechenland findet Maria sehr bedeutend, kürzlich habe ein Koordinationstreffen aller Sozialen Arztpraxen und Apotheken stattgefunden, wo sie sich ausgetauscht und koordiniert haben. Sie versuchen, parallel zu den Anstrengungen der Regierung beratend mitzuhelfen, beispielsweise sagen sie den Kranken, die über keinerlei Versicherung verfügen, auch, in welche ministeriellen Programme sie eintreten können, an wen sie sich wenden müssen, usw. Über die Solidaritätsbewegung in Europa freut sie sich sehr, und es gibt ihr Kraft zu wissen, dass das Gefühl der Solidarität in Europa derart entwickelt ist. Sie hofft, dass die Solidarität anstecken wird.

Zu bestimmten Feiertagen geben die Helfer des KIF Arta auch Nahrung an Bedürftige aus, sammeln Kleiderspenden und unterstützen Familien zu Ostern und

Weihnachten. Maria erinnert sich besonders an einen älteren Herrn, der sehr ›würdig‹ gekleidet war und zu Ostern eine Nahrungsmittelhilfe erhielt. Als er sich ein wenig vorbeugte und sich dabei die Plastiktüte öffnete, erblickte er im Inhalt eine Dose Kaffee. Er sagte daraufhin nur zwei Worte: ›Sogar Kaffee?‹ Dieser Herr sei mit 55 Jahren entlassen worden und müsse nun auf sein reguläres Renteneintrittsalter mit 65 bzw. mit 67 warten. Bis dahin habe er keinerlei Einkommen. Denn so etwas wie Sozialhilfe oder ein bedingungsloses Grundeinkommen gibt es in Griechenland bisher nicht, steht aber auf der Wunschliste der neuen Regierung. Ob das mit der neuen ›Vereinbarung‹ der Regierung zu erreichen ist, für deren Zustandekommen die Institutionen ein Kürzungsvolumen von zehn bis zwölf Milliarden zur Bedingung gemacht haben, ist mehr als fraglich.

Während des Fußweges in ein Café hält immer mal wieder einer der Freiwilligen der Arztpraxis an einem Bankautomaten an, um sich die täglich erlaubte Summe von 60 Euro abzuholen, dabei versuchen sie, mit Witzen bei Laune zu bleiben. Schließlich erzählt uns eine andere Maria, dass sie zu Beginn ihrer Tätigkeit in der sozialen Arztpraxis psychisch stark gelitten habe, weil sie vorher nicht geglaubt habe, dass es so viel Armut gäbe, und dass sie einige Zeit gebraucht habe, um darüber hinwegzukommen. Eigentlich habe sie erst nach drei Monaten aufgehört zu weinen. Dabei habe es ihr geholfen, dass sie eine tägliche Beschäftigung hatte. Auf die Frage, welches Ereignis ihr in der sozialen Arztpraxis besonders in Erinnerung ist, erzählt sie von einem Besucher, der sechs Kilometer auf der Hauptstraße lief, um mit dem Bus circa 50 km bis nach Arta zurückzulegen und schließlich die soziale Arztpraxis zu besuchen. Oder Menschen, die ihnen berichten, dass sie nur noch für drei Tage zu essen haben. Die Großmutter, die ihre verwaiste 12-jährige Enkelin aufzieht, und die von 360 Euro im Monat leben.

Als das Gespräch auf die Zukunft der Kinder und das Niveau der Ausbildung an den griechischen und europäischen Unis kommt, sind sie sich einig, dass das Bildungsniveau in Griechenland sehr hoch ist. Maria erzählt, dass ihr Sohn als Arzt keinerlei Aussicht auf einen Job in Griechenland hat. Doch weder er noch ihre Tochter wollen in Deutschland arbeiten, sie hätten während der Krise studiert und seien Deutschland gegenüber nun so ablehnend eingestellt, dass sie auf keinen Fall dorthin auswandern wollen. Die Tochter einer anderen Frau am Tisch ist Biologin, auch sie ist arbeitslos, will aber auf keinen Fall Griechenland verlassen. Sie findet es ungerecht, dass Staat und Eltern so viel in ihre Ausbildung investiert haben und sie nun einfach woanders arbeiten soll. Maria fragt: ›Warum wollen *sie* unsere Kinder?‹ Mit ›sie‹ ist Deutschland gemeint.«[24]

In diesem Bericht wird ein wesentliches Element der Solidaritätsarbeit deutlich: Alle Beteiligten kommen miteinander ins Gespräch, tauschen sich aus und entwickeln ganz persönlich ein Gefühl für die Situation im jeweiligen Land. Kommunikation unter den Menschen wird damit zum Kern europäischer Solidarität und Veränderung und nimmt in ihr Gestalt an. Und genau darum geht es in einer grenzüberschreitenden europäischen Solidaritätsarbeit: um direkte Partizipation und direkte Kommunikation.

Sozialküchen und Solidarität für Alle

Nicht nur im darbenden Gesundheitsbereich, auch bei der Versorgung mit Lebensmitteln entwickelten sich viele Solidaritätsstrukturen. Ungezählte Sozialküchen verteilen Lebensmittel, aber auch ganze Mahlzeiten an griechische Familien, Migranten und Flüchtlinge, denen aufgrund der von der Austerität verursachten gesellschaftlichen Katastrophe keine andere Alternative zum Überleben übrig bleibt. In jeder Stadt im Land und in jedem Viertel Athens und Thessalonikis und denen anderer großer Städte sind solche Strukturen anzutreffen, die sich ausschließlich auf die Arbeit Ehrenamtlicher und die finanziellen Hilfen der Bürger aus Griechenland und Europa stützen.

Und hier werden nicht nur die notwendigen Lebensmittel und Mahlzeiten garantiert, sondern hier geht es auch – das wird sich möglicherweise als am wichtigsten erweisen – um den am besten geeigneten Versuch der Basis der Gesellschaft, ihren in großen Krisenzeiten besonders notwendigen Zusammenhalt aufrechtzuerhalten. Für viele Menschen spielt dabei die Teilhabe eine bedeutend wichtigere Rolle als die Tüte mit den Nahrungsmitteln. So werden die Nutznießer dieser Einrichtungen und Initiativen in der Folge häufig selbst Teil dieser Aktivitäten. Das gibt den kleinen, aber fantastischen Organisationen an der Basis der Gesellschaft die Möglichkeit, über ihren Gründungskontext hinauszugehen und außer der Garantie von Nahrungsmitteln auch Kultur und Unterhaltung und vieles mehr, darunter Nachhilfekurse für Schüler oder Griechisch-Unterricht für Migranten und Flüchtlinge, »anzubieten«.

Ein aussagekräftiges Beispiel für eine gute Initiative dieses Typs ist die »Ameise« in Kypseli, einem Stadtteilzentrum in einem der am dichtesten besiedelten Viertel im Zentrum Athens. In dieser Einrichtung machen Hunderte von Bewohnern dieses Stadtviertels mit, Griechen und Migranten. Ihr Betrieb läuft auf der Grundlage ehrenamtlicher Mitarbeiter und wird so wie alle Solidaritätsstrukturen basisdemokratisch durch die Vollversammlung ihrer Mitglieder »geleitet«. Und ebenso wie die übrigen Gruppierungen bezieht auch die »Ameise« ihre finanziellen Mittel ausschließlich aus freiwilligen Spenden von Bürgern und Organisationen Griechenlands und Europa. Sehr viele Veranstaltungen zur finanziellen und politischen Unterstützung für die »Ameise« wurden auch in Deutschland durchgeführt.

Die »Ameise« kümmert sich um 600 bis 1 200 Familien, deren genaue Anzahl sich nach dem Ausmaß des Flüchtlingsproblems richtet (Kypseli hat eine besonders große Zahl von Migranten aufgenommen). Sie organisiert Speisungen, verteilt Nahrungsmittel, informiert das Viertel über die Ursachen der Gesellschaftskrise, veranstaltet aber auch Abende mit Filmvorführungen. Sie nimmt an Diskussionen und Treffen in Griechenland und Europa teil, wo es um die Suche der »Soli-Bewegung« nach gemeinsamen Auswegen aus der Krise geht. Kürzlich wurde mit sehr großem Erfolg ein Festival auf der Hauptstraße des Viertels durchgeführt, mit Musik, Garküchen und Theatervorstellungen. Sehr aktiv ist die »Ameise« auch bei der Organisation von »Märkten ohne Zwischenhändler«.

Das ist eine sehr gelungene, intelligente und notwendige Aktivität, die sich beeindruckend schnell in ganz Griechenland ausgebreitet hat. Diese »Märkte ohne Zwischenhändler« begannen als »Kartoffelbewegung«, ausgehend von einer kleinen, aber sehr dynamischen Gruppe von Bürgern aus dem nordgriechischen Pieria. Diese Bewegung weitete sich aber schnell auf nahezu alle landwirtschaftlichen Produkte aus und gab damit eine Antwort auf das Problem der dauerhaft hohen Preise für Grundnahrungsmittel.

Wie ging diese Gruppe es an? Sie bat die Kartoffelerzeuger aus Nevrokopi – einem Dorf in den Bergen der Region Drama –, das ausschließlich vom Kartoffelanbau lebt, ihre Ernteüberschüsse zum zentralen Platz der Stadt Katerini zu bringen. Sie luden auch die Einwohner der Region zu diesem Treffen ein. Innerhalb kürzester Zeit boten die Erzeuger ihre Produkte den Konsumenten direkt an, und das zu einem höheren Preis als dem, den sie beim Großhändler im Zwischenhandel erzielten, während sich die Konsumenten mit lokalen, griechischen Qualitätskartoffeln zu einem im Vergleich zum Supermarkt günstigeren Preis versorgen konnten.

Diese simple und intelligente Idee wurde zum Katalysator für die Entwicklung einer ganzen Bewegung und neuen Praxis, die unter den Umständen der Krise nicht nur einen finanziellen Ausweg für Produzenten und Konsumenten bietet, sondern gleichzeitig auch ein alternatives Modell für den Betrieb eines Marktes darstellt, dessen Gewinne nicht in internationale Handelskonzerne fließen, sondern den lokalen Erzeugern und der regionalen Wirtschaft zugutekommen.

Die Erzeuger bieten demnach ihre Produkte den Konsumenten direkt mit doppeltem Nutzen und doppeltem Gewinn an. Indem sie die monopolistischen Geschäftspraktiken der großen Nahrungsmittellogistiker und -erzeuger einfach umgehen, wird der Erzeuger für seine Arbeit höher entlohnt und entwickelt damit eine größere Motivation, um die Produktion aufrechtzuerhalten und sie möglicherweise sogar auszuweiten. Damit verstärkt er die Nahrungsmittelautarkie des Landes, während der Konsument andererseits die notwendigen Lebensmittel in dieser schwierigen Krise zu günstigeren Preisen erwerben kann.

Die Bewegung schuf Netzwerke zwischen Produzenten und Konsumenten und ermöglichte die gleichmäßigere direkte Verteilung von Waren über soziale Lebensmittelgeschäfte und selbstverwaltete kollektive städtische Agrarbetriebe. Einer Recherche des griechischen Unternehmerverbandes zufolge gaben 22 Prozent der Haushalte an, sich durch Netzwerke ohne Zwischenhandel mit den grundlegenden Waren zu versorgen, sechs Prozent sagten, dies über die sozialen Lebensmittelgeschäfte zu tun.[25]

Als weiteres Beispiel möchte ich die Widerstands- und Solidaritätsbewegung von Galatsi, einem nördlichen Vorort von Athen, vorstellen, deren Anfänge auf den Oktober 2012 zurückgehen. Zu Beginn ging es auch hier »nur« um die Versorgung mit Nahrungsmitteln. Anfangs wurden Waren im Wert von 30 000 Euro an 650 Haushalte verteilt – heute sind es bereits Waren im Wert von 50 000 Euro für 1 250 Haushalte. Und zu Beginn ging die Initiative von lediglich 15 Personen aus, die von 50 Freiwilligen aus der Bevölkerung unterstützt wurden, denen die Aktion auch zugutekam. Mittlerweile verfügt das Kollektiv bereits über mehr als 140 Mitglieder.[26]

Die Initiative erweiterte sukzessive ihre Aktivitäten. Sie bietet nun auch Nachhilfegruppen an, interveniert mit alternativen Formen in Kunst und Kultur und bildet Teams von ehrenamtlich tätigen Rechtsanwälten, deren Kompetenz sehr wichtig ist. Die Juristen unterstützen Migranten, Flüchtlinge und Tausende von Griechen, die wegen ihrer Unfähigkeit, ihre Wohnungskredite zu zahlen, von Räumung bedroht sind.

Den Erfahrungen des Rechtshilfeteams »Solidarität für Alle« zufolge drehen sich die am häufigsten gestellten Fragen um Arbeitsrechte, Rentenzahlungen, Migration und Asylrecht, Polizeiwillkür und staatliche Repression und Zahlungsrückstände bei der Einkommensteuer sowie gegenüber den Energieversorgern (aufgrund der enormen Immobiliensteuer). In 35 Prozent der Fälle geht es um sehr hoch verschuldete Haushalte, in weiteren 25 Prozent um das Rentenantragsverfahren.

Der Notwendigkeit zur Stärkung, Koordination und dem Aufbau der Solidaritätsbewegung und des Widerstands wurde mit der Gründung des Netzwerks »Solidarität für Alle« (AgO) begegnet.[27] Der Bestandteil »für Alle« im Namen hat einen triftigen Grund: Bei ihrem Versuch, in die von der Krise schwer betroffenen gesellschaftlichen Schichten vorzudringen, »bot« die Neonazi-Partei Chrysi Avgi (deutsch: »Goldene Morgenröte«) »Hilfe« an, jedoch ausschließlich für Griechen! Gipfel dieser rassistischen Haltung war die Blutspende eines ihrer Mitglieder unter der Bedingung, dass sein Blut nur Griechen zur Verfügung gestellt werde. Glücklicherweise stimmten die dem hippokrati-schen Eid verpflichteten Ärzte des öffentlichen Gesundheitssys-tems nicht zu und lehnten es ab, sich an diesen xenophoben Aktionen zu beteiligen.

In der AgO sind Erfahrung und technische Kenntnisse zusam-mengefasst, die ehrenamtlich und kostenlos an die Initiativen und Einrichtungen weitergegeben werden. Sie organisiert Semi-nare, Konferenzen, Informationsveranstaltungen in Griechen-land, Europa und international. Sie verbindet die Bewegungen und Strukturen, ohne sie zu repräsentieren. Sie ersetzt die Aktivi-tät der Strukturen nicht, sondern sie unterstützt sie.

Die AgO schuf einen Fonds zu ihrer finanziellen Unterstüt-zung, in den Gelder von Freiwilligen aus der ganzen Welt einflie-ßen.[28] Bemerkenswert ist die Tatsache, dass alle Abgeordneten von Syriza, 149 derzeit, 20 Prozent ihrer monatlichen Aufwands-entschädigung, ungefähr 1 100 Euro, freiwillig in diesen Fonds einzahlen. Weitere 20 Prozent gehen jeden Monat in einen zen-tralen Fonds der Partei.

Der Kampf gegen die extreme Armut

Das erste Gesetz der neuen Regierung galt der »Bekämpfung der humanitären Krise« – ein Versuch, die Auswirkungen der extre-men Armut, die große Teile der Bevölkerung in Griechenland be-trifft, substantiell abzuwenden. Dieses Gesetz und die damit ver-bundenen Maßnahmen waren auch Bestandteil des »Programms von Thessaloniki«, das Syriza im September 2014, also ein gutes halbes Jahr vor der siegreichen Wahl, verabschiedet hatte:

»Im Einzelnen enthält der erste Pfeiler die folgenden Schwerpunkte: kostenlose Elektrizität für 300 000 Haushalte unterhalb der Armutsgrenze, Programm für Essenszuschüsse mit Nahrungsmittelgutscheinen für 300 000 einkommenslose Familien, kostenlose medizinische Versorgung und drastische Senkung des Ei-genanteils bei Arzneimittelausgaben. Programm zur Wohnraumgarantie. Unterstützung der Rentner mit niedrigen Renten. Sonderfahrscheine für den öffentlichen Personenverkehr. Rücknahme der Erhöhung der Steuern auf Heizöl und Dieselkraftstoff.«[29]

Doch das Programm kann nicht komplett umgesetzt werden, denn während für die Bekämpfung der humanitären Krise ursprünglich Milliarden Euro vorgesehen waren, stehen der Regierung dafür schließlich lediglich Mittel in Höhe von 200 Millionen Euro zur Verfügung. Hintergrund für diese folgenträchtige Einschränkung ist der haushaltspolitische Würgegriff der Gläubiger, der Griechenland finanziell die Luft abschnürt. Und das, obwohl die EU-Kommission den sprunghaften Anstieg der extremen Armut in Griechenland in einem Bericht selbst einräumt:

»Im Einzelnen, gemäß dem Bericht, verzeichnet Griechenland im Zeitabschnitt von 2011 bis 2013 den höchsten Anstieg des von Armut bedrohten Bevölkerungsanteils. 2013 sind 23,7 Prozent der Bevölkerung von Armut betroffen, die Armutsquote stieg im Vergleich zu 2011 um 1,8 Prozent. Es folgen Rumänien mit einem Anstieg um +1,1 Prozent und einer Armutsquote von 21,2 Prozent in 2013, Lettland mit +0,9 Prozent und einer Armutsquote von 21,4 Prozent und Spanien mit einem Anstieg von +0,7 Prozent und einer Armutsquote von 20,9 Prozent.«

Darüber hinaus verminderte sich das den Haushalten zur Verfügung stehende Einkommen in Griechenland von 2008 bis 2013 um 14,8 Prozent und verzeichnete damit nach Irland mit -16 Prozent die zweithöchste Quote, weit vor Portugal mit -7,5 Prozent und Spanien mit -5,2 Prozent. Aus dem Kommissionsbericht geht ferner hervor, dass die Lohnstückkosten 2013 in Zypern (-5,4 Prozent) und Griechenland (-4,7 Prozent) am stärksten fielen. Und überraschenderweise ist jetzt von höchster Stelle amtlich bescheinigt, dass ausgerechnet die oft genug als faul gescholtenen Griechen mit 43,7 Wochenarbeitsstunden die Europäer mit der längsten Wochenarbeitszeit sind. Es folgen die Polen mit 42,5 Stunden, die Zyprioten mit 42,4 Stunden, die Portugiesen mit 42,2 Stunden und die Österreicher mit 42,15 Stunden. Weniger arbeiten die Finnen mit 39,7 Wochenarbeitsstunden, die Ungarn mit 39,8 Stunden und die Franzosen mit 40 Stunden«.[30]

Und im gleichen Augenblick schickt die Kommission einen ihrer Generaldirektoren, den Iren Declan Costello, um das Gesetzesvorhaben der griechischen Regierung zur Bekämpfung der humanitären Krise mit der Begründung zu stoppen[31], es handele sich um eine »einseitige Maßnahme«![32]

Um ein umfassenderes Bild über die tatsächliche Situation und das Programm der Regierung zu geben, folgen einige Zahlen: Anspruchsberechtigte des Programms sind vierköpfige Familien mit wenigstens zwei minderjährigen Kindern und einem Monatseinkommen unter 400 Euro. Mit dieser Summe ist es auch in Griechenland unmöglich, auf menschenwürdigem Niveau zu überleben. In den wenigen Wochen, in denen dieses Gesetz umgesetzt wurde, ergab sich das folgende Bild des zuständigen Ministeriums:

	Eingereichte Anträge	Gesamtzahl der in den Anträgen erfassten Personen
Gesamtzahl	300 226	633 288

Leistung	Anträge	Negative Bescheide	Positive Bescheide	Leistungsberechtigte nach Prüfungen	Gesamtzahl leistungsberechtigter Personen in anspruchsberechtigten Familien
Miete	90 015	23 573	66 442	30 575	87 541
Strom	140 366	51 078	89 288	89 288	212 216
Ernährung	293 786	60 588	233 198	145 359	349 826

Niemand in der Regierung, aber auch niemand in der Gesellschaft erliegt der Illusion, dass mit diesem 200-Millionen-Euro-Programm, das nicht mehr ist als ein Tropfen auf den heißen Stein, jemand auch nur im Mindesten in der Lage wäre, die extreme Armut zu bekämpfen. Doch für die Menschen, die diese Hilfe erhalten werden, bedeutet das Programm eine große Erleichterung.

Es stellt aber auch einen bescheidenen Versuch zur Belebung der Wirtschaft, besonders auf lokalem Niveau, dar. Jeder, der beispielsweise Anspruch auf Nahrungsmittelunterstützung hat, erhält eine Wertkarte, die von der Nationalbank Ethniki Trapeza bereitgestellt wird und die monatlich vom Ministerium mit einem Guthaben von 70 bis 200 Euro aufgefüllt wird. Diese Karte kann exklusiv für den Kauf von Nahrungsmitteln in ganz Griechenland eingesetzt werden.

Die Regierung hat sich für diese Möglichkeit der Unterstützung und gegen eine zentrale Lebensmittelversorgung und -verteilung entschieden, so dass auf diese Weise vielen kleineren regionalen Unternehmen die Möglichkeit gegeben wird, daran teilzuhaben und so von einem Mehr an ökonomischer Gerechtigkeit zu profitieren.

Angesichts dieser deprimierenden Umstände kann ich nicht nachvollziehen, wie EU, IWF und EZB, die doch die Dimensionen der humanitären Krise in Griechenland genau kennen, eine Mehrwertsteuererhöhung auf Nahrungsmittel auf in der Regel 23 Prozent als Vorbedingung für die Aufnahme von Verhandlungen stellen konnten. Allein die dadurch bewirkte Verteuerung der Nahrungsmittel um 10 bis 20 Prozent dürfte eine dramatische Verarmung weiterer Bevölkerungsschichten nach sich ziehen.

3 Mythen der europäischen und griechischen Krise

Nahezu zeitgleich mit dem Ausbruch der tiefen europäischen Wirtschaftskrise wurde eine ganze Reihe von Mythen in die Welt gesetzt – Mythen, die allesamt darauf aus sind, das Gravitationsfeld der Diskussion von den tatsächlichen Ursachen der Krise wegzurücken und damit die Suchbewegung nach alternativen Lösungen und Auswegen möglichst im Keim zu ersticken. Nie zuvor, so meine ich, ist es in der jüngeren Geschichte zu einer derart ausgedehnten, konzertierten und effizienten Orchestrierung von Regierungshandeln, Interventionen transnationaler Institutionen, wirtschaftlichen Interessen, Persönlichkeiten und Massenmedien gekommen, deren einziges Ziel darin besteht, die Ansicht zu etablieren, dass es keinen anderen Vorschlag gibt, kein anderes gesellschaftliches und ökonomisches Modell abseits der neoliberalen Austeritätspolitik. Dass also die Einschränkung der öffentlichen Ausgaben, die Aufhebung der Arbeitnehmerrechte, der Ausverkauf der öffentlichen Vermögenswerte, aber auch die Abwertung der Demokratie selbst eine absolute Einbahnstraße darstellen. Dass jede andere Option in die absolute Katastrophe, das Chaos und die Ungewissheit führt.

Die Schärfe jedoch, mit der die internationalen Urheber dieser konzertierten Propaganda Syriza angriffen, noch bevor diese Partei die Wahlen gewonnen und die neue Regierung gebildet hat, bestätigt, wie sehr die wirtschaftlichen und politischen Eliten Europas alarmiert waren und Angst davor hatten, dass jeder Alternativvorschlag breitere Kreise ziehen und von den Bevölkerungen positiv aufgenommen werden könnte, was von den durch den Neoliberalismus am meisten betroffenen Klassen zu erwarten war.

Im Kern geht es bei diesem ideologischen Manöver natürlich um die langfristige Absicherung des Reichtums der Wenigen zu Lasten der Vielen. Man darf schließlich nicht vergessen, wie ungleich das globale Vermögen verteilt ist und wie sehr daran alle großen systemerhaltenden Institutionen wie die Vereinten Nationen und die Weltbank interessiert sind. Den verfügbaren Angaben zufolge besitzen 0,7 Prozent der Weltbevölkerung 41 Prozent des globalen Reichtums, also mehr als 97 Billionen Dollar, zehn Prozent ganz und gar 86 Prozent des Weltvermögens, also über 205 Billionen Dollar. Andersherum: 90 Prozent der Ärmeren besitzen gerade einmal 14 Prozent und 35 Billionen Dollar, und auf 70 Prozent der Armen entfallen bloß drei Prozent.[1]

Und wie verhält es sich in Griechenland? Die Credit Suisse ordnet in einem ihrer Berichte die Griechen in die Kategorie der zehn Prozent reichsten Bürger weltweit ein, denn sie verfügen über ein Pro-Kopf-Vermögen von 76 000 Euro! Nun haben wir allerdings in Griechenland das vielleicht weltweit größte Ungleichgewicht hinsichtlich der Verteilung des Reichtums in der Gesellschaft, folglich zählen reiche Griechen auch international gesehen zu den Wohlhabendsten. Diese Tatsache wird auch durch den Umstand bestätigt, dass sie selbst in dieser sehr kritischen Phase noch reicher geworden sind: 505 Griechen, das sind 0,005 Prozent der Gesamtbevölkerung, verfügten im Jahr 2013 über ein Vermögen von mehr als 60 Milliarden Euro, das bedeutet im Vergleich zum Vorjahr 2012 eine Zunahme um 20 Prozent! Im Vergleichszeitraum, von 2010 bis 2013, mussten die Beschäftigten des öffentlichen und privaten Bereichs Einkommenseinbußen in Höhe von 37 Milliarden aufgrund der Kürzungen der Austeritätsprogramme hinnehmen. Klar erkennbar ist also, wer in der Krise verliert und wer mit ihr und ihrer vermeintlichen Bekämpfung gewinnt.

Der Mythos der Rettung Griechenlands

Der Mythos der Rettung Griechenlands entstand außerhalb unserer Grenzen und wurde dann sowohl von den griechischen Regierungen als auch von den Medien in vollem Umfang »eingemeindet«. Doch was ist das dem Mythos zugrunde liegende Narrativ? Es ist die einfache Basiserzählung, dass allein die »bösen« Griechen uneingeschränkt für ihr Elend verantwortlich sind, weil sie über ihre Verhältnisse gelebt haben. Folglich brauchen wir einen »diktatorischen Wohltäter«, eben die Troika, die uns einerseits mit ihrer »Wirtschaftshilfe« »rettet« und sich andererseits bis in alle Zeiten um unseren Wohlstand sorgt und uns dabei zur Umsetzung sämtlicher dafür erforderlichen Reformen verpflichtet, die wir aus eigenen Stücken nie vorgenommen hätten.

Doch wie alle Mythen liefert auch dieser eine beschönigende Darstellung der Gewinner und Verlierer. Auf der einen Seite stehen faktisch die griechischen Verlierer, denn bis zu dem Zeitpunkt, als diese Zeilen geschrieben wurden, hat Griechenland alle fälligen Kredite mitsamt ihrer Zinsen immer fristgerecht und in vollem Umfang bedient, und das der Tatsache zum Trotz, dass die heutigen Werte der nicht fälligen Staatsanleihen *de facto* ins Bodenlose gefallen sind. Auf der anderen, der Gewinnerseite stehen die Gläubiger, die weiterhin enorme Summen aus der griechischen Staatsschuldenkrise einstreichen. Die Gewinne der Gläubiger wurden von den tonangebenden Teilen des europäischen – nicht nur des deutschen – Kapitals und den durch ihre politischen Repräsentanten getroffenen Entscheidungen auf lange Sicht garantiert. Und zwar ohne dass sie jemals einen echten Begriff von der Krise der Eurozone in ihrem wirklichen Ausmaß und ihrer Tiefe hatten, ohne eine profunde Kenntnis der nationalen Besonderheiten von Ländern wie Portugal, Irland, Spanien, Griechenland und Italien und schließlich, indem sie für eine Lösung durch die Memoranden optierten und damit der Ausbeutung der Gesellschaft zustimmten.

Es ist unstrittig, dass die beiden einleuchtendsten Methoden zur Bewältigung der Staatsschuldenkrise Griechenlands Anfang 2010 abgelehnt wurden, ohne zuvor geprüft worden zu sein. Der einfachste und schnellste Ausweg hätte in einer sofortigen Intervention durch die EZB bestanden. Dafür hätte damals eine partielle Satzungsänderung nach dem Vorbild der amerikanischen Notenbank FED ausgereicht, was ihr den Ankauf von griechischen Staatsanleihen erlaubt hätte, so dass sie selbst zum »Lender of last resort« (dem Kreditgeber letzter Instanz, wenn hierzu niemand anders mehr bereit ist) geworden wäre. Ich erinnere daran, dass Mario Draghi, der Präsident der EZB, später, 2012, eine solche Möglichkeit selber einräumte und daraufhin eine deutlich wahrnehmbare Ruhe in die Finanzmärkte zurückkehrte. Auf jeden Fall hätte eine so geartete Option, eine solche Lösung, sowohl die Dauer als auch das Ausmaß der sozialen Katastrophe deutlich reduziert und dem griechischen Kapitalismus die nötige Zeit gegeben, um die für ihn notwendigen Anpassungen vorzunehmen.

Die zweite Lösung mit Sofortwirkung hätte in nichts anderem bestanden als in der Alternative eines Schuldenschnitts zu Beginn des Jahres 2010. Doch selbst der bloße Gedanke an solch einen »Haircut« löste blinde Abwehrreflexe aus. Damals hätte die Durchführung eines Schuldenschnitts von 21 Prozent – bei reellen Preisen, wie beim zweiten, am 21. Juli 2011 verabredeten Memorandum vorgesehen – und bei einer auf 115 Prozent angestiegenen Schuldenquote die Schulden auf ungefähr 90 Prozent des BIP reduziert, womit sie die Grenze der Tragfähigkeit erreicht hätten. Wäre der Schuldenschnitt schließlich bei einem höheren Niveau als bei 50 Prozent angesetzt worden, dann befänden wir uns heute in einer völlig anderen Situation sowohl hinsichtlich des wirtschaftlichen als auch des gesellschaftlichen Niveaus.

Aber diese Alternative hatte Gegner. Wer waren diejenigen, die diese Lösung nicht wünschten und alles dafür taten, um sie abzuwehren? Das war zum Beispiel der Griechische Unternehmerverband (SEV). Der gab am 21. Oktober 2011 zu Protokoll:

»Ein Haircut der Größenordnung von 50 Prozent oder mehr, wie er in diesen Tagen von verschiedenen Kreisen vorgeschlagen und verbreitet wird, hat nur wenig Einfluss auf die Reduzierung der Nettoverschuldung …, während er aber belastende Auswirkungen auf die nationale Wirtschaft – das Wachstum, die Investitionen, das persönliche Vermögen der griechischen Bürger – hat. … Bis zur letzten Sekunde muss Griechenland darum kämpfen, das Szenario des Haircuts abzuwehren, der sehr von den Bedingungen der Vereinbarung vom 21. Juli abweicht. Ein Haircut in der Größenordnung von 50 Prozent wird großen Schaden in Griechenland anrichten und Europa selbst großer Gefahr aussetzen. Der Ausweg aus der Krise sowohl Griechenlands als auch Europas setzt praktische Zeichen europäischer Einheit und Solidarität voraus und außerdem ein Verständnis der gesellschaftlichen Probleme, die bereits in fast allen Ländern Europas entstanden sind.«[2]

Angesichts des heutigen Standes der Entwicklung ist es völlig offensichtlich, dass die »Lösung«, für die letztlich optiert wurde, im Vorschlag der griechischen Unternehmer und des internationalen Finanzkapitals bestand – mit dem Ergebnis: Die Gesellschaft und die Ökonomie kamen an die äußersten Grenzen ihrer Belastbarkeit, der Zusammenhalt Europas war bedroht und die Demokratie in der EU ernsthaft beschädigt. Aber die Banken wurden gerettet! Das ist das heutige Europa.

Alle Behauptungen, die dazu dienten, das Szenario eines möglichen Schuldenschnitts zur Bewältigung der Krise in Griechenland abzuwenden, verstärkten die Stimmen derer, die behaupteten, dass das Land aufgrund des Mangels an Primärüberschüssen im Haushalt Gefahr läuft, Bankrott zu gehen und die Renten und Gehälter nicht mehr zahlen zu können. Im Gegensatz zu diesen Stimmen meine ich, dass am Ende eines zählt: Je tragfähiger die Schulden gestaltet werden, desto schneller und einfacher gelingt die Rückkehr des Landes auf die Märkte. Dieser Prozess wird durch den Ansatz des notwendigen Prozentsatzes bei der Durchführung des Schuldenschnitts beeinflusst.

Wer wurde denn nun gerettet?

Letztlich galt die einzig wirklich durchgeführte Rettung den Besitzern von Staatsanleihen. Gerettet wurden griechische Banken und einheimische Investoren beziehungsweise Anteilseigener, im Bunde mit den französischen, deutschen und weiteren Banken, die eines verband: Sie alle hielten griechische Anleihen, die nun von der EZB aufgekauft wurden. In dieser Planung der Troika hat das Wohlergehen der einfachen Griechen weiter keine Rolle gespielt.

Gleichzeitig ist mittlerweile deutlich geworden, dass es in der Troika zwischen den Repräsentanten des IWF einerseits und den Vertretern der EU und der EZB andererseits zu gravierenden Meinungsverschiedenheiten gekommen ist. Die Mitarbeiter des IWF haben offensichtlich aus den verheerenden Folgen in anderen Ländern gelernt, die ihre eigenen Programme dort angerichtet hatten, kennen also die makroökonomischen Auswirkungen der drastischen Einschnitte und der Steuererhöhungen und haben jetzt versucht, die so gelagerten Forderungen der EU-Seite zurückzudrängen. Das offizielle Eingeständnis über die fehlende Tragfähigkeit der griechischen Staatsschulden durch die Vertreter des IWF ist der größte Beweis dafür, dass die internen Differenzen oft das wesentliche Hindernis für den Fortschritt der Verhandlungen mit der griechischen Regierung waren.

Am Ende aber haben sich die EU und die EZB durchgesetzt – mit dem Ergebnis, dass die von ihnen verfolgten politischen Strategien mit den kurzfristigen Interessen der Banken der Staaten im Zentrum der Eurozone und weiterer privater Interessen in Übereinstimmung gebracht wurden. Dabei ließen sie das Risiko einer eventueller »Ansteckung« und Ausbreitung unberücksichtigt, die ihre Pläne für die Eurozone und die übrige Welt bedeuteten. Um mich zu wiederholen: Dabei hatten sie die einfachen griechischen Bürger nicht mit auf ihrer Rechnung, außer bestenfalls, um sie als »Sünder« ihrer gerechten Strafe zuzuführen.

Weil die breite und unglaublich scharfe Propaganda in ganz Europa und besonders in Deutschland im Wesentlichen auf diesem Mythos basierte, werde ich diesen Aspekt hier etwas ausweiten und alle mir zugänglichen Daten präsentieren, aus denen klar hervorgeht, dass es, wenn überhaupt, dann die Banken waren, die gerettet wurden, und nicht die griechische Bevölkerung oder das Land selbst.

Wertvoll ist in diesem Zusammenhang die sehr gute Studie von Attac Wien[3] mit dem Titel »Hintergrundmaterial. Drei Jahre ›Griechenland-Rettung‹: 77 Prozent flossen in Finanzsektor«, eine Studie, die bereits Ende 2013 abgeschlossen wurde, ohne dass dies den Wert der aus ihr hervorgehenden Schlussfolgerungen mindern würde, und auf die ich mich hier stütze.

In den folgenden Tafeln erscheinen die Summe jeder Tranche, ihre Herkunft und ihr Verwendungszweck. Die Begünstigten

Auszahlung und Verwendungszweck der Programmmittel für Griechenland					
1. Programm					
	Datum	Gesamt-volumen	Eurostaaten Datum	Eurostaaten Anteil	IWF Datum
1. Tranche	Mai 2010	20 Mrd.	18.05.2010	14,5 Mrd.	12.05.2010
2. Tranche	Sept. 2010	9 Mrd.	13.09.2010	6,5 Mrd.	14.09.2010
3. Tranche	Jan 2011	9 Mrd.	13.09.2010	6,5 Mrd.	14.09.2010
4. Tranche	März 2011	15 Mrd.	16.03.2011	10,9 Mrd.	16.03.2011
5. Tranche	Juli 2011	12 Mrd.	15.07.2011	8,7 Mrd.	13.07.2011
6. Tranche	Dez. 2011	8 Mrd.	14.12.2011	5,8 Mrd.	07.12.2011
Summe 1. Programm	–	73 Mrd.	–	52,9 Mrd.	–

werden hier wie folgt unterschieden: »GläubigerInnen« sind die Halter griechischer Staatsanleihen, die von deren Bedienung profitieren; mit »Banken« sind alle griechische Banken gemeint, die rekapitalisiert werden; und unter »Staatshaushalt« werden die Gelder ausgewiesen, die ins allgemeine Budget fließen. Wir entnehmen den Tafeln im Einzelnen die genauen Wege des Geldes der »Rettungs-« oder »Hilfsprogramme« – Sie wissen, was ich von dieser Terminologie halte –, die nicht der Erzeugung von Wachstum und Entwicklung oder dem Ausweg aus der ökonomischen Krise dienten, sondern schlicht dem Abbezahlen älterer Kredite. Wie bereits angesprochen, belief sich die Gesamtsumme des ersten Programms auf 110 Mrd. Euro (80 aus Europa und 30 vom IWF), von denen bis zum Dezember 2001 letztlich 73 Mrd. ausgezahlt wurden.

(Stand 15. Juni 2013)		
IWF Anteil	**Bewertung**	**Beegünstigte**
5,5 Mrd.	Laut EK (3) wurden die ersten fünf Tranchen wie folgt verwendet	GläubigerInnen
2,5 Mrd.	• 37,1 Mrd. zur Bedienung mittel- und langfristiger Staatsanleihen (Mai 2010 – September 2011)	Banken
2,5 Mrd.	• 10 Mrd. zur Stabilisierung des Banken- und Finanzsystems durch den HFSF (4)	Staatshaushalt
4,1 Mrd.	• restliche 17,9 Mrd. für den allgemeinen Staatshaushalt	
3,3 Mrd.		
2,2 Mrd.	Die genaue Verwendung dieser Tranche ist nicht nachvollziehbar. Annahme: Fluss in den allgemeinen Haushalt	Staatshaushalt
20,1 Mrd	–	–

2. Programm					
	Datum	Gesamt-volumen	EFSF Datum	EFSF Anteil	IWF Datum
1. Teilzahlung					
1. Tranche	März 2012	31,32 Mrd.	1203. / 10. / 25.04.2012	29,7 Mrd.	19.03.2012
2. Tranche	März 2012	4,9 Mrd.	1203. / 10. / 25.04.2012	4,9 Mrd.	–
3. Tranche	März 2012	5,9 Mrd.	19.03.2012	5,9 Mrd.	–
4. Tranche	April 2012	3,3 Mrd.	10.04.2012	3,3 Mrd.	–
5. Tranche	April 2012	25 Mrd.	19.04.2012	25 Mrd.	–
6. Tranche	Mai 2012	4,2 Mrd.	10.05.2012	4,2 Mrd.	–
7. Tranche	Juni 2012	1 Mrd.	28.06.2012	1 Mrd.	–
Summe 1. Teilzahlung	–	**75,62 Mrd.**	–	**74 Mrd.**	–
2. Teilzahlung					
1. Tranche	Dez. 2012	11,291 Mrd.	17.12.2012	11,291 Mrd.	–
Summe 2. Teilzahlung	–	**11,291 Mrd.**	–	**11,291 Mrd.**	–

IWF Anteil	Bewertung	Begünstigte
1,62 Mrd.	Die Mittel des EFSF waren Teil des Schuldenschnitts (»PSI Sweetener«) und flossen an private GläubigerInnen. (5) die Verwendung des IWF-Anteils (1,62 Mrd.) ist nicht dokumentiert, der Fluss in den Staatshaushalt wird angenommen. (6)	GläubigerInnen Staatshaushalt
–	Mit dieser Tranche (»Accrued Interest«), ebenfalls Teil des Schuldenschnitts, wurden GläubigerInnen ausstehende Zinsen erstattet. (7)	GläubigerInnen
–	Der Großteil dieser Tranche (4,9 Mrd.) wurde auf ein Sperrkonto überwiesen, von dem ausschließlich Staatsanleihen bedient wurden. Der Restbetrag (1 Mrd.) floss in den Staatshaushalt. (6, 8)	GläubigerInnen
–	Zur Verwendung dieser Tranche existiert keine offizielle Dokumentation. Eine spätere Aussendung des EFSF weist darauf hin, dass auch diese Tranche auf das Sperrkonto überwiesen wurde, um Staatsanleihen zu bedienen. (9)	GläubigerInnen
–	Diese Tranche war bereits im Entwuf des zweiten Programms für die Rekapitalisierung der griechischen Banken vorgesehen. (Siehe S. 1) Die Abwicklung erfolgte über den HFSF. (10)	Banken
–	Diese Tranche floss vollständig auf das Sperrkonto, von dem Staatsanleihen bedient werden. (9)	GläubigerInnen
–	Von dieser Tranche wurden Medienberichten zufolge 900 Mio. für Griechenlands Beitrag zum ESM verwendet (je 450 Mio. im Juni und Oktober). Für den Restbetrag von 100 Mio. wird Fluss in den Staatshaushalt angenommen (11, 12)	ESM Staatshaushalt
1,62 Mrd.	–	–
–	Diese Tranche dient dem Schuldenrückkauf. Griechenland kaufte laufende Anleihen großteils über Marktwert von den GläubigerInnen zurück. (13, 14)	GläubigerInnen
–	–	–

	Datum	Gesamt-volumen	EFSF Datum	EFSF Anteil	IWF Datum
3. Teilzahlung					
1. Tranche	Dez. 2012	7 Mrd.	17.12.2012	7 Mrd.	–
2. Tranche	Dez. 2012	16 Mrd.	19.12.2012	16 Mrd.	–
3. Tranche	Jan. 2013	3,24 Mrd.	–	–	18.01.2013
4. Tranche	Jan. 2013	2 Mrd.	31.01.2013	2 Mrd.	–
5. Tranche	Mai 2013	7,2 Mrd.	31.05.2013	7,2 Mrd.	–
6. Tranche	Feb. 2013	2,8 Mrd.	28.02.2013	2,8 Mrd.	–
7. Tranche	Mai 2013	2,8 Mrd.	03.05.2013	2,8 mrd.	–
Summe 3. Teilzahlung	–	**41,04 Mrd.**	–	**37,8 Mrd.**	–
4. Teilzahlung					
1. Tranche	Mai 2013	11,291 Mrd.	17.05.2013	4,2 Mrd.	–
2. Tranche	Mai 2013 ausstehend	1,74 Mrd.	–	–	ausstehend
Zw.-Summe 4. Teilzahlung	Stand Juli 2013	**5,94 Mrd.**	–	**4,2 Mrd.**	–
Zw.-Summe 2. Programm	Stand Juli 2013	**133,891 Mrd.**	–	**127,291 Mrd.**	–
Ausbezahlte Summe gesamt	Stand Juni 2013	**206,891 Mrd.**	–	**180,191 Mrd.**	–

IWF Anteil	Bewertung	Begünstigte
–	Diese Tranche floss in den Staatshaushalt. (15)	Staatshaushalt
–	Diese Tranche wurde komplett für die Rekapitalisierung griechischer Banken verwendet. (2, 15)	Banken
3,24 Mrd.	Die Verwendung dieser Tranche, die der IWF nach langer Pause freigab, ist nicht dokumentiert. Daher wird Fluss in den Staatshaushalt angenommen. (16)	Staatshaushalt
–	Mit Hilfe dieser Tranche wurden laufende Ausgaben finanziert, sie floss in den Staatshaushalt. (17, 18)	Staatshaushalt
–	Diese ursprünglich für Februar geplante Tranche wurde für Bankrekapitalisierungen verwendet. (2, 18)	Banken
–	Diese Tranche war laut Planung für budgetäre Posten, d.h. für den Staatshaushalt vorgesehen. (18)	Staatshaushalt
–	Diese Tranche war laut Planung ebenfalls für den Staatshaushalt vorgesehen. (18)	Staatshaushalt
3,24 Mrd.		
–	Diese Tranche und die Folgetranche wurden wenige Tage bevor auslaufende Staatsanleihen fällig wurden, ausgezahlt. Sie wird daher den GläubigerInnen zugerechnet. (19)	GläubigerInnen
1,74 Mrd.	Die Auszahlung der Tranche wurde bereits beschlossen, jedoch noch nicht durchgeführt. (20) Medienberichten zufolge musste die Wartezeit mit kurzfristigen Anleihen (t-bills) überbrückt werden, um auslaufende Staatsanleihen zu begleichen. (19)	GläubigerInnen
1,74 Mrd.		
6,6 Mrd.		
26,7 Mrd.		

Aus dem genauen Studium der obigen Tafeln kann abgeleitet werden, dass sich die Gesamtsumme des zweiten Programms auf 172,6 Mrd. belief, von denen 133,891 Mrd. bis zum Juni 2013 ausbezahlt wurden.

Folglich lässt sich schlussfolgern, dass sich die bis Juni 2013 ausbezahlte Gesamtsumme auf 206,891 Mrd. Euro belief. Von dieser Summe wurden 58,2 Mrd. (28,13 Prozent) für die Rekapitalisierung der griechischen Banken ausgegeben. Weitere 101,331 Mrd. (48,98 Prozent) gingen an die GläubigerInnen des griechischen Staates, davon 55,44 Mrd. für auslaufende griechische Staatsanleihen und 34,6 Mrd., um GläubigerInnen für den Schuldenschnitt im März 2012 zu gewinnen, sowie 11,291 Mrd. für den Schuldenrückkauf im Dezember 2012. In den griechischen Etat flossen ungefähr 46,46 Mrd. (22,46 Prozent), während 0,9 Mrd. (0,43 Prozent) den griechischen Beitrag am ESM ausmachen – an diesem Europäischen Stabilitätsmechanismus, der als Teil des »Euro-Rettungsschirms« den Eurozonen-Staaten im Fall ihrer Überschuldung die Zahlungsfähigkeit durch Kredite und Bürgschaften erhalten helfen soll.

Also kehrten mindestens 77,12 Prozent des Kapitals des »Hilfsprogramms« direkt durch die Rekapitalisierung der Banken oder indirekt durch die Rückzahlung der Raten in die Kapitale des Finanzsektors zurück. Diese grimmige Pointe wird nicht nur von den Recherchen von Attac Österreich unterstützt, sondern auch von weitverbreiteten Medien wie etwa *Spiegel Online*[4]. Im *Guardian* sind die Anteile der Kredite, die direkt in das Kapital des Finanzsektors zurückflossen, auf 90 Prozent beziffert worden.

Und um den Mythos komplett zu dekonstruieren, der den Deutschen die Zahlung der Renten und Gehälter der Griechen andichtet[5], füge ich hier hinzu, dass in den verbindlichen Haushaltsverpflichtungen nicht nur die Gehälter und Pensionen der Beamten fixiert sind, sondern auch die Rüstungsverträge, die von Griechenland auch weiterhin termingerecht und in voller Höhe eingehalten und bedient werden. Das Land bleibt leider, selbst noch unter der Krise, der zweitbeste Kunde von in Deutschland hergestellter Kriegstechnik.

Als Beleg für die obige Behauptung genügt es anzuführen, dass im August 2014 (!), also auf einem ersten Höhepunkt der Krise und während die Diskussion über den Staatsbankrott Griechenlands und den Grexit den zentralen Platz auf den Titelseiten der deutschen und griechischen Presse einnimmt, das deutsche Verteidigungsministerium vermittelnd tätig wird und die Unterzeichnung eines Kaufvertrages für Panzermunition von Rheinmetall in Höhe von 50 Mio. Euro einfädelt.

Vom Entstehen des Schuldenbergs

Aber schauen wir doch einmal genauer, was zum Entstehen des immensen griechischen Schuldenbergs beitrug. Im August 2010 veröffentlichte *Die Welt* einen längeren Artikel unter der tadelnd anmutenden Überschrift »Griechen gönnen sich größte Panzerarmee Europas. Griechenland muss sparen, baut zugleich aber die größte Panzerarmee Europas auf«.[6] Der Artikel selber konnte allerdings die Hoffnung auf weitere lukrative Vertragsabschlüsse für die deutsche Rüstungsindustrie kaum verhehlen:

»1 612 Kampfpanzer meldete die griechische Regierung Anfang Juli dem Waffenregister der Vereinten Nationen. Gut 1 000 davon sind deutsche Leopard-1- und Leopard-2-Panzer. Die haben sich die Griechen weit über zwei Milliarden Euro kosten lassen. Die Details der Panzergeschäfte zwischen Deutschen und Griechen zeigen, dass das an der Nahtstelle staatlicher Politik und Unternehmensaktivität funktionierende Rüstungsgeschäft zwar potenziell hohe Gewinnspannen, aber auch viele Fallstricke bereithält und einen langen Atem erfordert. Und sie zeigen mit Absurditäten bis zur Realsatire, dass Griechenland sich seine Armee zwar leistet, aber kaum unterhält: Für Hunderte seiner Panzer fehlt der griechischen Armee wegen einer Mischung aus zeitweisem Sparwillen und organisatorischem Chaos seit Jahren die Munition.

Schon in den 90er-Jahren übernimmt Griechenland die ersten Leopard-1-Panzer aus Deutschland. Nach der Jahrtausendwende will Athen seine Armee gut und teuer modernisieren. Im März 2003 bestellt es beim Münchener Panzerbauer KMW 170 neue Leopard-2-Panzer. 30 Panzer werden in Deutschland gebaut, 140 in Lizenz beim Staatsbetrieb Hellenische Verteidigungssysteme (HDS) in Griechenland. Gesamtauftragswert: 1,72 Milliarden Euro.«

Von den meisten großen Rüstungsprogrammen geht zudem ein »Skandalgeruch« aus. Viele dieser Verträge sind sowohl in Griechenland als auch in Deutschland bereits Gegenstand von Nachforschungen der Staatsanwaltschaften. *Die Welt*, die eben noch auf weitere Rüstungsgeschäfte hoffte, sah sich im Januar 2014 zu der Feststellung veranlasst: »Dreckiges Erbe des deutsch-griechischen Panzer-Deals. Der Rüstungsproduzent Krauss-Maffei Wegmann soll für ein Milliardengeschäft griechische Beamte bestochen haben. Jetzt will der Konzern die Schuld auf andere schieben. Das ist eine riskante Strategie.«[7] Und im Dezember 2014, also fast ein Jahr später, meldete das *Handelsblatt*:

»Der Rüstungskonzern Rheinmetall zahlt im Zusammenhang mit Schmiergeldzahlungen in Griechenland ein Millionen-Bußgeld. Die Bremer Rheinmetall-Tochter Rheinmetall Defence Electronics GmbH (RDE) werde einen Bußgeldbescheid der Bremer Staatsanwaltschaft von 37,07 Millionen Euro akzeptieren, teilte der Konzern am Mittwoch mit. Damit ende das Unternehmensstrafverfahren im Zusammenhang mit dem Vorwurf, bei Rüstungsgeschäften mit Griechenland seien unerlaubt Zahlungen durch einen Rheinmetall-Repräsentanten geflossen. Griechenland hatte im vergangenen Jahrzehnt gemessen an seiner Wirtschaftsleistung die höchsten Rüstungsausgaben in der Europäischen Union. Dies war einer der Gründe für die enorme Verschuldung des Landes. Mehrere Rüstungskonzerne waren wegen mutmaßlicher Schmiergeldzahlungen an Griechenland unter Druck geraten.«[8]

Im Juli 2015 hat nun die griechische Staatsanwaltschaft außer hochrangigen Angestellten der entsprechenden Behörden auch den früheren Finanz- und Verteidigungsminister Giannos Papantoniou von der Pasok, der bereits wegen Steuerhinterziehung verurteilt worden ist, im Hinblick auf verdächtige, in seine Amtszeit fallende Rüstungsverträge im Wert von Hunderten von Millionen Euro vorgeladen.[9]

Mich persönlich überraschen die obigen Vorfälle nicht im Geringsten. Eigentlich sind diese Praktiken nichts anderes als business as usual. Und ich bin mir sicher, dass die tiefgehende Kontrolle aller mit Schmiergeldern gefüllten Umschläge, die im Verteidigungsministerium begonnen wurde, weitere Unregelmäßigkeiten und Skandale aufdecken wird. Was ich mich aber frage, ist Folgendes: Woraus schöpft das politische und mediale Establishment Europas und besonders Deutschlands die Unverfrorenheit, mit dem Finger auf ein Volk und seine Regierungen zu zeigen und beide als korrupt und verschwenderisch hinzustellen, wenn der Ursprung dieser Skandale bei ihm selbst liegt, im eigenen Land, oder wenn zumindest klar und für jeden ersichtlich ist, dass für die *diaploki*, für den Filz und die Verflechtung, immer zwei nötig sind: einer, der »annimmt«, und ein anderer, der »schmiert«?

Mit anderen Worten: Weil es den Regierungen der EU-Staaten verboten ist, ihre Industrien zu subventionieren, haben sie einen Weg zur Umgehung dieser rechtlichen Einschränkungen gefunden. Deutschland beispielsweise handhabe es so, dass es über seine Banken den Ländern großzügig Kredite zur Verfügung stellte, die, so wie Griechenland, besonders anfällig für die Inanspruchnahme von Mitteln auf dem Gebiet der nationalen Verteidigung sind. Diese Länder machen dann im Gegenzug Gebrauch von den angebotenen Krediten, um überteuerte, überflüssige und oft auch nicht effiziente Rüstungsprodukte zu kaufen – zum Beispiel U-Boote, die sich als mangelhaft herausstellen. Ich will an dieser Stelle nur daran erinnern, dass Akis Tsochatzopoulos, der vormalige Verteidigungsminister (1996–2001) im Kabinett Papandreou und jahrelang die Nummer 2 der Pasok, sich heute aufgrund des Bestechungsskandals im Zusammenhang mit dem Ankauf von U-Booten der deutschen Firma Ferrostaal im Gefängnis befindet.[10]

Während sich so aufgrund dieser Ausgaben die Staatsschuld der Käuferländer erhöht, steigern die Industrieländer ihre Exporte und damit auch ihre Außenhandelsbilanz. Es entsteht ein Reichtumstransfer von den Schuldner- zu den Geberländern, der gleichzeitig auch ein Machttransfer ist: Die Gläubiger erlangen größere politische Geltung und Dominanz bei gleichzeitigem Souveränitätsverlust der Schuldnerländer. Damit bildet dieser

Teufelskreis eine Ursache für die Schuldenkrise, der sich Griechenland ausgesetzt sieht.

Die »Hilfskredite« retten also nicht nur die Banken Europas und Griechenlands, sie unterstützen zugleich die Ökonomie der Gläubigerländer und besonders die Rüstungsindustrie Deutschlands und Frankreichs.

Doch der wesentliche Grund für die »Hilfe« an Griechenland besteht im Versuch der Stabilisierung des Euro selbst. Mit anderen Worten, es geht um die Möglichkeit der Kreditaufnahme durch die Eurozone. In der Begründung für die Bildung des ESM wird dies explizit wie folgt zum Audruck gebracht: «Nationale Finanzkrisen können Ansteckungsgefahren für die ganze Eurozone in sich bergen. Deshalb ist der ESM als Stabilitäts- und Schutzmechanismus für die gesamte Euro-Währungsgemeinschaft konzipiert und ist ein wesentlicher Baustein zur Vervollständigung der Wirtschafts- und Währungsunion (WWU)[11].

4 Die Propaganda gegen Syriza und die von ihr geführte Regierung

Seit Sigmund Freud und seinem Buch *Massenpsychologie und Ich-Analyse*[1] kennen wir die psychischen Mechanismen innerhalb von direkt miteinander agierenden oder medial verbundenen Menschenmassen und wissen, dass sie lenkbar sind und zum eigenen Vorteil instrumentalisiert werden können, indem man ihre Wünsche und Ängste anspricht.

Der einflussreichste und wichtigste Adept dieser Theorie war sein Neffe Edward Bernays, der die Analyse für die Begründung der Public-Relations-Branche einsetzte. Bernays entwickelte eine Reihe von Techniken, die er als »engineering of consent«, also als »Konstruktion von Zustimmung« bezeichnete und die für ihn das »Wesen der Demokratie« ausmachten. In seinem Buch mit dem Titel *Propaganda*, das 1928 in New York erschien, stellte er fest:

»Da wir die Mechanismen und die Triebfedern der Masse kennen, warum können wir sie dann nicht kontrollieren und sie dort hin dirigieren, wo wir es für richtig halten, und sogar ohne, dass es wahrnehmbar wird? … Die bewusste und zielgerichtete Manipulation der Verhaltensweisen und Einstellungen der Massen ist ein wesentlicher Bestandteil demokratischer Gesellschaften. Organisationen, die im Verborgenen arbeiten, lenken die gesellschaftlichen Abläufe. Sie sind die eigentlichen Regierungen in unserem Land.«[2]

Dies war die Theorie, mit der die Anwendung von Gewalt gegen die Arbeiterbewegung ersetzt wurde durch subtilere Mechanismen der Demoralisierung und Einschüchterung von Streikenden sowie der Mobilisierung der öffentlichen Meinung gegen sie. Diese Strategie kam versuchsweise erstmals 1936 während eines Stahlarbeiterstreiks in Johnstown in Pennsylvania zum Einsatz, und die damals entstandene »Mohawk-Valley-Formel« wurde Jahrzehnte später von Margaret Thatcher erfolgreich dazu genutzt, die großen britischen Bergarbeiterstreiks im Kohlebergbau 1984/1985 niederzuschmettern.

Wenn auch Edward Bernays sicherlich nie über einen Einsatz solcher Propagandatechniken in Krisenzeiten nachdachte, erweisen sie sich im Falle Griechenlands dennoch als außerordentlich nützlich, wie sich in den letzten Monaten anhand der Mobilisierung der öffentlichen Meinung und der »Konstruktion von Zustimmung« gegen die griechische Regierung – und besonders gegen Syriza – erwiesen hat. Insbesondere die Partei ist zur Zielscheibe einer fein abgestimmten und koordinierten Kommunikationsstrategie zu ihrer politischen Diskreditierung geworden. Solange Syriza die Regierung stellt und in ihr den Ausschlag gibt, wird sich diese Operation weiter verschärfen, und dementsprechend ist eine genau darauf zugeschnittene systematische Reaktion erforderlich.

Diskreditieren und Ängste schüren

Nachdem der Versuch, im Vorfeld der griechischen Parlamentswahlen vom Januar 2015 Ängste vor Syriza zu schüren, nicht effektiv genug funktioniert hatte, nahmen die Kommunikationsstäbe der Parteien ND, Pasok und Potami – die zum sowohl verwandtschaftlich-personell als auch finanziell eng verflochtenen System aus Medien, Unternehmen und bislang herrschenden Parteien gehören, für das die Griechen den Begriff *diaploki*, »Verflechtung«, benutzen – den wesentlichen Vorteil des Wahlsiegers gegenüber seinen Gegnern ins Visier: seine moralische Überlegenheit. Wer Syriza zu einem »linken Zwischenspiel« machen, also die Partei und ihre Regierung so bald wie möglich wieder loswerden will, muss ihre moralische Überlegenheit, ihre Kreditibilität, in Zweifel ziehen und diskreditieren. Denn in einem Griechenland, wo die *diaploki* und die Käuflichkeit der politisch Herrschenden in den vergangenen 30 und mehr Jahren enorme Ausmaße angenommen haben, da profitiert eine neue und unverdorbene Partei von einem erheblichen moralischen Vorteil, weil sie in keiner Beziehung zu den Sünden und Fehltritten des vorausgegangenen Zeitabschnitts steht und von der Öffentlichkeit mit diesen nicht in Verbindung gebracht wird.

Um also den moralischen Vorteil von Syriza aus der Welt zu schaffen, entwickelte und entfaltete sich gezielt sowohl in Griechenland als auch in Deutschland eine breit angelegte, bis ins Detail ausgearbeitete und hervorragend geplante Desavouierungskampagne. Weil aber in der moralischen Substanz von Syriza nichts Tadelnswertes gefunden wurde, versuchte man alsbald, ihre Regierungsmitglieder anzugreifen, und brachte »Themen« an die Öffentlichkeit, die das Format einer Seifenoper haben, so wie die Story über den »Regierungsposten der Gattin des Justizministers Nikos Paraskevopoulos«, die »Abmachungen und die Mitarbeiterinnen des Arbeitsministers Giorgos Katrougalos«, das »untervermietete Haus« der Frau von Yanis Varoufakis, den »geplatzten Reifen der Parlamentspräsidentin Zoe Konstantopoulou in Aidipso und den ihr untergeschobenen Streit mit dem Mechaniker der Werkstatt«, und so weiter. Diese Praxis gipfelte im manipulierten »Mittelfinger-Video« von Varoufakis bei Günther Jauch in der ARD. Parallel dazu gab es eine ganze Batterie von herabwürdigenden Angriffen durch Politiker und Medien vor allem in Deutschland gegenüber allen, die Syriza und die Regierung mit Erklärungen in der Öffentlichkeit unterstützten, inklusive auch meiner Person.

Dass die Mechanismen der Führung und Manipulation einer Gesellschaft durch die Produktion und die Zirkulation von »Nachrichten« aktiviert werden, ist bekannt. Diese Nachrichten sind grundsätzlich einfach gestrickt, und ihre Produktion wird transnational koordiniert. Es entsteht fast der Eindruck, als würden sie in einer zentralen Schnittstelle fabriziert und von dort aus im Internet viral verbreitet. Die herrschenden Mainstream-Medien, allen voran die griechischen Privatfernsehsender, folgen dann flugs hinterher, um die Einzelteile zu einem einschüchternd wirkenden Mantra zusammenzufügen. Die einzelnen »Nachrichten« selber überdauern kaum die Zeitspanne eines Tages oder einiger Stunden, sie sind oft genug faktenleer oder gar lächerlich – was zählt, das ist ihre inflationäre Häufung. Und deshalb tragen sie in ihrer Gesamtheit zur Desorientierung, zur Zersetzung und zum Eindruck der Gehaltlosigkeit alles Politischen bei.

Gemäß diesem Schema wird die Aufmerksamkeit der Menschen in Griechenland auf die Botschaften »Syriza ist gefährlich«, »Syriza macht dasselbe wie die anderen auch«, »es gibt keine Alternative zu den Memoranden«, »die Regierung nimmt die notwendigen Reformen nicht in Angriff« und so weiter, gelenkt. Und zugleich kommen als dominierende Botschaften in Deutschland an: »Die Griechen sind an der Krise selbst schuld«, »die Griechen sind korrupt und faul«, »wir Deutsche müssen für die Griechen zahlen«.

Weil dieser zentrale politische Konflikt nicht nur zwischen Deutschland und Griechenland, sondern auch innerhalb der gesamten EU zwischen den Hardlinern des Neoliberalismus und Syriza ausgetragen wird, muss die griechische Regierung als aktuell vehementester und offensichtlichster Versuch, ein »anderes Europa« zu etablieren, hart bestraft werden. Denn eine (weitere) Verbreitung solcher politischen Ideen, die die vorherrschende (Wirtschafts-)Politik gefährden könnten, muss mit allen Mitteln verhindert werden! Keinesfalls darf Syriza zum inspirierenden Vorbild für weitere Kämpfe gegen die Vorherrschaft der Austeritätsbefürworter werden. Deshalb muss von den sie gefährdenden politischen Ideen abgelenkt werden und die Aufmerksamkeit gekonnt auf andere Pfade umgeleitet werden.

In diesem Licht betrachtet, sind jeweils spezifische Mechanismen der Propaganda notwendig, um die Bevölkerung davon abzubringen, den ihr zustehenden Teil des produzierten Reichtums einzufordern. Und so glauben Millionen von Deutschen – darunter viele von ihnen, die unter Hartz-IV-Verhältnissen leben, die unter unsicheren Bedingungen arbeiten, schlecht entlohnt werden und in Abhängigkeit von einem immer stärker demontierten Sozialstaat leben, dabei die *Bild* oder andere Revolverblätter lesen –, dass die deutsche, also ihre eigene Regierung und deren Politik nicht für ihre Situation verantwortlich sind. Wahrscheinlich sind sie auch davon überzeugt, dass sie, wenn sie mehr für sich einfordern, so wie die Griechen als Bettler enden.

Deshalb ist es von elementarer Notwendigkeit, dass die griechische Regierung, dass Syriza, dass die europäischen Intellektuellen, die Parteien, die Gewerkschaften, die Bewegungen in der gesamten Linken koordiniert reagieren – dass sie in diesem Demoralisierungskrieg zu einem systematischen kommunikationspolitischen Gegenangriff übergehen. Dieser Gegenangriff muss einem Machtsystem entsprechend ausfallen, das soziale Ungleichheit erzeugt, den gesellschaftlichen Zussammenhalt auflöst und der Korruption den Boden bereitet. Repliken auf das Jägerlatein der täglichen Propaganda allein reichen dabei nicht aus, deren Mechanismen müssen sichtbar, ihre Methoden und ihre Werkzeuge müssen aufgedeckt werden. Um damit erfolgreich zu sein, ist zwingend erforderlich, dass wir die Dinge, aber auch die Personen, beim Namen nennen.

Ross und Reiter nennen

Und wenn es schon einmal um Namen geht, hier ist einer: Rolf-Dieter Krause, Leiter des ARD-Studios in Brüssel, der sein Gehalt aus den Zuschauergebühren des öffentlich-rechtlichen deutschen Fernsehens bezieht und den gewählten Ministerpräsidenten Alexis Tsipras in der Sendung *Hart aber fair* Ende Juni 2015 in einem Kommentar wie folgt beurteilte: »Das ist so was von verantwortungslos, der gehört zum Teufel gejagt. Aber von den

Griechen. Nicht von mir.«³ Und regelrecht als Sprachrohr der deutschen Regierung setzte er fort: Zwar hätten auch die früheren Griechen-Regierungen den Karren in den Dreck gefahren.

»Jetzt kommen aber diese Jungs von Syriza und führen Europa am Nasenring durch die Manege. Im letzten Programm waren Zugeständnisse drin, die die Bundesregierung nie machen wollte. Ich habe nicht gedacht, dass die Griechen so blöd sind, das nicht anzunehmen. Wer so vorgeht, gehört zum Teufel gejagt.«⁴

Eine Woche zuvor war demselben Journalisten in der Talkshow *Anne Will* von mir und auch von der Politikwissenschaftlerin Gesine Schwan der Vorwurf der »einseitigen Berichterstattung« gemacht worden, ohne dass ihn das besonders beeindruckt hätte. Vielmehr gab er weiterhin eine von interessierten Journalisten und Politikern abgestimmt konstruierte Wahrheit über die Krise in Europa und Griechenland zum Besten: »Die Griechen wollen schlemmen und die Rechnung für die Party an andere schicken«⁵, sagte er und machte sich dabei mit voller Absicht die Worte von Dalia Grybauskaite zu eigen, der Präsidentin Litauens, die bekanntermaßen mit ihren Kollegen aus dem Baltikum zu den fanatischen Unterstützern des Schäuble-Plans vom erzwungenen Austritt Griechenland aus der Eurozone zählt. Und als wäre das nicht genug, setzte Krause im sonntäglichen *Presseclub* noch eins drauf, nachdem er von Volker Herres, dem Programmdirektor der ARD, als der »Mister Europa der ARD« vorgestellt worden war: »Diese Regierung hat sich den Wahlsieg erschlichen. Durch Wahlbetrug.« Und er führte aus: »Da gibt's keinen Anspruch auf ein gutes Leben. Der muss erarbeitet werden. Das ist kein seriöser Verein, mit dem wir es da zu tun haben.«⁶

Ein weiterer Name soll hier genannt werden: Manfred Weber, ein CSU-Mann, im Europaparlament Vorsitzender der EVP-Fraktion und auch bekannt als »Macht endlich eure Hausaufgaben!«-Weber. Er übernahm es im Juli 2015 – offensichtlich auch in Vertretung Merkels –, auf die berührende und besonnene Rede von Alexis Tsipras im Europäischen Parlament mit einer Replik voller

Hass, Aggressivität und ideologischem Fanatismus zu reagieren. Meiner Beobachtung nach hatte er während des Tsipras-Vortrages nicht einmal Kopfhörer für die Übersetzung aufgesetzt, und des Griechischen dürfte er nicht mächtig sein. Ich kann also daraus nur schließen, dass er die Ausführungen des griechischen Ministerpräsidenten zur Krise in Europa, dass er dessen Vorschläge für einen Ausweg und die Zukunft der Eurozone gar nicht gehört hatte. Weber brüllte beinahe los, sehr zur Verwunderung und Sorge der Anwesenden:

»Sie zerstören [das] Vertrauen in Europa. Der Rest Europas hat kein Vertrauen mehr in Sie. … Wenn wir über einen Schuldenschnitt sprechen, dann, bitte, lügen Sie die Menschen nicht an. Den Schuldenschnitt werden nicht fremde Finanzinstitute, Banken, irgendwelche Finanzmärkte bezahlen, nein: Den Schuldenschnitt wird Portugal mit 3,5 Milliarden Euro bezahlen und Spanien mit 24 Milliarden Euro. Es wird der Landwirt in Portugal sein, es wird die Krankenschwester in der Slowakei sein und es wird der Beamte in Helsinki sein, der Ihre Schuldenlast zu bezahlen hat. … An der Nordgrenze Ihres Landes grenzen Sie an Bulgarien. Bulgarien ist ein Mitglied der Europäischen Union. Sie wissen als erfahrener Politiker, wie dort die Lebensumstände der Menschen sind. Wie können Sie eigentlich den Bulgaren erklären, unter solidarischem Aspekt, dass Griechenland jetzt weitere Kürzungen nicht aushalten kann, obwohl in fünf Mitgliedsstaaten der Eurozone der Mindestlohn geringer ist als in Griechenland. Denken Sie eigentlich auch an diese Menschen?«[7]

Webers Antwort bewegte sich ganz auf der von *Bild* vorgegebenen Linie und war offenbar gar nicht an die Europaparlamentarier, sondern an die Wähler adressiert. Auch das ist eine übliche Form der Meinungsmache.

Ich habe Weber in einer Talkshow des deutschen Fernsehens kennengelernt, und ich kann mich entsinnen, dass er mit einiger Arroganz gebetsmühlenartig wiederholte: »Ihr müsst eure Hausaufgaben machen!« Und ich fragte mich wirklich, welche Hausaufgaben er meinte. Denn – und ich erlaube mir nun, mich direkt an Sie, Herr Weber, zu wenden – Sie und Ihre Partei waren es doch, die uns Griechen die Lektion erteilt haben, aufgrund derer wir überhaupt erst in unsere fatale Lage hineingeraten sind, schließlich setzten unsere bisherigen Regierungen genau das um, was Sie ihnen beibrachten. Ein Land, das vom Tourismus lebt und unter großen Opfern darum kämpft, der Krise zu entrinnen, wird auch von Ihnen zur Erhöhung der Mehrwertsteuer für Hotels von 6,5 auf 13 Prozent verpflichtet! In Deutschland jedoch, wo offensichtlich andere Lektionen gelernt werden, ist im Gegenteil die Mehrwertsteuer im Hotelgewerbe von 19 auf sieben Prozent gesenkt worden, denn, wie Schäuble, Ihr Unionsfreund und Finanzminister, meint: »Man kann im Ernst nicht bestreiten, dass in der Beherbergungsbranche die Gastronomie sich in einem Wettbewerb mit Anbietern befindet, die geringere Mehrwertsteuersätze in Europa und darüber hinaus haben, und deswegen schlagen wir's vor!«[8]

Wissen Sie eigentlich, werter Herr Weber, welche Mehrwertsteuersätze die Mitbewerberländer Griechenlands im Tourismus haben? Ich will es Ihnen sagen: Zypern neun Prozent, Frankreich, Spanien und Italien zehn Prozent, die Türkei acht Prozent! In der Gastronomie, in der Sie uns 23 Prozent auferlegen, haben die Mittelmeeranrainer Sätze von acht bis zehn Prozent. Natürlich war meine Frage rhetorisch, und die Antwort ist Ihnen sicherlich hinlänglich bekannt. Doch Sie sind schlicht und einfach dazu verpflichtet, sich auf die Seite des deutschen Kapitals zu schlagen, welches es sich zum Ziel gesetzt hat, die Vorherrschaft innerhalb der EU zu erlangen. Ich bin mir auch sicher, dass es Ihnen ebenfalls bekannt ist, dass am gleichen Tag, als Sie Ihre Lektion des Hasses und der Zwietracht im Europaparlament gaben, ein Großteil der Verluste der österreichischen Skandalbank Hypo Alpe Adria durch einen Schuldenschnitt abgewickelt werden sollte, was den bayerischen Bauern, die bayerische Krankenschwester und den bayerischen Beamten 1,5 Mrd. Euro kosten könnte. Aber natürlich, wie konnte ich es vergessen, hier geht es darum, eine Bank zu retten, nicht um Menschen und Völker.

Die drei ewigen Fragen

Abgesehen vom Flüchtlingsdrama nahm kein anderes Thema in der letzten Zeit so viel Raum und Zeit ein wie die Diskussion über Griechenland. Artikel und Kommentare, Analysen, Talkshows. Pressemeldungen, Delegationen nach Griechenland, Enthüllungen! Die Öffentlichkeit verfolgte das alles verblüfft, jedoch ohne wirklich daraus schlau werden zu können. Ich bin mittlerweile so weit zu glauben, dass sie wahrscheinlich gar nicht daraus schlau werden sollte.

Ich war persönlich an etlichen Gesprächsrunden in deutschsprachigen Fernsehshows beteiligt. Es war eine ganz eigene Erfahrung, deren Verständnis und Verarbeitung mich sicher noch länger beschäftigen wird. Die Arroganz, die Aggressivität, die Verdrehung und Diskreditierung all dessen, was die Diskussion über die griechische Krise argumentativ ausmacht, übertraf die Grenzen meiner Vorstellungskraft bei Weitem.

Bei dieser Gelegenheit würde ich hier gerne auf einige der »Fragen« und »Positionen« eingehen, die in den Medien und von verschiedenen Meinungsmachern im öffentlichen Diskurs monoton und hartnäckig wiederholt werden und die damit ein gefährlich entstelltes Bild über Griechenland und die Griechen zeichnen. Ich war selbst in allen deutschen Talkshows, an denen ich teilnahm, wiederholt Adressat dieser beharrlichen Fragen, denen eigentlich eher der Charakter von Behauptungen anhaftet. Ihre ewige Wiederholung, aber auch ihre fast identischen Formulierungen durch nahezu alle Teilnehmer belegen, dass der öffentliche Diskurs auf die weitere Verschleierung der Wahrheit bezüglich der Griechenlandfrage abzielt.

Eine der wesentlichen Fragestellungen der entstellenden Propaganda und verdrehenden Meinungsmache gegen Syriza lautet so: »Warum senkt ihr die Rüstungsausgaben eigentlich nicht?«

Dass diese Frage einer linken Regierung und einer linken Partei gestellt wird, erinnert an die rhetorische Figur des Oxymorons, bei der eine Formulierung aus zwei sich gegenseitig ausschließenden Begriffen gebildet wird – Beispiele: Hassliebe, eile mit Weile, es lebe der Tod. Die Linke in ihrer Gesamtheit ist ihrem Wesen nach eine pazifistische Kraft, die Abrüstung immer für unabdingbar gehalten hat und sie auch weiterhin fordert. Sie dringt auf die Auflösung aggressiver Organisationen wie der NATO, weil sie von der Möglichkeit einer friedlichen Koexistenz der Völker auf der Grundlage gegenseitigen Nutzens und einer gemeinsamen Zukunft überzeugt ist. Besonders Syriza fördert etwa auch die Entwicklung freundschaftlicher Beziehungen zur Türkei auf allen Ebenen, damit die beiden Völker ohne den Rüstungswahnsinn in Frieden und Wohlstand koexistieren können.

Griechenland ist aufgrund des konstruierten Szenarios einer türkischen Bedrohung tatsächlich das Land mit den relativ höchsten Rüstungsausgaben in der EU und der NATO. Es ist bemerkenswert, dass die Ausgaben in diesem Bereich die Ausgaben im Gesundheits- oder Bildungsbereich um ein Vielfaches übersteigen. Obwohl die Rüstungsausgaben in den Krisenjahren fielen, wie wir der Tafel mit Daten des Stockholm International Peace Research Institute (SIPRI) entnehmen können, bleiben sie dennoch weiterhin auf relativ hohem Niveau.[9]

Militärausgaben	2014	2013	2012	2011	2010	2009	2008	2007	2006	2005
In Mrd. Euro	4,008	4,535	4,604	5,128	6,164	7,660	7,219	6,235	6,064	5,652
Relation zum BIP	2,2 %	2,5 %	2,3 %	2,4 %	2,7 %	3,3 %	3,1 %	2,8 %	2,9 %	2,9 %
Relation zum Gesamtetat	4,7 %	5,3 %	4,7 %	4,7 %	5,4 %	6,1 %	6,1 %	5,9 %	6,4 %	6,6 %

Eine der ersten Forderungen der Troika war die Liquidation der griechischen Rüstungsindustrie. Vor allem drei einheimische Unternehmen, die Waffen, Militärfahrzeuge, Munition und so weiter herstellen und von hohem öffentlichen Interesse sind, sollten schließen, womit mehr als 2 500 Beschäftigte in die Arbeitslosigkeit geführt worden wären. Es liegt auf der Hand, dass vor allem die deutsche und die französische Rüstungsindustrie zu den Nutznießern dieser Schließung gehört hätten. Griechenland wäre weiterhin ihr bester Kunde geblieben, aber eben ohne inländische Konkurrenz. Als die Frage der Senkung der Personalkosten beim griechischen Militär, deren Berufsoffiziere wegen der Umsetzung der Memoranden bereits Gehaltseinbußen von mehr als 40 Prozent hinnehmen mussten, auf den Tisch kam, wurde die Einstellung teurer Rüstungsprogramme nicht gestattet. Es handelt sich dabei um Programme, die direkt und ohne internationale Ausschreibungen unterzeichnet wurden. Also ist die Regierung dazu gezwungen, Rüstungsgüter zu veräußern, um die von den Gläubigern geforderten 200 Millionen einzusparen.

NATO-Generalsekretär Jens Stoltenberg, ein Sozialdemokrat und ehemaliger Ministerpräsident Norwegens, »hat die griechische Regierung vor Kürzungen des Militärbudgets gewarnt. Er erwarte, dass Athen auch weiterhin zwei Prozent des Bruttoinlandprodukts für Verteidigung ausgäbe.«[10] Allein das ist ein hinreichender Beweis dafür, dass dem bankrotten Griechenland durch das internationale Kapital mit dem Ziel kreditiert wird, weiterhin in der Lage zu sein, sich teure Rüstungssysteme kaufen zu können. Und zugleich wird es dazu gezwungen, die eigene Industrie zugrunde zu richten.

Warum also senkt auch die linke Syriza-Regierung die Rüstungsausgaben nicht? Die Antwort lautet ganz einfach: »Weil uns die Gläubiger das nicht erlauben!« Und wer profitiert von diesen aufgeblähten Rüstungsausgaben in Griechenland und der Türkei und dem so am Köcheln gehaltenen Konflikt zwischen den beiden Ländern?

Von dieser Auseinandersetzung profitieren die zentralen Mächte der EU, zuallererst Deutschland und Frankreich. Gemäß dem aktualisierten Bericht der SIPRI liegt die Türkei mit 15,2 Prozent an erster Stelle der deutschen Rüstungsexporte, gefolgt von Griechenland an zweiter Stelle mit 12,9 Prozent.

En detail: Deutschland exportiert nach Griechenland primär Leopard-Panzer von Krauss-Maffei-Wegmann (KMW) und Kriegsschiffe von Thyssen-Krupp-Marine-Systems (TKMS). 2009 unterzeichnete TKMS mit der Türkei einen Vertrag zur Lizenzherstellung für die Herstellung von sechs deutschen U-Booten, deren Kosten sich auf 2 Mrd. Euro belaufen, auch die französische Rüstungsindustrie unterzeichnete einen Vertrag mit Griechenland über die Produktion von sechs Kriegsschiffen zum Preis von 2,5 Mrd. Euro. Und, um genau zu sein, der damalige deutsche Außenminister Guido Westerwelle schlug der griechischen Regierung während seines Besuchs in Griechenland 2010 vor, sich mit 60 Kampfflugzeugen des Typs Eurofighter zum Preis von 5 Mrd. Euro zu versorgen.

Natürlich spielt die »Lieblingsfirma« Griechenlands, Siemens, die zentrale Rolle im Waffenbusiness, denn sie ist Versorger von Brennstoffzellen-Technik für die Firma HDW[11], welche die U-Boote für Griechenland herstellt, während sie auch einen Anteil von 49 Prozent an der KMW[12] hält, welche Panzer herstellt. Der »Sozialist« (PASOK bedeutet Panhellenische Sozialistische Bewegung) und ehemalige Staatssekretär im Verteidigungsministerium Panos Beglitis, war sich sehr sicher und sagte: »Wir werden alle Rüstungsverträge der vorigen Regierung realisieren«[13], während der Verteidigungsminister und spätere Vorsitzende der PASOK, E. Venizelos kurze Zeit später erklärte: »Wir haben eine Lösung für die deutschen U-Boote gefunden, Griechenland wird sie abnehmen und 2,85 Mrd. Euro zahlen und auch zwei neue bestellen.«[14] Ich erinnere hier daran, dass er sich auf die U-Boote bezieht, die sich aufgrund eines Herstellungsfehlers zur Seite neigen.

Abschließend möchte ich ganz persönlich erklären, dass ich mit Leib und Seele für die drastische Einschränkung der Rüstungsausgaben stehe. Ich bin der Meinung, dass Organisationen wie die NATO in unserer Zeit keine Existenzberechtigung mehr haben. Ich behaupte sicherlich nicht, dass ein Land wie Griechenland die Möglichkeit hat, diese Ausgaben völlig auf null zurückzuführen, doch es könnte seine Verteidigung zu sehr viel geringeren Kosten sicherstellen. An dieser Stelle muss auf die Verantwortung der EU für die Sicherung ihrer Grenzen als

EU-Grenzen hingewiesen werden, aber auch auf die Notwendigkeit zur Verstärkung der Transparenz, indem alle Fälle von Schwarzgeld-Transfers für Rüstungsprogramme thematisiert werden. Auf jeden Fall ist die substantielle und in die Tiefe gehende Bewältigung der Rüstungsfrage zentral für die Schaffung eines »anderen Europas«. Eines Europas des Friedens und der Demokratie, eines Europas des gesellschaftlichen Zusammenhalts und der Gerechtigkeit, eines Europas der offenen Grenzen und der Entwicklung.

Die zweite laufend wiederholte Frage ist: »Warum besteuert ihr eigentlich die Reichen nicht?« Das ist natürlich eine Provokation, weil sie sich an eine Regierung und besonders an eine Partei richtet, für die die Besteuerung der Vermögenden und gut Verdienenden eine wesentliche programmatische Aussage ist.

Die zwei Parteien, die Griechenland in den letzten zwei Jahrzehnten regierten, Pasok und Nea Dimokratia (politisch verschwistert mit SPD und CDU), errichteten ein politisches System, das nicht nur Steuerasyle für Reiche, vor allem für die Reeder, bot, sondern auch dafür sorgte, dass mit ihrer Zustimmung zu verschiedenen gesetzlichen Maßnahmen und Regelungen ein großer Teil des öffentlichen Vermögens auf privilegierte Privatleute übertragen werden konnte.

In Griechenland stammt der größte Teil der Steuereinnahmen schon immer von den Beschäftigten, den Lohn-und Gehaltsempfängern des öffentlichen und privaten Sektors und natürlich aus den indirekten Steuern (Griechenland verzeichnet den größten Unterschied zwischen indirekten und direkten Steuern, zugunsten der indirekten). Von insgesamt sechs Millionen Steuererklärungen, die 2014 eingereicht wurden, betrafen gerade einmal 38 000 Fälle – ganze 0,6 Prozent aller Steuererklärungen! – Einkommen von über 100 000 Euro. Darüber hinaus erklärten lediglich 375 Griechen ein Einkommen von über 500 000 Euro, und angeblich nur 144 erzielten ein Einkommen von über einer Million Euro.[15]

Für die Syriza-Regierung ist die Besteuerung des Reichtums nicht nur ein Mittel zur Erhöhung der Staatseinnahmen, sondern ein Hauptinstrument zur Wiederherstellung der Gerechtigkeit beziehungsweise des Gerechtigkeitsempfindens eines Volkes, das unter einer schweren ökonomischen, sozialen und politischen Krise leidet. Das stellt auch die Hans-Böckler-Stiftung in einer aktuellen Studie fest:

»Der Austeritätskurs in Griechenland hat die Einkommen der privaten Haushalte in dem Krisenland drastisch einbrechen und die Armut ansteigen lassen. ... So verloren ... die zehn Prozent Haushalte mit den niedrigsten Einkommen gegenüber 2008 rund 86 Prozent. ... Die 30 Prozent der Haushalte mit den höchsten Einkommen verloren zwischen knapp 20 und 17 Prozent.«[16]

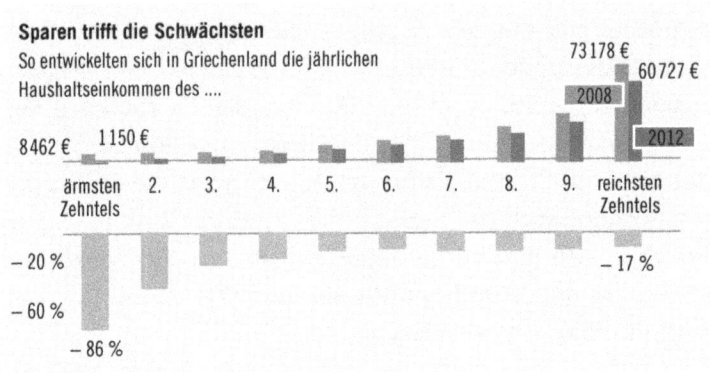

Gemäß ihren Ankündigungen hat die Regierung Tsipras auch bereits mit der Umsetzung einer Reihe von Maßnahmen mit dieser Zielsetzung begonnen. So hat sie beispielsweise – unter großem Zuspruch der Bevölkerung – die Möglichkeit zur Erstattung von Steuerschulden und Sozialversicherungsbeiträgen in über hundert Raten veranlasst und damit viele Betroffene mit geringen und mittleren Einkommen entlastet. Sie hat die Verfahren zum Eintreiben der Steuern von mutmaßlichen griechischen Steuerflüchtlingen, die auf der Lagarde-Liste[17] verzeichnet sind, beschleunigt – es wurden bis zum gegenwärtigen Zeitpunkt bereits

Hunderte Millionen Euro eingenommen, die sich bisher im Steuerasyl befanden. Sie bereitet derzeit ein Abkommen mit der Schweiz zum direkten Beistand bei der Aufdeckung von mutmaßlichen Schwarzgeldkonten griechischer Kontoeigentümer vor.

In der Hauptsache sieht die Regierung die Installation eines neuen und gerechten Steuersystems vor, denn diejenigen, die bereits sehr viel mehr als alle anderen hatten, konnten ihr Vermögen während der Krise – wie auch anderswo – weiter erhöhen. Basierend auf dem einfachen Grundsatz, dass die Wohlhabenden ihren angemessenen Teil zum Wohlergehen der Gesellschaft beitragen sollen, enthielt das den Gläubigern Anfang Juni vorgeschlagene 47-seitige Reformpaket eine Solidaritätsabgabe auf Jahreseinkommen über 500 000 Euro mit einem Satz von acht Prozent, die Erhebung einer Sonderabgabe von zwölf Prozent auf Unternehmensgewinne über 500 000 Euro und die Erhöhung der Unternehmenssteuer auf dieselben Gewinne von heute 26 Prozent auf 29 Prozent noch im Jahr 2015.[18]

Zum großen Erstaunen aller wurden diese Maßnahmen aber von den Gläubigern mit der Begründung abgelehnt, sie würden die Konjunktur schwächen. Die Gläubiger forderten stattdessen mehr Ausgabenkürzungen, hauptsächlich im sozialen Bereich, bei den Renten und so weiter. Es war nicht zuletzt diese Kontroverse, die die griechische Regierung dazu veranlasste, mit dem Referendum vom 5. Juli eine demokratische Entscheidung der Bevölkerung herbeizuführen. Als dasselbe Thema eine Woche später, beim Gipfeltreffen am 12. Juli, erneut auf den Tisch kam, forderten die Gläubiger die Streichung der Regelung der achtprozentigen Solidaritätsabgabe auf Jahreseinkommen über 500 000 Euro und den Ersatz der damit erzielten Einnahmen durch eine gleichwertige Einnahmequelle, vorzugsweise mittels Ausgabenkürzungen im sozialen Bereich. Was nur abermals belegt, dass das Griechenland auferlegte »Anpassungsprogramm« auch gleichzeitig ein Verfahren zur Umverteilung des Reichtums von unten nach oben ist, von den Vielen zu den Wenigen. Es zeigt sich immer wieder und an verschiedenen Stellen, dass der Versuch von Syriza zur Umkehrung dieses Umverteilungsprozesses von unten nach oben auf den erbitterten Widerstand der Gläubiger trifft.

In der Konsequenz lautet die Antwort auf die Frage zur Besteuerung der Reichen: »Wir besteuern die Reichen deshalb nicht, weil uns die Gläubiger das nicht erlauben.«

Es gibt dann noch eine dritte – nein, keine Frage, sondern eine stereotyp vorgetragene Behauptung der deutschen Meinungsmacher. Eine gefährliche Behauptung, mit der der Erreger eines »passiven Hasses« gegen die griechische Regierung, gegen Syriza oder gegen »die Griechen« an sich verbreitet wird und jederzeit aktiviert werden kann. Sie lautet: »Wir Deutschen zahlen für die Griechen.« Was meint, dass der selbst »fleißige und sparsame« deutsche Steuerzahler darauf gefasst sein muss, gegebenenfalls irgendwann dafür aufzukommen, dass »die Griechen über ihre Verhältnisse leben«.

Das stimmt natürlich vorne und hinten nicht. Weder der deutsche Staat noch die übrigen Länder der Eurozone haben Geld aus ihren Haushalten eingezahlt, sondern sich das Geld bei der EZB zu einem jährlichen Zinssatz von ein Prozent bis drei Prozent geliehen, um es in der Folge zu einem höheren Zinssatz an Griechenland weiterzuverleihen, was ihnen logischerweise Geld einbrachte. Im Zeitraum 2010/2011 etwa flossen aus diesem Zinsunterschied mehr als 300 Mio. Euro zusätzliche Mittel in die deutschen Staatskassen. Folglich legt der deutsche Steuerpflichtige nicht nur nichts drauf, sondern seine Regierung erzielt darüber hinaus sogar Einkünfte. Das ist auch weiterhin der Fall, obwohl die Zinsen auf griechische Anleihen seit 2012 gefallen sind.

Es wird geschätzt, dass Deutschland aus seinen über die KfW-Bank abgewickelten zwischenstaatlichen Krediten an Griechenland während des Zeitraums 2010 bis 2014 mehr als 360 Mio. Euro an Zinserträgen erzielt hat. Auch in dieser Hinsicht erweist sich noch ein weiteres Mal, dass die »Rettung« den Banken und nicht Griechenland galt und gilt.

Allerdings will ich nicht verhehlen, dass der deutsche und der europäische Steuerzahler in Zukunft tatsächlich Gefahr laufen , für die Bankverluste aufkommen zu müssen, nämlich dann, wenn Griechenland – oder welches krisengeschüttelte Land auch immer – zur Zahlung seiner Schulden nicht in der Lage sein sollte. Und: Laut der Leibniz-Studie steht speziell Deutschland anders da: »Selbst wenn Griechenland seine derzeitigen Schulden überhaupt nicht zurückzahlen würde, hätte Deutschland von der griechischen Krise profitiert, also mehr eingenommen als dafür gezahlt.« Übrigens war das der Grund für die Sozialisierung der privaten Schulden Griechenlands: die Absicherung der privaten oder teilprivaten Banken mit Mitteln aus den Staatshaushalten, letztlich also durch die Bürger des Staates.

Und noch etwas zum Schluss: Als das zweite sogenannte Hilfsprogramm Ende Juni 2015 auslief, flossen die Gelder, die in Griechenland nicht zum Einsatz kamen, in die Länder der Eurozone zurück. Deutschland strich ungefähr eine Milliarde Euro ein; darin sind die Zinserträge aus der EZB enthalten, die eigentlich nach Griechenland zurückgezahlt hätten werden müssen. Mit der Begründung der Nichteinhaltung der Vereinbarungen durch Griechenland wurden die Zinserträge für 2014 und 2015 »eingefroren« und flossen in die Zentralbanken der Mitgliedsstaaten zurück, als das Anrecht Griechenlands darauf mit dem 1. Juli erloschen war. Die Summe für diese zwei Jahre beträgt rund 3,35 Mrd. Euro, in Deutschland beläuft sich der entsprechende Anteil auf ungefähr 944 Millionen Euro inklusive der 412 Millionen Euro aus 2015, die nicht einmal zur Auszahlung kamen.

Einer gerade bekannt gewordenen Studie des Leibniz-Instituts für Wirtschaftsforschung Halle (IWH) zufolge profitiert Deutschland finanziell stark von der Krise in Griechenland. »Seit deren Ausbruch 2010 sei der deutsche Staatshaushalt um rund 100 Milliarden Euro oder gut drei Prozent im Vergleich zum Bruttoinlandsprodukt entlastet worden«, erklärte das Institut.[19] Deutschlands zusätzliche Einnahmen von (kumuliert seit 2010) bis zu 100 Mrd. Euro sind besonders darauf zurückzuführen, dass die Zinsen für deutsche Anleihen stark gesunken sind, weil sie im Vergleich als sehr sicher eingeschätzt werden. Somit übertreffen die Ersparnisse den deutschen Anteil an den bisherigen Rettungspaketen für Griechenland, der auf rund 90 Milliarden Euro beziffert wird. Selbst wenn Griechenland seine derzeitigen Schulden überhaupt nicht zurückzahlen würde, hätte Deutschland von der griechischen Krise profitiert, also mehr eingenommen als dafür gezahlt. Zwar haben dem IWH zufolge auch andere Länder wie Frankreich in Bezug auf ihre Zinseinnahmen profitiert, aber keines so viel wie Deutschland. Schäubles schwarze Null im Bundeshaushalt ist, wenn man so will, nur mit griechischer Hilfe zustande gekommen![20]

5 This is a coup!

Seit seiner Gründung spielte der IWF in allen Ländern, in denen Anpassungsprogramme durchgeführt wurden, eine primär politische Rolle und verfolgte dabei eine klare Orientierung und Zielsetzung. Trotz der Tatsache, dass in den Gründungschartas der Weltbank und des IWF das Primat der Ökonomie gilt und ihm vor den politischen Kriterien Priorität eingeräumt wird, sieht es so aus, als ob dieses Prinzip fast immer umgangen worden ist. Zusätzlich spielten geostrategische Kriterien in den Entscheidungen und der Haltung des IWF und der Weltbank seither eine ebenso entscheidende Rolle. Es ist bekannt, dass die internationalen »Finanzorganisationen« selbst vor der offenen Unterstützung vieler diktatorischer und absolutistischer Regime nicht zurückschrecken und auf diese Weise massiv geopolitisch intervenieren. Länder wie Chile, Brasilien, Nicaragua, DR Kongo oder Rumänien waren wesentliche Betätigungsfelder für sie, später folgten die baltischen Staaten mit offensichtlich politischer Zielsetzung.

Ein aktuelles und empörendes Beispiel ist die Ukraine, die relativ problemlos und ohne jegliche Vorbedingungen sowohl von der EU als auch vom IWF immer wieder finanzielle Hilfe erhält. Die entscheidende Tatsache, mit der die hier aufgestellte Behauptung über das parteiische Verhalten sowohl des IWF als auch der EU belegt werden kann, ist folgende: Während die Mitgliedstaaten der Eurozone aus den von ihnen vergebenen Krediten an Griechenland, einem Mitgliedstaat der EU, über die Differenz im Zinsniveau Erträge erzielen (sie können sich, wie an anderer Stelle erklärt, das dafür notwendige Geld billiger zu einem niedrigeren Zinssatz leihen), werden der Ukraine die Kredite zinslos zugestanden! Des Weiteren fließen die Hilfsgelder an die Ukraine direkt in ihren Staatshaushalt, ganz im Unterschied zu Griechenland, wo die »Hilfsgelder« direkt ins Finanzsystem gehen. Die Frage: »Woher kommt das Geld?«, gemeint ist die Ukraine, wird auf der offiziellen Website des Europaparlaments so beantwortet: »Die EU-Kommission wird sich die Finanzmittel am internationalen Anleihenmarkt leihen und an die Ukraine weitergeben. Dabei fallen keine weiteren Zinsen für die Ukraine an.«

Hier wird ebenfalls deutlich, dass die politischen Kriterien gegenüber den wirtschaftlichen Kriterien klar prioritär sind, eine Tatsache, die auch der Aufmerksamkeit der UN nicht verborgen blieb, die in einem Bericht bereits 1994 feststellten:

»Faktisch verhalten sich die von den USA in den 1980er Jahren ausgezahlten Hilfsleistungen umgekehrt proportional zur Einhaltung der Menschenrechte. Die multilateralen Geber scheinen sich um solche Überlegungen auch nicht zu kümmern. Es scheint vielmehr so, dass sie bedenkenlos autoritäre Regime vorziehen, da sie sich von diesen eher eine stabile Politik und ökonomische Kompetenzen versprechen. Im Zuge dessen erhielten z. B. Bangladesch und die Philippinen mit der Aufhebung des Standrechts anteilig weniger Darlehen durch die Weltbank.«

Im Fall Griechenlands erfolgte das Engagement des IWF aus politischen und geostrategischen Überlegungen. Die Satzung des IWF erlaubt keine Kreditvergabe an Länder, deren Schulden nicht tragfähig sind, weshalb sie die großzügige Streichung der Schulden zur Herstellung ihrer Tragfähigkeit zur Bedingung macht. Die vom IWF beauftragten Studien erachten die griechischen Schulden weiterhin als nicht tragfähig und beharren auf ihrem Vorschlag zur Schuldenstreichung.

Eine weitere Lehre aus der Geschichte ist, dass in Ländern, in denen Programme des IWF durchgeführt wurden, zusätzlich zur Wirtschaft und der Gesellschaft gewöhnlich auch das politische System kollabiert. Das mit der Leitung und Umsetzung der »Anpassungsprogramme« befasste politische Personal und dessen

Parteien müssen sich häufig mit ihrer gravierenden Dezimierung abfinden, wenn sie nicht sogar ganz vom Erdboden verschwinden. Bezeichnende Beispiele in der jüngeren Geschichte sind die Türkei und Argentinien, wo wir es nach dem Engagement des IWF mit völlig neuen Parteien und neuen Gesichtern auf ihrer Bühne zu tun haben.

Das politische System, das nach dem Fall der Diktatur in Griechenland (1967–1974) entstanden war, beruhte auf dem hinlänglich bekannten Zweiparteiensystem der beiden Hauptakteure Nea Dimokratia und Pasok, die sich miteinander an der Regierungsführung abwechselten. Sie konnten jedoch dank eines Wahlgesetzes, das der stärksten Partei einen Bonus von 50 Mandaten einräumt und damit die Bildung von Koalitionen erschwert, jeweils stets allein regieren.

Nach den Wahlen im Oktober 2009 löste die Pasok die ND an der Regierung ab und führte das Land in die Ära der Memoranden. Im November 2011 warf Ministerpräsident Papandreou unter dem Eindruck der sich zuspitzenden Krise und immer größerer Proteste gegen seine Kürzungspolitik entnervt das Handtuch. Die Troika blockierte in dieser Situation – ihrer antidemokratischen und kolonialistischen Haltung treu – eine durch Neuwahlen mögliche demokratische Alternative und oktroyierte stattdessen eine Technokratenregierung unter Lukas Papadimos, dessen biographische Daten ich bereits erläutert habe. Damit befand sich Griechenland in bester Gesellschaft mit Italien, wo ebenfalls das politische Heil in einer Technokratenregierung gesucht wurde. Der italienische Premier Mario Monti war zudem ein Freund und Kollege von Papadimos in verschiedenen internationalen Bankgesellschaften.

Doch die Regierung unter Papadimos hielt dem Druck der Bevölkerung ebenfalls nicht stand, so dass im Mai 2012 schließlich doch vorgezogene Wahlen abgehalten wurden. Syriza, das Bündnis der radikalen Linken, erzielte dabei 16,8 Prozent und wurde zweitstärkste Partei, die Pasok kam auf 13,2 Prozent, die ND auf

18,88 Prozent und die Dimar (Demokratische Linke, eine Mitte-Rechts-Abspaltung von Syriza) auf 6,11 Prozent. Die letzten drei Parteien, die mit den Anweisungen der EU und des IWF und dem Programm zur inneren Abwertung der Troika konform gehen, hätten zusammen über die nötige parlamentarische Mehrheit zur Regierungsbildung verfügt. Weil sie sich jedoch nicht einigen konnten, fiel die Entscheidung zugunsten einer neuerlichen Übergangsregierung, diesmal unter dem höchsten Richter Panagiotis Pikrammenos.

Der Aufstieg der radikalen Linken

Nur sechs Wochen später, am 17. Juni, fanden abermals Wahlen statt. Diese Zeitspanne war gekennzeichnet von heftigsten propagandistischen Verdrehungen und Angstkampagnen. Es ging darum, den rapiden Aufstieg von Syriza zur Macht aufzuhalten oder das Bündnis doch noch zumindest in den Block der bürgerlichen Parteien zu integrieren im Rahmen einer Regierung der »Nationalen Einheit«. Die Koordination der führenden Medien mit den herrschenden politischen Eliten in Griechenland und der EU ist absolut offensichtlich. Täglich stellten die fettgedruckten Aufmacher deutscher und griechischer Titelseiten und eine ganze Reihe von Nachrichtensendungen den sich bereits abzeichnenden Wahlsieg von Syriza in widerlicher, völlig ahistorischer Weise als »nationale Katastrophe« dar und setzten ihn völlig unverblümt mit dem Austritt des Landes aus der EU und dem Euro und der Unausweichlichkeit eines ungeordneten Staatsbankrotts gleich. Im Rahmen dieser Kampagne schreckten sie nicht davor zurück, sich die rechtsextreme Agenda der neonazistischen Partei XA (Xrysi Avgi) zu eigen zu machen, die auf der populistischen Thematisierung der Verschärfung des Flüchtlings- und Migrationsproblems beruht.

Die europäischen und besonders die deutschen Parteien intervenierten unverhohlen in den Meinungsbildungsprozess vor den Wahlen. Die Bundeskanzlerin Merkel reiste nach Athen, um ihrem Parteifreund Andonis Samaras den Rücken zu stärken, Martin Schulz, der Vorsitzende des Europaparlaments, tat es ihr gleich, um die Pasok und deren neuen Spitzenmann Evangelos Venizelos zu unterstützen. In Deutschland selber hagelte es diffamatorische Erklärungen über Syriza und Alexis Tsipras – die *Bild*-Zeitung ganz vorneweg, aber auch die als seriös angesehene Internetversion des *Spiegel* nicht weit hinterher. Noch nie in der europäischen demokratischen Tradition hatte es eine solche offenkundige und unverhohlene Einmischung in die inneren Angelegenheiten eines als befreundet geltenden Landes gegeben, und zwar unter dem willkommenen Vorwand der gemeinsamen Bewältigung der Schuldenkrise. Mit dieser Tatsache wird eine meines Erachtens nach negative Tradition begründet, die die EU in Zukunft gerade auch unter der sich abzeichnenden Wendung der deutschen Außenpolitik in Richtung offensive Machtdemonstrationen prägen wird.

Die Propagandaschlacht gegen Syriza, bei der nicht zuletzt frisierte Umfragewerte eine Rolle spielten, um vorab alle etwaigen Hoffnungen zu dämpfen, war insofern erfolgreich, als ein bedeutender Teil der Wählerschaft in letzter Minute spontan die Entscheidung traf, doch wieder die ND zu wählen und nicht Syriza. Das linke Bündnis konnte sich zwar auf über 26 Prozent verbessern, wurde erneut zweitstärkste Fraktion, aber es reichte eben nicht. Nun kam es doch zur Koalition von ND, Pasok und Dimar, womit auch dieses Mal wieder die Angst über die Hoffnung gesiegt hatte. Und, was mindestens ebenso schwer wiegt, in diesem Moment wurde die entscheidende Chance vertan, der Durchführung der Memoranden Einhalt zu gebieten. Die neue Regierung unter Andonis Samaras beschleunigte die abschließende Anpassung des Memorandum-Programms in enger Zusammenarbeit mit den Gläubigern.

Die große Überraschung dieser Wahl war zum einen dennoch der große Stimmenanteil für Syriza – ein Wahlergebnis, das nicht nur Griechenland auf Dauer veränderte, sondern auch die europaweiten Diskussionen über die Lage in der EU und über den Euro beeinflusst hat. Überraschend waren zum anderen die drastischen Einbußen der Pasok. Man muss sich das einmal vorstellen: Bei den Wahlen im September 2007 erreichte die Pasok noch 38,10 Prozent, im Oktober 2009 kam sie mit der Parole »Es gibt genug Geld« gar auf 43,92 Prozent. Im Mai 2012 waren es nur noch 13,18 Prozent, sechs Wochen später 12,28 Prozent, und im Januar 2015 fiel sie auf existenzbedrohende 4,68 Prozent zurück.

Die ND liegt sowohl aufgrund ihrer anfänglich ablehnenden Haltung gegenüber den Memoranden als auch aufgrund der gewichtigen Unterstützung, die sie vom inländischen und europäischen politischen und medialen Establishment erhält, weiterhin auf einem etwas vorteilhafteren Kurs. Während sie 2007 mit 41,48 Prozent an erster Stelle rangierte, verlor sie 2009 mit 33,47 Prozent die Wahlen an die Pasok. Im Mai 2012 erzielte sie mit 18,85 Prozent ihr historisch schlechtestes Ergebnis, was auch auf die Tatsache zurückzuführen ist, dass sie nun die Entscheidungen der Troika und die Memoranden mitträgt. Sie konnte sich aber als stärkste Partei behaupten. In den darauf folgenden Wochen bis zum Juni 2012 wird mit einer auf Angst und auf Drohungen aufgebauten Kampagne der schmutzigste Wahlkampf in der demokratischen Geschichte des Landes geführt. Das und nur das hatte zum Ergebnis, dass die ND sich bei einem Stimmenanteil von 29,66 Prozent erholte und Syriza damit den ersten Rang ablief. Resultat war, dass das Land noch weitere drei Jahre einer Pro-Memorandum-Politik unterstand, was die Ökonomie in tiefe Rezession und die Gesellschaft in eine humanitäre Katastrophe führte. Erst 2015 musste sich die ND schließlich mit 27,81 Prozent und dem zweiten Platz hinter Syriza abfinden. Es ist aber auch eine Tatsache, dass der Widerstand der griechischen Bevölkerung gegen die Austeritäts- und Anpassungspolitik eine der Hauptursachen für den dramatischen Einbruch der bis gestern noch führenden großen Parteien ist. Allein im Zeitraum 2010 bis 2012 hatten wir Dutzende von Generalstreiks, die besonders in Athen von großen Demonstrationen begleitet waren und deren Teilnehmer nachweislich die Erfahrung härtester Repression der Sondereinsatzkommandos der Polizei machten.

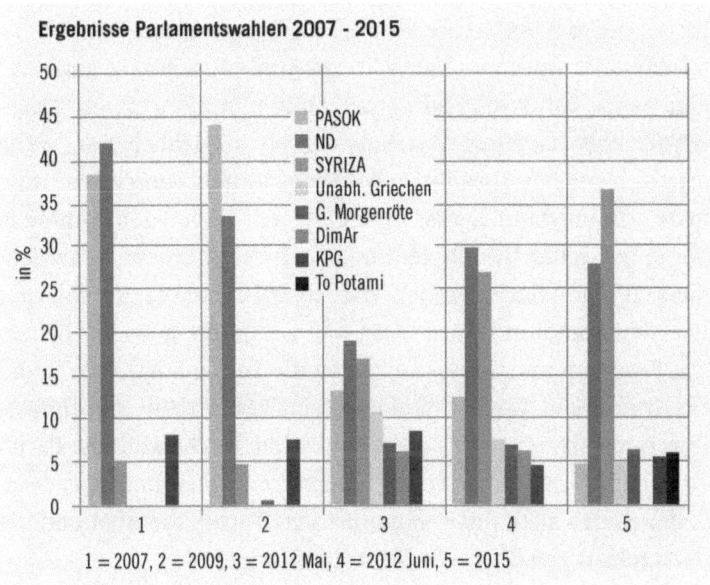

Ergebnisse Parlamentswahlen 2007 - 2015

1 = 2007, 2 = 2009, 3 = 2012 Mai, 4 = 2012 Juni, 5 = 2015

Der beeindruckende Aufstieg der radikalen Linken im Namen von Syriza verhinderte in Griechenland bislang die Orientierung von Teilen der unter der Krise leidenden Wählerschaft hin zur extremen Rechten. Das der Neonazi-Szene nahestehende Konstrukt, die kriminelle Vereinigung namens Chrysi Avgi (»Goldene Morgenröte«), ist zwar im Parlament vertreten, aber bei den letzten Wahlen kaum über sechs Prozent hinausgekommen. Das steht im klaren Gegensatz zur Lage in den meisten anderen europäischen Ländern – denken wir nur an Frankreich, wo der Front

National nicht mehr weit davon entfernt ist, die Regierungsverantwortung zu übernehmen – und ist ein weiterer Beitrag von Syriza zur veränderten politischen Wirklichkeit in Griechenland und in Europa.

Aus den Wahlen vom 25. Januar 2015 ging das Kabinett Tsipras hervor, getragen von einer Koalition der Parteien Syriza und Anel (»Unabhängige Griechen«). Die Regierungszusammenarbeit einer linksradikalen mit einer »populistischen« Partei von konservativem und nationalistischem Charakter fand auf den Titelseiten der internationalen Presse große Beachtung und warf eine ganze Bandbreite an Kommentaren und Fragen auf. Nachzuvollziehen ist diese Zusammenarbeit tatsächlich nur, wenn man sich das sehr spezifische politische Umfeld vergegenwärtigt, in dem sie entstand. Dieses Umfeld ist geprägt von den Fronten in der griechischen Gesellschaft und auch der politischen Parteien, die sich schon lange vor den Wahlen 2012 entlang der Polarität Pro-Memorandum versus Anti-Memorandum gebildet haben. Zur Pro-Memorandum-Seite zählen die Parteien ND, Pasok und ein von einem Fernsehmoderator im März 2014 gegründetes Kunstprodukt, eine nach allen Seiten hin anschlussoffene Partei To Potami (»Der Fluss«)[1], während zur Anti-Memorandum-Seite außer Syriza auch die Kommunistische Partei, die Anel und die neofaschistische Chrysi Avgi gezählt werden.

Syriza hatte vor der Wahl im Januar mehrfach betont, erstens die absolute Mehrheit anzustreben, um ihr Programm ohne Abstriche umzusetzen, und zweitens nicht mit einer Pro-Memorandum-Partei zu koalieren oder zusammenzuarbeiten.[2] Die Kommunistische Partei legte jedoch eine merkwürdig sektiererische Haltung an den Tag und lehnte jegliche Zusammenarbeit ab, obwohl Syriza ihr die Bildung einer linken Regierung angeboten hatte. Und die Chrysi Avgi verbot sich als Gesprächspartner natürlich von selbst. Die Gesamtheit des Memoranden-Regimes im Inland und in der EU tat alles dafür, um Syriza daran zu hindern, aus den Wahlen als Sieger hervorzugehen. Und für den Fall, dass sich das als unmöglich erweisen würde, ging es zumindest darum, einen Wahlsieg mit absoluter Mehrheit zu verhindern, so dass Syriza zur Zusammenarbeit mit einer Pro-Memorandum-Partei gezwungen wäre. Im Kern war dies der Grund dafür, dass das politische und mediale Establishment die Gründung der Partei To Potami forcierte. Die To Potami zugedachte Aufgabe war es, einen potentiellen Regierungspartner für Syriza zu stellen, der zu jeder Zeit in der Lage sein würde, die Regierungsmehrheit zu kontrollieren. Diese Strategie ist nach der Wahl im Januar nicht aufgegangen, leider besteht eine große Gefahr, dass sie nach der Wahl am 20. September doch noch aufgeht.

So gesehen war das Ergebnis der Januarwahl ein unbefriedigendes Resultat für Syriza. Ihr fehlten zwei Mandate bis zur absoluten Mehrheit. Und weil eine Wahlwiederholung keine politische Option war, stellte die Bildung einer Regierungskoalition mit der Anti-Memorandum-Partei Anel zu diesem Zeitpunkt die einzige Möglichkeit dar.

Zur völligen Überraschung aller kam es zu einer derart prompten und umgehenden Regierungsbildung wie noch nie zuvor, selbst unter Bedingungen einer absoluten Mehrheit nicht. Allerdings sieht die griechische Verfassung ohnedies eine Regierungsbildung binnen drei Tagen vor, in denen die stärkste Partei das Recht zur Aufnahme von Gesprächen hat. Es gibt also keinen zeitlichen Spielraum, um mit den anderen Parteien breit angelegte Verhandlungen mit programmatischem Charakter zu führen und eine Bündnisregierung inhaltlich abzustimmen. Darüber hinaus begünstigt, wie ich bereits erläutert habe, das Wahlsystem Einparteienregierungen. In diesem Sinn und unter diesen Vorbehalten akzeptierte die Anel das Angebot zur Beteiligung an der Regierung und »übernahm« das Regierungsprogramm von Syriza – ein Umstand, der seitdem durch die politische Praxis bestätigt wird.

Schließlich hatten wir in der europäischen Geschichte nie zuvor eine derart unverhohlene Intervention politischer Institutionen und Personen aus Europa in die inneren Angelegenheiten eines anderen Mitgliedstaates der EU. Herr Martin Schulz, um nur einen zu nennen, schlug der griechischen Regierung und dem gewählten Ministerpräsidenten wiederholt und unverblümt vor, die Zusammensetzung der Regierungsbank zu ändern und an die Stelle von Anel Minister von To Potami einzusetzen. Ich werde abschließend nur einen – meines Erachtens hinreichenden – Grund nennen, um die Hartnäckigkeit unserer Partner hinsichtlich einer derartigen Regierungsumbildung nachvollziehbar zu machen: Theodorakis, der Chef von To Potami, wurde nicht müde zu erklären: »Unterscheibt eine Vereinbarung, auch wenn sie schlecht ist. Hauptsache, es ist ein Memorandum, egal welches.«

Syriza an der Regierung

Die Operation »linkes Zwischenspiel« wurde von ND und Pasok bereits geplant, als dieses zwar befürchtet, aber noch gar nicht begonnen hatte. Von zentraler Bedeutung war für sie ein Erfolg dieser Operation, noch bevor das Werk der Regierung Früchte tragen und natürlich bevor das griechische Paradigma die Machtverhältnisse in anderen Ländern beeinflussen würde. Während Griechenland im Dezember 2014 auf Neuwahlen zusteuerte, lehnten Samaras und Venizelos das Angebot der Gläubiger über eine viermonatige Verlängerung des laufenden Programms ab und schlugen stattdessen ein nur kurzfristiges zweimonatiges Überbrückungsprogramm vor. Dabei verfolgten sie das übergeordnete Ziel, eine mögliche neue Linksregierung in eine missliche Lage zu bringen, denn sie waren sich sicher, dass es in dem kurzen Zeitraum, der bis zum Auslaufen des Programms dann noch bliebe, praktisch nicht zu leisten sein würde, die Vorbedingungen zur Aufnahme von Verhandlungen zu erfüllen.

Natürlich ließen sich Samaras und Venizelos die Gelegenheit nicht entgehen, immer wieder zu betonen, dass eine neue Regierung, welcher Couleur auch immer, alle von ihnen selbst eingegangenen Verpflichtungen achten müsse, und gleichzeitig zu versichern, dass sie selbst gewillt seien, jede Vereinbarung parlamentarisch abzusegnen und zu unterstützen. Dabei setzten sie verstärkt auf Risikodiskurse, um damit Angst vor dem Verlust privater Bankeinlagen im Falle eines Bail-in-Haircuts[3] zu schüren. Ihre Intention war es, die Bevölkerung massenhaft an die griechischen Bankschalter zu treiben, die dann ihr Geld abheben und es ins Ausland transferieren würde, um so einen Bankenansturm und die wirtschaftliche Destabilisierung des Landes zu provozieren.

Ein bezeichnendes Beispiel für das im Land herrschende Angstklima ist die folgende Erklärung von Adonis Georgiadis, damals Gesundheitsminister und heute Fraktionschef der Nea Dimokratia: »Wenn die Koalition ND–Pasok fällt, dann werde ich mein Geld von den griechischen Banken abziehen und ins Ausland transferieren.«[4] Genauso schlagend ist auch die Erklärung von Jörg Sponer, Partner der Investmentgesellschaft Capital Group, in einer vertraulichen E-Mail, die er im November 2014 nach seinem informellen Treffen mit dem heutigen Syriza-Wirtschaftsminister Giorgos Stathakis in London an Investoren verschickte und die später geleakt wurde:

»Ich erwarte, dass, wenn Syriza einen Stimmenanteil von 36,5 Prozent bei den Wahlen erreicht, also mit den 50 Bonusmandaten die absolute Mehrheit, dann werden wir die Wiederholung des Zypern-Szenarios beobachten können: eine massenhafte Flucht der Einlagen, die Unternehmen werden ins Ausland transferieren, so viel sie können, außerdem wird auch ein absoluter Stopp ausländischer Investitionen zu verzeichnen sein.«[5]

Unterdessen verstärkten sich in den deutschen Medien verschiedene Aktivitäten zur Desavouierung sowohl Griechenlands als auch von Syriza, indem sie einerseits das Stereotyp der »faulen Griechen« in den Mittelpunkt ihres Diskurses rückten und andererseits der linken Regierung die Eignung absprachen, ein sicheres Umfeld für Reformen herstellen zu können, die den Aufenthalt des Landes in der Eurozone garantieren würden. Das Feld, auf dem eine Lösung der Griechenlandkrise innerhalb der Eurozone hätte gefunden werden können, wurde dauerhaft vermint – offensichtlich durch Deutschland. Es erwartete von der Syriza-Regierung, welche nicht dazu bereit war, die Bedingungen der extremen Austerität zu akzeptieren, schließlich sogar deren Verwandlung in ein weiteres Pro-Memorandum-Regierungskonstrukt. So wurde klar, dass die Haltung der Partner-Gläubiger, faktisch eine Personalunion, gegenüber der neuen Regierung einen politischen Hintergrund hatte. De facto demonstrierten sie damit, dass sie nicht dazu bereit waren, eine linke Regierung innerhalb der EU zu akzeptieren. Diese mit den Verhandlungen sichtbar gewordene Tatsache lässt die heutige EU in einem gänzlich anderem Licht erscheinen.

Getragen von der Überzeugung, dass das Memoranden-Regime nicht von allein fallen würde, strebte Syriza bereits seit den Wahlen von 2012 die Internationalisierung der Diskussion über die »griechische Frage«auf den unterschiedlichsten Ebenen an. Innenpolitisch war die Partei schon von Beginn an mit den sozialen Bewegungen verbunden und hatte sich an diversen sozialen Initiativen beteiligt. Jetzt, nach der gewonnenen Wahl und in der Regierung, ging es vor allem darum, eine europäische Massenbewegung ins Leben zu rufen, die die Austeritätspolitik nachhaltig hinterfragen würde, und internationale Bündnisse zu schließen, um das negative Klima der griechischen Isolation zu verändern und natürlich die »griechische Frage« innerhalb der Eurozone vollständig beizulegen. Denn der Krise in Griechenland konnte und kann nicht effektiv begegnet werden, solange sich die Machtverhältnisse in Europa nicht zugunsten der Kräfte verschieben, die die vorherrschende Austeritätspolitik bekämpfen.

Alexis Tsipras, der bereits als Oppositionsführer eine Reihe von Reisen in die wichtigsten europäischen und lateinamerikanischen Hauptstädte unternommen hatte, um das Negativimage Griechenlands zu wenden und die europäische Dimension des griechischen Problems aufzuzeigen, erhöhte nun als neuer Ministerpräsident das Tempo seiner Besuche. Sein Ziel war es, darüber zu informieren, dass es nicht seinem Wunsch entsprach, den Bruch und die Fehde mit der Eurozone und den Gläubigern herbeizuführen, sondern dass er eine neue, für beide Seiten vorteilhafte Lösung anstrebte, und zwar ohne einseitige, die Schulden betreffende Handlungen und unter konstantem Einsatz für ein Programm nachhaltiger und progressiver Reformen.

In diese Richtung bewegten sich auch weitere Regierungsmitglieder, vor allem Finanzminister Yanis Varoufakis als herausragende Schlüsselfigur. Er präsentierte die offizielle Position der neuen Regierung in verschiedenen europäischen Strukturen und Medien, die im Kern in der Aussage bestand, dass die Rezeptur der Memoranden als Fehlschlag betrachtet werden müsse und daher aller Wahrscheinlichkeit nach nicht umgesetzt werden würde.

Während dieser ersten – nennen wir es: »Schnupperphase« – kamen von einigen europäischen Partnern durchaus verständnisvolle und beruhigende Signale, vor allem von Frankreich. Es sah so aus, als solle Athen Raum und Zeit zur Ausarbeitung eigener neuer Vorschläge eingeräumt werden. Bloß Berlin verhielt sich abwartend und schwieg. Tatsächlich aber trug Deutschland hinter den Kulissen einiges dazu bei, um bei den europäischen Institutionen eine wenig freundliche Haltung gegenüber den Absichten der neuen griechischen Regierung zu schaffen. Wenn man so will, erwarteten Merkel und Schäuble von Tsipras und Varoufakis nichts anders als im Rahmen herkömmlicher Politik und vorbehaltloser Marktrationalität einfach zu funktionieren.

In dieser Phase strebte die neue griechische Regierung eine Übergangslösung mit einem »Brückenprogramm« an, um die prekäre Situation, in der sich die griechische Ökonomie befand, zu bekämpfen. Die Einnahmen wiesen zu dieser Zeit bereits einen beträchtlichen Rückstand auf. Das laufende Programm, nach

Schäuble als »Hauptfinanzhilfevereinbarung« (Master financial assistance facility) bekannt, sollte am 28. Februar abgeschlossen werden und befand sich, wie gesagt, bereits in der Phase einer zweimonatigen Verlängerung.

Das sich ergebende Bild war tragisch, denn die von der Vorgängerregierung in den Kassen des Landes belassenen und zur Verfügung stehenden Mittel beliefen sich nach Angaben des zuständigen Ministers auf gerade einmal 1,9 Mrd. Euro. Als am 24. Februar das Defizit auf 452 Millionen beziffert wurde, war klar, dass die Zahlung der Renten und Gehälter nicht sichergestellt werden konnte. Der Umstand der leeren Kassen war ein weiterer Grund dafür, dass die Vorgängerregierung in Absprache mit der deutschen Führung Ende 2014 Neuwahlen forciert hatte. Wolfgang Schäuble war darüber in Kenntnis gesetzt und stimmte einer solchen Entscheidung zu.

Nicht jeder sei von der Ankündigung [der Wahlen] überrascht worden, sagte Schäuble nach dem Treffen der Eurogruppe in Brüssel. »Jetzt ist es öffentlich, und möglicherweise ist es eine gute Entscheidung«, gab er zu Protokoll. Indirekt räumte Schäuble damit ein, dass er Bescheid wusste. Ähnlich äußerte sich ein EU-Diplomat.

Gleichzeitig standen die Banken vor einem unüberwindlichen und auf die horrende Kapitalflucht der vorangegangenen Monate zurückzuführenden Liquiditätsproblem, einem Ergebnis der kriminellen Praktiken der Vorgängerregierung in Kombination mit deren gefährlichen Tolerierung durch die EZB. Einige Zahlen auf Datenbasis der Zentralbank von Griechenland können die prekäre Lage in diesen Tagen verdeutlichen: Insgesamt waren seit Krisenbeginn, als im Dezember 2009 die Summe aller Bankeinlagen bei 237,5 Mrd. Euro lag, bis zum August 2014 73,3 Mrd. Euro ausbezahlt worden, so dass nur 164,2 Mrd. Euro auf den Banken verblieben. Der massive Abzug der Bankeinlagen setzte sich auch nach dem August 2014 fort, und er beschleunigte sich im Zeitraum vom Dezember 2014 bis zum April 2015 sogar, als Abflüsse in einer Gesamthöhe von 29,4 Mrd. Euro verzeichnet wurden.[6] Ende April

2015 beliefen sich die verbliebenen Einlagen im heimischen Bankensystem auf 128 Mrd. Euro gegenüber 232,8 Mrd. Euro im September 2009; sie hatten sich also nahezu halbiert.

An dieser Stelle möchte ich ein weiteres Mal betonen, dass sowohl die griechische Zentralbank als auch die EZB nicht die geringste Maßnahme ergriffen, um diesen Aderlass an Liquidität unter Krisenbedingungen abzuwenden. Ich würde sagen, das Gegenteil war der Fall, sie befeuerten den Prozess des Ausblutens sogar noch. Die griechischen Banken rieten ihren Anlegern informell, ihr Geld außer Landes zu schaffen, und sahen für diese Aktivität notwendige Erleichterungen vor, während Länder wie die Schweiz, Österreich oder Deutschland darum stritten, wer den Löwenanteil dieser transferierten Einlagen einstreichen könnte, um das eigene Bankensystem zu konsolidieren. Es ist bezeichnend, dass die österreichischen Banken, die aufgrund des streng befolgten Bankgeheimnisses für große Summen aus Griechenland besonders nachgefragt waren, samstags Sonderschichten einlegen mussten, um ihre Neukunden aus Griechenland zu bedienen.

Dieser Prozess hatte, wie könnte es anders sein, klassenspezifische Auswirkungen. Es waren die Reichen, die ihr Geld außer Landes schafften, was die Verteilung der Konten mit ihren jeweiligen Einlagenhöhen gut zeigt: Demgemäß lagen auf 81,5 Prozent der Konten weniger als 2000 Euro, auf 11,3 Prozent Beträge zwischen 2000 bis 10000 Euro und gerade einmal auf 0,4 Prozent aller Konten Einlagen oberhalb von 100000 Euro.[7]

Das ist eine weitere Bestätigung dafür, dass die Krise für die Wenigen eine Chance bietet, jedoch für die Vielen eine große Last bedeutet.

Weil die Deckung einer Finanzlücke in Höhe von ungefähr 40 Milliarden für den nächsten Dreijahreszeitraum und eines Finanzbedarfs für 2015 von über 25 Milliarden weiterhin eine ungeklärte Frage war, die sich rein technisch und mit eigenen Anstrengungen ohnedies nicht hätte beantworten lassen, strebte die griechische Regierung die Internationalisierung der Diskussion und eine politisch ausgerichtete Verhandlungsführung an. Die von ihr gesetzten Limits, die sogenannten »roten Linien«, waren nichts weiter als ihre programmatischen Wahlaussagen, aufgrund derer sie von der Mehrheit der griechischen Bevölkerung gewählt worden war. Das Verhandlungsmandat bestand also in der Absicht, eine günstigere Vereinbarung mit den europäischen Partnern zu erzielen, die Austeritätspolitik zu beenden, der humanitären Krise zu begegnen und einen Teil der Schulden zu streichen.

Auf der Suche nach einem »ehrenvollen Kompromiss«

Aber die Regierung sah sich schnell gefangen in den mageren Verhandlungsspielräumen zwischen der ökonomischen Situation im Land, der Erwartungshaltung der eigenen Bevölkerung zur Beendigung der Memoranden und der Unnachgiebigkeit der Partner. In diesem ungünstigen Klima und nicht selten mit dem Rücken an der Wand strebte sie eine Vereinbarung im Rahmen eines »ehrenvollen Kompromisses« an, in dem die »Partner-Gläubiger« den im Wahlergebnis deutlich gewordenen Wunsch der griechischen Bevölkerung nach einer Beendigung der Austeritätspolitik anerkennen und respektieren sowie die roten Linien der Regierung tolerieren würden, während sie selber sich dazu verpflichten würde, eine Reihe von Reformvorschlägen innerhalb des Rahmens der europäischen Richtlinien vorzulegen.

Im Einzelnen bestanden die roten Linien darin, das Einkommen der Beschäftigten und der Rentner zu sichern, also zusätzliche Kürzungen zu verhindern, die Arbeitsrechte und die Rechte der Beschäftigten im Rahmen der europäischen Errungenschaften und Standards wieder einzuführen, das öffentliche Vermögen zu nutzen und nicht dem Ausverkauf auszuliefern und schließlich die demokratischen Prozesse und Verfahren wieder herzustellen.

Zugleich bekräftigte die Regierung die Notwendigkeit zur Restrukturierung der Staatsschulden unter Streichung eines großen Teils davon, um sie überhaupt wieder tragfähig werden zu lassen. Das war und ist übrigens eine Forderung, die auch der IWF vertritt. Für den IWF ist klar – und das unterscheidet ihn von den europäischen Institutionen –, dass ein Ausweg aus der Krise und die Rückzahlung der verbliebenen Schulden nur mit einem Wachstum gelingen kann, das durch ein umfangreiches Investitionsprogramm zugunsten des privaten Sektors gefördert werden muss und nicht etwa durch untragbare Tilgungsbedingungen erdrückt werden darf.

Doch egal wie viele Reformvorschläge die griechische Regierung den Gläubigern in den Verhandlungen auch unterbreitete, immer stieß sie auf Ablehnung – eine Ablehnung, deren Ursache sowohl in den internen Machtverhältnissen als auch in den immensen Wahrnehmungsunterschieden über die Ursachen der Krise und die Mittel zu ihrer Bewältigung lag. Die griechische Seite war und ist fest davon überzeugt, dass die Frage des Auswegs des Landes aus der Krise ein ausschließlich politisches Thema sei. Im scharfen Kontrast dazu behandeln die Institutionen diese Frage als einen »technischen« Fall, also als eine Ansammlung von Zahlen und Maßnahmen, die, wenn sie »vernünftig« berücksichtigt und »regelkonform« umgesetzt werden, das Land automatisch aus der Krise herausführen. Die Institutionen übersehen und ignorieren also weiterhin völlig die bis heute spürbaren Auswirkungen der Politik der inneren Abwertung der griechischen Gesellschaft und Wirtschaft. Darüber hinaus gab und gibt es immense Unterschiede im Profil, in der Mentalität und Ideologie, auch im Stil und Auftreten der an den jeweiligen Verhandlungsteams beteiligten Personen.

Ich möchte hier von einer persönlichen Erfahrung berichten, die ich in meiner Eigenschaft als Koordinator der Umweltpolitikabteilung von Syriza machte, als ich Teilnehmer einer Konsultation mit einem Expertenteam war, in der es um die Energiereform und den Energiemix des Landes, die erneuerbaren Energien und die Gesamtheit der Regierungsvorhaben im Energiebereich ging. Die Sitzung fand in einem Raum eines Luxushotels in Athen statt. Alle Zimmer der Etage waren von den Technokraten der Institutionen bezogen und zu Büros umfunktioniert worden. In einem dieser Zimmer saßen nun die vier Mitglieder unseres Teams mit den drei Mitgliedern ihres Teams zusammen. In einem, trotz der Enge des Raumes, zugegebenermaßen außerordentlich gewogenen und freundlichen Klima legten wir der Gegenseite den Regierungsplan für den Energiebereich dar. Sie waren zufrieden, zeigten sich beinahe enthusiastisch über die Grundzüge des Planes und die Vollständigkeit der Präsentation. Nachdem sie uns zu unserer Darstellung gratuliert hatten, erklärten sie jedoch, ohne weiter auf uns einzugehen, dass es notwendig sei, den öffentlichen Stromversorger (DEI)und den unabhängigen Netzbetreiber (ADMIE) zu privatisieren. Wir waren zunächst sprachlos. Auf unseren Einwand hin, dass diese Privatisierung doch überhaupt nicht auf der verabredeten Tagesordnung gestanden hätte, fiel ihre Antwort ebenso knapp wie aufschlussreich aus: »Ihr habt recht, aber die Privatisierung der Stromversorgung ist der einzige Verhandlungsgegenstand, den wir euch übermitteln sollen.« Damit endete eine »Verhandlung«, die diesen Begriff nicht verdient.

Ein weiteres Beispiel, dieses Mal nicht aus Athen, sondern aus Brüssel. Die Diskussion betrifft die Mehrwertsteuersätze, ein Reizthema, das sich auf der Zielgeraden vor dem Abschluss einer Vereinbarung stellte. Die Verhandlungsgruppe der griechischen Regierung – jung, fern ihrer gewohnten Umgebung, wenig erfahren im Umgang mit einer tief gestaffelten Bürokratie – sah sich einem erfahrenen und eingespielten Team gegenüber, das als Vertretung der Institutionen über großen technischen und wissenschaftlichen Support verfügte. Ein Mitglied unseres Teams verriet mir später: »Die hatten sogar das Psychogramm jedes Einzelnen von uns studiert.« Darüber hinaus, so stellte es sich heraus, waren sie auch besser informiert – und zwar von führenden Beamten aus den griechischen Ministerien, die den Parteien der Vorgängerregierungen nahestanden. Die Konsultation folgte dem bekannten verfahrenstechnisch vorgesehenen Ablauf mit der Vorlage von Kalkulationen und verschiedener Papiere, den sogenannten *drafts* (Tischvorlagen), bis endlich am sehr späten Abend eine Vereinbarung getroffen und fixiert wurde, die den Passus enthielt: »Die Mehrwertsteuer in Hotels bleibt wie gehabt.« Diese Vereinbarung wurde in Griechenland bekanntgegeben, und während der griechische Stab davon ausging, dass das Thema nun vom Tisch sei, wurde er am Morgen des folgenden Tages darüber unterrichtet, dass die Institutionen sehr wohl an einer Mehrwertsteuererhöhung im Hotelgewerbe festhalten würden, weshalb dieser Punkt nun wieder auf die Tagesordnung müsse!

Nach wochenlangen Verhandlungen kam es schließlich zu einer vorläufigen Einigung. Es war eine Einigung, die eine Vereinbarung erst noch in Aussicht stellte, die ihrerseits allerdings endgültig nur aus weiteren Verhandlungen hervorgehen könne. Entsprechend rang sich die Eurogruppe am Freitag, dem 20. Februar 2015, zu einem sehr gewundenen Statement durch. Darin hieß es:

»Die Eurogruppe nimmt im Rahmen der bestehenden Vereinbarungen den Antrag der griechischen Regierung auf eine Verlängerung der Vereinbarung über eine Hauptfinanzhilfefazilität (MFFA), der mit diversen Verpflichtungen unterlegt ist, zur Kenntnis. Zweck der Verlängerung ist der erfolgreiche Abschluss der Überprüfung auf Grundlage der in der laufenden Vereinbarung enthaltenen Bedingungen unter optimaler Nutzung der darin gegebenen Flexibilität, die zusammen mit der griechischen Regierung und den Institutionen berücksichtigt werden wird. Mit der Verlängerung soll auch die Zeit für Gespräche über eine mögliche Folgevereinbarung zwischen der Eurogruppe, den Institutionen und Griechenland überbrückt werden.«[8]

Der Kernsatz über die griechischen Verpflichtungen, der sich später als entscheidend erweisen sollte, lautete: »Die griechische

Regierung bekräftigt ihre eindeutige Zusage, ihre finanziellen Verpflichtungen gegenüber all ihren Gläubigern vollständig und fristgerecht zu erfüllen.«[9]

Bereits am nächsten Tag begann sowohl in Griechenland als auch im übrigen Europa eine breite Diskussion über die Interpretation dieser Formulierungen, so dass jede Seite die, wie Yanis Varoufakis es ausdrückte, »kreative Ungenauigkeit«, welche die Vereinbarung bewusst ausstrahlte, für sich nutzen konnte.

Ein Mitglied des griechischen Verhandlungsteams, die Wirtschaftswissenschaftlerin Elena Papadopoulou, interpretierte die Rahmenbedingungen des Verhandlungsprozesses hin zu dieser Vereinbarung in ihrem Artikel »Zehn Punkte über die Einigung vom 20. Februar« meiner Meinung nach so zutreffend, dass ich daraus ausführlich zitieren möchte:

»1.) Mit dem Treffen der Eurogruppe am 20. Februar wurde die erste (kurze) Runde von Verhandlungen abgeschlossen, deren gesamte Dauer wesentlich von den nächsten Monaten abhängen wird.

2.) Um einschätzen zu können, was gewonnen und was verloren wurde, aber auch was von der griechischen Regierung nicht gewonnen und nicht verloren wurde, müssen wir uns drei Dinge vor Augen führen: Das Umfeld und die Umstände unter denen die Verhandlungen geführt wurden, die von jeder Seite verfolgten Ziele und die alternativen Optionen.

3.) Eine Anmerkung. Wie viele saßen an diesem Verhandlungstisch? Antwort: Sehr viele. Das Ergebnis, aber auch die einzelnen Phasen der Verhandlung, des konkreten Verhandlungsprozesses, war mit ernstzunehmenden Herausforderungen nicht nur für Griechenland und für Deutschland, sondern auch für die übrigen siebzehn teilnehmenden Länder verbunden. Doch selbst diese Annäherung, welche die Problematik auf einer Ebene des ›nationalen Interesses‹ umreißt, bleibt irreführend. Tatsächlich verhandelte jeweils der Finanzminister jeder gewählten Regierung der Länder der Eurozone über die Politik (aber auch den Bestand) seiner Regierung. Gleichermaßen verhandelte die durch Juncker vertretene Europäische Kommission ihre Politik (aber auch ihren Bestand), die Europäische Zentralbank, vertreten durch Draghi, und der Internationale Währungsfond durch Lagarde.

4.) Schäubles extreme Aggressivität war ein deutlicher Hinweis auf den Druck, unter dem die deutsche Regierung stand, um ihre führende Rolle für die Deutungshoheit über die Krise und die Fortsetzung der Austeritätspolitik zu behaupten. Sie war ebenfalls ein deutlicher Hinweis auf den Versuch der deutschen Regierung, wichtige Spieler weiterhin dauerhaft an ihre Strategie zu binden. Aus diesem Grund waren die Haltungen Frankreichs und Italiens von besonderer Bedeutung. Die Spaltungen, die die griechische Regierung hätte erreichen können, nahmen hauptsächlich dort ihren Ausgang, und nicht – in dieser Phase – bei den Ländern des Südens (Spanien, Portugal, Irland), welche aus Angst vor einem Aufstieg der Linken mit der deutschen Linie absolut konform gingen. Auf gewisse Weise war das Spiel dieser Länder noch riskanter. Ihre Entscheidung, sich mit der deutschen Strategie zu identifizieren, steht dem Interesse ihrer Bevölkerungen völlig offensichtlich entgegen, was zur Folge hat, dass der Druck auf diese Länder desto stärker zunehmen wird, je mehr kleine Siege Griechenland noch erringen kann.

5.) Unter diesen Gegebenheiten war es das Ziel Deutschlands, dass die Syriza-Regierung genau das unterschreibt, was auch die Regierung ND-Pasok unterschrieben hätte: sofortige Erfüllung aller Vorbedingungen für den Abschluss der fünften Evaluation des Griechenland-Austeriätsprogramms (wirtschaftliche Unterwerfung) sowie Akzeptanz der Logik, dass der einzige Ausweg aus der Krise der von Deutschland vorgegebene Weg ist und dem sich die meisten konservativen und sozialdemokratischen Kräfte Europas im größeren oder geringerem Umfang anschließen (politische Unterwerfung).

6.) Dies ist aus zwei Gründen nicht eingetreten: Der erste ist, dass die roten Linien von Syriza kein Bluff waren. Die Regierung war und ist an das Mandat der Bevölkerung gebunden, das ihr mit ihrer Wahl übertragen wurde; sie ist also auch daran gebunden, Wort gegenüber den Menschen zu halten, die sie unterstützt haben. Der zweite Grund ist, dass die politischen und ökonomischen Eliten Europas nun Angst vor der Dynamik eines Sturzes bekommen haben. Mit anderen Worten: Es ist eine Sache zu glauben, dass ein Grexit wahrscheinlich machbar und überschaubar bliebe, und eine andere, sich dessen sicher zu sein. Die Erfahrung mit Lehman Brothers ist hinsichtlich dieses schmalen Grates noch präsent.

7.) In dieser Hinsicht und unter diesen Umständen beginnt ab morgen die zweite Verhandlungsrunde, die so lange andauert, wie von der ›Brücken-Einigung‹ vorgesehen: vier Monate. In diesem Zeitraum werden sich viele Dinge entscheiden – einschließlich der Frage, für welche Seite die Zeit spielt –, dann werden wir auch in der Lage sein, wichtige Schlussfolgerungen zu ziehen, nicht nur hinsichtlich der Strategie bei einer bestimmten Verhandlungsführung, sondern auch hinsichtlich größerer und längerfristiger strategischer Diskussionen der Linken. Behalten wir deshalb einen kühlen Kopf und bleiben wir zurückhaltend bei Abgrenzungen und Leitsätzen. Wir haben im Moment nicht die notwendige zeitliche, politische und emotionale Distanz, um uns definitiv zu äußern.

8.) Dieser Zeitabschnitt wird ein Kampf gegen die Zeit sein, aber auch ein Kampf gegen uns selbst. Ein dauerhafter Konflikt über die Auslegung der Entscheidung ist zu erwarten (das Argument von Krugman in seinem Artikel ›Delphic Demarche‹), und aus diesem Grund müssen wir den gesamten flexiblen Spielraum nutzen, den uns die Einigung einräumt, während wir uns im Klaren darüber sind, dass die andere Seite genau dasselbe tun wird.

9.) Das Fazit von Ilias Ioakeimoglou trifft es sehr gut: ›Der Zusammenstoß bleibt weiterhin in der Schwebe, aus dem aber der Waffenstillstand wird derjenige günstiger hervorgehen, der das Umfeld und die Bedingungen, unter denen die nächste Verhandlung durchgeführt wird, besser vorbereitet.‹ Das muss in diesem Zeitabschnitt die Sorge von uns allen sein – von der Regierung, von Syriza, von den gesellschaftlichen Subjekten, die Teil eines echten Wandels sein wollen: die

Bedingungen vorzubereiten, unter denen die nächste Verhandlung stattfinden wird. Daraus folgen viele Dinge. Zuallererst folgt daraus, dass die Option eines Sturzes weiterhin manifest bleiben wird und dass den taktischen Manövern nicht mit deren Integration begegnet werden kann. Es folgt daraus, dass unsere bindenden programmatischen Aussagen weiterhin wegweisend bleiben und deren zeitliche Hierarchisierung eine tatsächliche Hierarchisierung ist und nicht ein Desiderat. Es folgt daraus, dass den politischen Prozessen der Partei eine besondere Bedeutung zukommt, so dass alle diese Fragen diskutiert und verständlich gemacht werden, aber auch dass die fortlaufende Entwicklung der Dinge unter Kontrolle bleibt. Damit die Zeit für uns arbeitet, müssen wir in die ehrliche, miteinander abgestimmte und sachorientierte Zusammenarbeit in unseren Reihen investieren, in das Verständnis der Probleme, die wir zu lösen haben, und in die strenge Orientierung an den Interessen der Vielen. Das wird unter anderem entscheiden, ob die Syriza-Regierung nach Juni weiter existieren kann und muss.«[10]

Von Gipfel zu Gipfel: Spannungen und Widersprüche

Die Vereinbarung vom 20. Februar löste nicht nur keines der Probleme, sondern verlängerte die herrschende Ungewissheit aufgrund der in ihr enthaltenen Ungenauigkeiten. Bereits einen Tag nach der Unterzeichnung kamen selbst die an ihrem Abschluss unmittelbar beteiligten Personen zu unterschiedlichen Auffassungen darüber, was genau sie da eigentlich unterzeichnet hatten. Ein wichtiger Aspekt war das Fehlen des Begriffs »Memorandum« im betreffenden Text, eine Tatsache, die eine Unschärfe mit sich brachte und Verwirrung stiftete. Und so dachte die griechische Regierung, dass die Gespräche nicht mehr auf der Grundlage eines Memorandenprogramms geführt werden würden, und leitete daraus ab, dass diese Vereinbarung den Rahmen eines ehrenvollen Kompromisses zur Findung einer Lösung zu beidseitigem Vorteil abgeben würde. Doch die Gläubiger sahen es ganz anders und übersetzten die Vereinbarung einfach als eine viermonatige Verlängerung des existierenden Programms.

Während der gesamten Dauer der Verlängerung fanden immer neue Treffen der Eurogruppe statt, die jedoch ergebnislos blieben, während sich das Finanzierungsproblem des Landes weiterhin zuspitzte, denn diese Vereinbarung sah keine Sicherung von Mitteln nach dem Auslaufen des Programms vor. Der heutige Finanzminister Efklidis Tsakalotos räumte später als eine der Hauptschwächen der Vereinbarung vom 20. Februar ein, dass sie die EZB nicht ausdrücklich dazu verpflichtete, den griechischen Banken Liquidität bereitzustellen, also den Würgegriff zu lockern, in dem sie die Wirtschaft des Landes hielt. Im weiteren Prozess bis hin zur abschließenden Vereinbarung sollte sich dieser Umstand als schicksalhafte Schwachstelle erweisen.

Am 23. Februar sandte Finanzminister Yanis Varoufakis ein detailliertes Schreiben an die Eurogruppe, welches die Gesamtheit der Vorschläge der griechischen Regierung umfasste[11], und am 24. desselben Monats erklärte die Eurogruppe, dass diese Vorschläge eine gute Grundlage für weitere Gespräche bildeten.

Gleich am nächsten Tag startete die griechische Regierung in den Verhandlungsmarathon und intensivierte ihre Bemühungen mit dem Ziel, Ende Juni eine Vereinbarung abzuschließen, die dem erklärten Wunsch des griechischen Volkes nach Beendigung der Austeritätspolitik Rechnung tragen würde. Zudem sollte endlich die Schuldenfrage beigelegt werden; die Hoffnung war, einen Großteil der Schulden erlassen zu bekommen, um vom verbleibenden Rest nicht erdrückt zu werden und somit auch die notwendige Tragfähigkeit der Schulden zu erreichen. In diesem Sinn reiste Ministerpräsident Tsipras nach Brüssel und Paris und nahm auch die Einladung von Kanzlerin Merkel zu einem offiziellen Besuch in Berlin an.

Trotz der scheinbar von den Gläubigern an den Tag gelegten »guten Vorsätze« war der auf die griechische Regierung und Tsipras selbst ausgeübte Druck massiv. Alle Entscheidungen wurden an die – im Übrigen keinem gewählten Gremium gegenüber verantwortliche – Eurogruppe delegiert und damit an die erwiesenermaßen Griechenland gegenüber am feindseligsten eingestellte Institution, in der die Verhandlungen auf technischer

Ebene und nicht politisch geführt wurden, wie von der griechischen Seite angestrebt.

In dieser Situation, in der Griechenland zunehmend die Luft abgeschnürt wurde, war und blieb der wirksamste Schutzschild zur Verteidigung der griechischen Seite und gleichzeitig ihre wichtigste Kraftquelle der beeindruckende Zuspruch und die große Unterstützung der Bevölkerung, die die bei den Wahlen erzielten Stimmenanteile sogar noch übertraf – was die »Partner-Gläubiger« in Erstaunen versetzte. Unterdessen wüteten in Griechenland und Europa weiterhin Gerüchte über einen drohenden Staatsbankrott, einen Grexit und die Unfähigkeit der Regierung, ihren Zahlungsverpflichtungen nachzukommen, insbesondere bezüglich Gehälter und Renten.

Beim EU-Gipfel in Brüssel am 19. und 20. März wurden erste positive Signale sichtbar, als Martin Schulz in seiner Rede die Existenz der humanitären Krise in Griechenland anerkannte und die Bereitstellung von Mitteln zu ihrer Bewältigung forderte. Darüber hinaus kam er zu dem Urteil, dass die griechische Regierung absolut nachvollziehbar vorgehe, wenn sie Maßnamen zu deren Steuerung und Bewältigung treffe. Diese Gelegenheit ließ Alexis Tsipras nicht ungenutzt, um auf einen mit dieser Äußerung verbundenen Widerspruch hinzuweisen: Einerseits erkenne die höchste europäische Behörde die Existenz der humanitären Krise an, andererseits werfe sie aber im gleichen Augenblick seiner Regierung vor, sie nehme eine einseitige Haltung[12] ein, wenn sie ein Gesetz zur Entlastung der von der humanitären Krise betroffenen Bürger ins Parlament einbringe! Er führte weiter aus, dass sich dieser Widerspruch lokalisieren ließe, und zwar zwischen der politischer Ebene, auf der Lösungen gefordert würden, und der Ebene der Institutionen, auf der sie abgelehnt und ihnen die rote Karte gezeigt würde. Dieser Widerspruch müsse aufgehoben werden.

Tatsächlich ist die Existenz der zu beobachtenden Widersprüche unter anderem auf die aus den unterschiedlichen Interessenlagen entstehenden jeweiligen »Fronten« zurückzuführen, die sich zu »Blöcken« innerhalb der Eurozone formiert haben und deren Hardliner sich rund um den deutschen Finanzminister gruppieren. Die griechische Regierung appellierte vergeblich an den gesunden Menschenverstand, als die Institutionen mit dem Instrument der EZB und der Verweigerung der Bereitstellung von Liquidität an die griechischen Banken der griechischen Wirtschaft weiterhin die Luft abdrehten.

In jenem Augenblick war Griechenland weltweit das einzige Land, das seine Staatsschulden ohne Refinanzierung bediente. Halten wir fest, dass das Land im Zeitraum von Juni 2014 – als die Gläubiger die Auszahlung der im Programm vereinbarten Teilzahlungen einseitig aussetzten – bis zum Mai 2015 seine Schulden bediente und Zinsen und Tilgungsraten in Höhe von 17 Mrd. Euro bezahlte, was ungefähr zehn Prozent des BIP entspricht. Dieser Umstand schöpfte die verfügbaren Mittel völlig aus und führte dazu, dass sich die Regierung gegenüber den Erpressungen seiner Gläubiger gewogener zeigen musste. In diesem Licht gesehen, erscheint die Erklärung von Alexis Tsipras nach dem Gipfeltreffen vom März heute wie ein frommer Wunsch:

»Wir reisen nicht nur optimistischer ab, sondern sind auch überzeugter, dass es auf diesem schwierigen Feld namens Europäische Union Möglichkeiten gibt. Es gibt Verhandlungsmöglichkeiten. Es gibt Verständigungsmöglichkeiten trotz der Tatsache, dass die von uns angetroffenen Machtverhältnisse, die politischen Machtverhältnisse, außerordentlich ungünstig sind.«[13]

Doch während die Brüssel-Gruppe ihre Gespräche in gutem Klima fortsetzte und beide Seiten anerkannten, dass auf vielen Verhandlungsgebieten ein Fortschritt zu verzeichnen sei, beharrten verschiedene Medien in Griechenland und noch viel zahlreicher in Deutschland weiterhin darauf, dass entweder die griechische Seite »unvorbereitet« sei oder dass es »Spannungen« zwischen der von Griechenland entsandten Verhandlungsgruppe und den Institutionen gebe. Trotz der Tatsache, dass die griechische Seite nachweislich Absichten vertrat, die sie den Institutionen immer wieder vortrug und die in vielen Fällen auf die Zustimmung der Gläubiger trafen, lautete der permanent intonierte Refrain von Kommentatoren und Politikern in Deutschland: »Die Griechen schlagen keine Reformen vor«, womit der Eindruck von unüberbrückbaren Hindernissen erweckt werden sollte.

Doch die Konsultationen wurden weiterhin entlang des von der griechischen Regierung vorgelegten Dokuments mit der Aufstellung der Reformvorschläge geführt. In dieser Liste gab es keine weiteren wachstumshemmenden oder gegen die breite Bevölkerung gerichteten Maßnahmen, sondern Regelungen zur Verlagerung der Belastung von den bekannten gesellschaftlichen Lastenträgern auf die Habenden und die Besitzenden. Die »Partner-Gläubiger« evaluierten die Reformvorschläge, fügten aber laufend zusätzliche neue Bedingungen hinzu, die in der Vereinbarung vom 20. Februar noch nicht enthalten waren. Doch in diesem Moment versuchte die Regierung einen zusätzlichen Trumpf auf den Verhandlungstisch zu werfen: die geostrategischen Eigenschaften des Landes.

Seitdem die Regierung ihr Amt angetreten und die Verantwortung übernommen hatte, war sie darauf bedacht, das Land mit sehr gut durchdachten und behutsamen Schritten wieder auf die geostrategische Landkarte zu bringen, so dass es seine internationale Würde wiedererlangen könnte, die es aufgrund der unterwürfigen Politik der Vorgängerregierungen verloren hatte. Neben diversen Euroländern stattete Tsipras auch Moskau einen Besuch ab, wo er Präsident Putin traf und mit ihm sowohl bilaterale als auch europäische Fragen diskutierte.

Prompt erfolgte die völlig überzogene Reaktion europäischer – und besonders deutscher – Spitzenpolitiker auf diesen Besuch, was nur bewies, dass ihre übergeordneten Planungen in Richtung eines »exklusiven« Europas ausschließlich den Intentionen der starken Mitgliedstaaten und besonders jenen Deutschlands dienen. Martin Schulz kommentierte den Besuch von Alexis Tsipras in Moskau als einen Schritt, der die EU spalte[14], die Bild-Zeitung titelte: »Schmieden Putin und Tsipras den Anti-Merkel-Pakt?«[15], und goss damit wie immer Öl ins Feuer.

Trotz der deutschen Reaktionen war der Besuch für Griechenland sehr erfolgreich, weil die russische Seite ein starkes Interesse an Investitionen in verschiedenen Bereichen der griechischen Ökonomie bekundete. Eines seiner wichtigsten Ergebnisse betraf den Bau einer Gaspipeline, die von der Türkei aus über Griechenland weiter nach Zentraleuropa führen soll. Der Bau einer solchen Pipeline ist mit europäischem Recht und den EU-Richtlinien vereinbar, und der zu erwartende Nutzen besteht in niedrigeren Preisen für Erdgas und seiner gewerblichen Nutzung, deren Volumen auf etliche Hundert Millionen Euro jährlich geschätzt wird. Putin stellte in Aussicht, die »Möglichkeit sofortiger Vorschüsse auf zukünftige Gewinne und Rückzahlung vom Beginn des Betriebes der Pipeline an« zu untersuchen. Russland könnte also die zukünftig durch die Pipeline zu realisierenden Gewinne als Vorschuss auf die Baufinanzierung leisten, die dann von Griechenland ab 2019 abbezahlt werden würden, jenem Zeitpunkt, für den der Betriebsbeginn der Pipeline erwartet wird. Schließlich ist diese Pipeline, in den Worten Putins, dazu angetan, »die geopolitische Rolle Griechenlands aufzuwerten« und »große Gewinne über Hunderte Millionen Euro jährlich durch den Gastransit« zu erzielen.[16]

Angesichts der Auseinandersetzungen um die Krim und die Ukraine sowie der von der EU gegen Russland verhängten Sanktionen wurde dieser Besuch in Moskau von den erzkonservativen Kreisen Europas nicht gern gesehen. Die Presse tönte laut über einen bevorstehenden Bankrott und einen möglichen Grexit, was Tsipras am 16. April 2015 zu einer öffentlichen Intervention veranlasste, mit der er versuchte, die politischen Verhandlungen wieder stärker in den Mittelpunkt des Geschehens zu rücken:

»Die griechische Regierung arbeitet hart an jedem einzelnen Aspekt der Verhandlungen, in Brüssel ebenso wie in Athen, um eine für beide Seiten vorteilhafte Lösung, einen ehrenvollen Kompromiss mit unseren Partnern zu erreichen: einen

Kompromiss, der das jüngste Mandat der Bevölkerung ebenso sehr respektiert wie die Funktionsweise der Eurozone.

Es gibt bereits viele Übereinstimmungen und Berührungspunkte zwischen den beiden Seiten, die den Rahmen für unsere Vereinbarung abstecken. Im Vergleich zum Ausgangspunkt haben wir einen bemerkenswerten Fortschritt in einer Reihe von Fragen gemacht, und zwar in Bezug auf die Verbesserung der Steuererhebung und die Stärkung der Unabhängigkeit der Steuerbehörden, die Bekämpfung der Korruption, die Effektivität der Verwaltungen, sowie auch Steuerinitiativen, die die geeigneten Primärüberschüsse für das laufende Jahr garantieren, ohne dass die Mehrheit der Gesellschaft belastet wird, sondern indem die Belastungen auf diejenigen, die nachgewiesenermaßen in der Lage sind, ein hohes Steueraufkommen zu leisten, umverteilt wird.

Sicherlich bleiben vier strittige Punkte in den Bereichen Arbeitsbeziehungen, im Sozialversicherungssystem, bei der Mehrwertsteuererhöhung, aber auch in der Auffassung über die Verwertung des öffentlichen Vermögens.

Lassen Sie mich klarstellen: Es handelt sich hier nicht um eine Unfähigkeit in der technischen Annäherung, sondern um eine politische Meinungsverschiedenheit, die aber allen im Voraus bekannt war, und zwar in dem Maße, wie sie anerkannt haben und weiterhin anerkennen, dass der von uns angestrebte Kompromiss das bei den Wahlen im Januar zum Ausdruck gebrachte klare Mandat der griechischen Bevölkerung respektiert.

Trotz der Kakophonie und unberechenbarer Leaks und Stellungnahmen in den vergangenen Tagen von der anderen Seite bleibe ich sehr optimistisch, dass es bis zum Ende des Monats eine Einigung gibt. Denn ich weiß, dass Europa gelernt hat, mit seinen Meinungsverschiedenheiten zu leben, seine unterschiedlichen Teile zu kombinieren und voranzuschreiten.

Ich bin davon überzeugt, dass ein Europa der demokratischen Traditionen und der Aufklärung sich nicht den extremen Stimmen einiger Weniger beugen und nicht den Pfad einer unmoralischen und brutalen finanziellen Erpressung wählen wird, sondern den Weg zur Überbrückung der Differenzen, den Weg der Stabilität und der gegenseitigen Achtung und vor allem den Weg zur Demokratie zum Vorteil unserer gemeinsamen europäischen Zukunft.«[17]

Griechenland bringt zu diesem Zeitpunkt bereits offen zum Ausdruck, dass sich Europa von seinen Gründungswerten entfernt hat und dass es seine Zukunft nicht aufgrund der »griechischen Krise« aufs Spiel setzt, sondern aufgrund der neoliberalen Hartnäckigkeit, die Interessen und die Gewinne der Banken und großen Kapitalgruppen über die Werte der Demokratie, der Solidarität, der sozialen Gerechtigkeit und des Zusammenhalts zu setzen. Alexis Tsipras beginnt nun zum ersten Mal zu ahnen, dass die Grenzen seiner bisherigen Strategie für eine Verhandlung auf der »Grundlage des common sense« erschöpft sind, und mahnt die »Partner-Gläubiger«, sich ihrer Verantwortung bewusst zu werden und sich dieser zu stellen.

Eine Woche später, am 23. April, kam es am Rande des Brüsseler Sondergipfels über die Flüchtlingsfrage zu einer Unterredung zwischen Tsipras, Merkel und dem französischen Präsidenten François Hollande, bei dem der griechische Ministerpräsident seine beiden Kollegen ein weiteres Mal dazu aufforderte, sich für das Gelingen einer politischen Lösung der Krise in Griechenland einzusetzen.

Zwei sehr unterschiedliche EU-Modelle

In der Zwischenzeit entfaltete sich eine neue Operation zum Sturz der einzigen linken Regierung in der EU. Nach dem Misserfolg der EU-Hardliner beim Versuch, deren Glaubwürdigkeit zu desavouieren, und nachdem sie feststellen mussten, dass die Unterstützung der Bevölkerung für diese Regierung noch weiter zu- und eben nicht abnahm, schlug die Stunde der großen Medienhäuser. Es begann ein gnadenloser Angriff auf die Person des Finanzministers Yanis Varoufakis, mit dem jedoch sowohl das ganze Kabinett Tsipras und Syriza als auch die in Brüssel vertretenen griechischen Anliegen getroffen werden sollten.

Die Regierung versuchte, die knallharte Erpressung zu ignorieren, und stellte sich ausdrücklich hinter Varoufakis. Im Interesse der Suche nach einer beidseitig vorteilhaften Lösung ernannte am 26. April in Athen ein von Tsipras einberufener Kabinettsausschuss, zu dem auch Varoufakis selber gehörte, den damaligen stellvertretenden Wirtschaftsminister Efklidis Tsakalotos zum Koordinator eines politischen Verhandlungsteams.[18] Anders als in den nächsten Tagen nur zu oft hämisch kommentiert[19], konnte von einer Entmachtung Varoufakis' keine Rede sein; es handelte sich vielmehr um einen geschickten Schachzug der griechischen Regierung, ihren Finanzminister aus der Schusslinie zu nehmen.

Die griechische Regierung erwies sich, ganz entgegen der weitverbreiteten Propaganda, als alles andere denn unbeweglich. Im Bemühen, sich den «Partner-Gläubigern» anzunähern, machte sie einen Schritt nach dem anderen in deren Richtung und missachtete dabei mehr als nur einmal sogar ihre eigenen der griechischen Bevölkerung gegenüber gemachten verpflichtenden Aussagen. Es waren vielmehr die Institutionen, die laufend neue Hinderungsgründe ins Spiel brachten.

Zugleich traten auch gravierende Dissonanzen zwischen dem IWF und der EU auf, die die Verhandlungen zusätzlich erschwerten. Für den IWF zählten vor allem Reformen im Renten- und Beschäftigungsbereich, während er bei den primären Haushaltsüberschüssen eher zu Zugeständnissen bereit war – geschuldet natürlich der Grundphilosophie dieser Institution, dass die Tragfähigkeit der Schulden ein wesentliches Kriterium ist und sich deshalb die Möglichkeit eines Schuldenschnitts nicht von selbst verbietet. Im Gegensatz dazu zog die Kommission ihre roten Linien auf dem Gebiet der primären Haushaltsüberschüsse und dementsprechend bei der Ablehnung auch nur des geringsten Schuldenschnitts, war aber bei den harten Reformen im Renten- und Beschäftigungsbereich weniger strikt. Resultat dieser Differenzen war, dass es die Griechen überall mit roten Linien zu tun hatten, einmal von dieser, einmal von jener Seite. Die Verantwortung für das Fehlen einer Kompromissmöglichkeit lag daher exklusiv bei den Institutionen und ihrer Unfähigkeit, sich untereinander einig zu werden.

Es ist kein Zufall, dass diese Unstimmigkeiten zwischen den Institutionen als Alibi dazu genutzt wurden, die Gespräche nicht fortzusetzen. Erwähnenswert ist in diesem Zusammenhang der sprichwörtlich gewordene Satz des deutschen Finanzministers, der in den Konferenzen der Eurogruppe wiederholte: »Weil die Institutionen untereinander keinen Konsens haben, können wir die Gespräche nicht ohne gemeinsame Grundlage fortsetzen.« Automatisch läutete dieser Satz jeweils das Ende der Gespräche ein, was für gewöhnlich von den etablierten Medien als deren Abbruch gedeutet wurde, zu dem es in ihren Augen aufgrund des Fehlens von Reformvorschlägen von der griechischen Seite und nicht aufgrund der Nichtexistenz einer gemeinsamen Gesprächsgrundlage unter den Institutionen gekommen sei.

Gleichzeitig ermitteln die *Financial Times* (FT) die gesamte Bandbreite der strategischen Gegensätze zwischen der Eurozone und dem IWF, als sie in einem Artikel von Peter Spiegel offenlegen, dass der IWF-Europadirektor Poul Thomsen die Finanzminister der Eurozone davor warnte, dass »bekannt sei, dass der IWF seinen Anteil nicht zahlt, der einer Tranche in Höhe von 7,2 Mrd. Euro entspricht«, wenn »nicht ein bedeutender Teil der griechischen Staatsschulden gestrichen wird«. In diesem Moment, so schreibt der *Spiegel*, »steht die Eurozone, die den größten Teil der griechischen Schulden verwaltet, der Erleichterung der Schulden konstant gegnerisch gegenüber«. Und tatsächlich bringt die konkrete Veröffentlichung der *FT* zum Ausdruck, dass der von der Eurozone durchzuführende Schuldenschnitt sehr großzügig ausfallen muss: Die Staatsschulden Griechenlands, die zu diesem Zeitpunkt offiziellen Angaben gemäß 176 Prozent des BIP überschreiten, müssen bis 2022 eine Quote von 110 Prozent erreichen.

Bestätigt wurden die gegensätzlichen Auffasssungen auch von Pierre Moscovici, dem Wirtschafts- und Währungskommissar, als er erklärte, dass die Schuldenfrage »nur nach einer Vereinbarung mit einem Reformprogramm« diskutiert werden kann. Wir sind nun bereits in der Zielgeraden. Der Juni nahte, und die Verhandlungen drehten sich weiterhin im Kreis, die griechische Seite legte Vorschläge vor, die Gläubiger machten daraufhin Gegenvorschläge, die von der Regierung wieder abgelehnt wurden. Die Spielräume zum Erreichen einer Vereinbarung wurden immer enger, die Hardliner um Schäuble legten die Messlatte der Anforderungen immer höher, indem sie immer neue Vorbedingungen und Sachverhalte einführten, ohne gleichzeitig eine irgendwie geartete Lösung für die Schulden zur Diskussion zu bringen. Unterdessen spitzte sich die Situation der griechischen Wirtschaft mit jedem Tag weiter zu, das Liquiditätsdefizit dehnte sich aus, und der Abzug von Bankeinlagen erreichte seinen Höhepunkt. Die Verhandlungen konzentrierten sich auf vier Punkte:

1. niedrige primäre Haushaltsüberschüsse, besonders für die Jahre 2015 und 2016, so dass das Land in die Lage versetzt wird, den Automatismus einer sich weiter reproduzierenden Austeritätspolitik zu durchbrechen,

2. keine weitere Kürzung von Löhnen und Renten, mit der bloß die gesellschaftliche Ungleichheit zugespitzt und die Ökonomie wieder in eine Spirale der Rezession geführt werden würde,

3. Restrukturierung der Staatsschulden, um den Teufelskreis der letzten fünf Jahre zu beenden, der das Land dauerhaft zur Neuaufnahme von Krediten verpflichtet hatte, um die vorhergehenden samt Zinsen zurückzuzahlen,

4. und schließlich ein starkes Investitionsprogramm, besonders für die Infrastruktur und neue Technologien, um das Land auf Wachstumskurs zu führen.

Beinahe ganz Europa hielt den Atem an und verfolgte die Entwicklungen rund um die Verhandlungen zur Lösung der akuten Krise in Griechenland. Die Kontroverse erreichte ihren Höhepunkt, herrschende Medien verschärften auf koordinierte Weise ihre Meinungsmache, und die EZB setzte ihren Würgegriff um die Wirtschaft fort, indem sie den griechischen Banken nur tröpfchenweise Liquidität bereitstellte. Syriza insistierte weiterhin sowohl in Griechenland als auch im übrigen Europa darauf, dass es sich um eine europäische, nicht exklusiv um eine griechische Krise handelt und dass eine Lösung im weiteren Sinne nur im europäischen Rahmen gefunden werden kann. Zur Unterstützung der Positionen Griechenlands baute sich eine europäische Solidaritätsbewegung auf, die aber weit davon entfernt ist, zu einer ernsthaften Bedrohung für das politische System der EU und besonders Deutschlands zu werden, einem Deutschland, das weiterhin und immer mehr eine führende Rolle in den Entwicklungen spielt.

Der Konflikt führte bis zum Äußersten – ein Umstand, der den griechischen Ministerpräsidenten dazu bewog, mit einem ausführlichen Gastbeitrag unter dem Titel »Non à une zone euro à deux vitesses« in der französischen Zeitung *Le Monde* vom 31. Mai 2015 öffentlich Stellung zu beziehen. Sein Artikel erregte europaweit Aufsehen:

»Deshalb komme ich zu dem Schluss, dass es im Fall Griechenland nicht nur um Griechenland geht. Vielmehr markiert unser Land den Kollisionspunkt zweier fundamental verschiedener Strategien für die Zukunft des europäischen Integrationsprozesses.

Die erste Strategie setzt auf die Vertiefung des Integrationsprozesses auf Basis von Gleichheit und Solidarität zwischen den Staaten und ihren Bürgern.

Die Verfechter dieser Strategie setzen an der Tatsache an, dass man von der neuen griechischen Regierung nicht erwarten kann, dass sie tut, was ihre Vorgänger getan haben, welche, das darf man nicht vergessen, grandios gescheitert sind. Und sie setzen an eben diesem Punkt an, weil alles andere dazu führen würde, Wahlen in Programmländern per se auszuschließen und hinzunehmen, dass Minister und Regierungschefs von den Institutionen eingesetzt werden und die Bürger dieser Länder bis zum Ende des Programms auf ihr Wahlrecht zu verzichten haben.

Die Unterstützer dieser ersten Strategie für Europa sind sich darüber im Klaren, dass alles andere die Abschaffung der Demokratie in Europa bedeutet, das Ende aller Ausreden und den Beginn der Teilung und des Zerbrechens der europäischen Einheit, was wir nicht hinnehmen können. Letztlich würde es die Geburtsstunde einer technokratischen Monstrosität markieren, die Europa gänzlich von seinem Gründungsgeist entfremden würde.

Und genau darauf zielt die zweite Strategie auch ab: auf die Dichotomisierung der Eurozone und schließlich der EU.

Der erste Schritt auf diesem Weg ist die Teilung der Eurozone entlang zweier Geschwindigkeiten. Dabei wird der harte Kern die Regeln der Austeritäts- und Anpassungspolitik diktieren und einen obersten Finanzminister der Euroländer mit uneingeschränkten Machtbefugnissen einsetzen, der das Recht haben wird, Haushaltsbeschlüsse souveräner Staaten abzulehnen, die nicht mit dem radikalen Dogma des Neoliberalismus in Einklang zu bringen sind. Für Staaten, die sich damit nicht abfinden wollen, wird es eine simple Lösung geben: die harte Bestrafung. Austeritätszwang, Kapitalverkehrskontrollen, disziplinierende Maßnahmen, Strafzahlungen und Parallelwährung.

So konstituiert sich die neue europäische Herrschaftsordnung, deren erstes Opfer Griechenland ist und eine einmalige Gelegenheit darstellt, ein Exempel zu statuieren und so ein Signal an alle zu senden, die sich nicht disziplinieren lassen wollen.

Dabei bleiben die hohen Risiken und großen Gefahren, die diese Strategie mit sich bringt, unberücksichtigt. So besteht nicht nur die Gefahr, die Eurozone von einem einheitlichen Währungsraum in einen Raum stabiler Wechselkurse zu verwandeln und damit das Ende des vereinigten Europa einzuleiten; man befeuert darüber hinaus auch einen Prozess zunehmender wirtschaftlicher und politischer Verunsicherung, der aller Wahrscheinlichkeit nach die Erschütterung des wirtschaftlichen und politischen Gleichgewichts des gesamten Westens zur Folge haben wird.

Europa steht am Scheideweg. Angesichts der großen Zugeständnisse von Seiten Griechenlands liegt die Entscheidung nun nicht etwa in den Händen der Institutionen, die, mit Ausnahme der Europäischen Kommission, nicht von der Bevölkerung gewählt werden und ihnen gegenüber keine Rechenschaft ablegen müssen. Die Entscheidung liegt in den Händen der europäischen Regierungschefs.«[20]

Die Ereignisse dieser Phase weisen darauf hin, dass unter dem Vorwand der »griechischen Frage« in Europa zwei unterschiedliche Strategien aufeinanderprallen. Die erste entspricht dem von Deutschland inspirierten strikten Modell des Neoliberalismus, und die zweite entspricht dem Modell eines »anderen Europas« eines Europas der sozialen Gerechtigkeit, der demokratischen Entwicklung und des »guten Lebens«[21]. Die Strategie des Neoliberalismus strebt die Schaffung eine Eurozone zweier Geschwindigkeiten an, in dem der harte Kern – mit Deutschland im Zentrum – strenge Regeln der Austerität und der Anpassung festlegt, Haushaltspläne souveräner Staaten evaluiert, beaufsichtigt und ablehnt, wenn sie nicht mit den eigenen extremen Dogmen in Übereinstimmung gebracht werden. Es versteht sich von selbst, dass alle Länder, die dies verweigern, das Los Griechenlands teilen werden: strenge Strafen mit der Verpflichtung zu Austerität, Einschränkungen im Kapitalverkehr, disziplinarische Sanktionen, Bußgelder, selbst Parallelwährungen. Auf diese Weise wird eine neue europäische Herrschaftsordnung aufgebaut, dessen erstes Opfer Griechenland darstellt – eine in den Überlegungen vieler höchst willkommene Gelegenheit zur

Statuierung eines Exempels, das allen möglicherweise ungehorsamen Staaten gilt.

Alle, die verstehen, dass die Durchsetzung dieses Modells die vollständige Aufhebung der Demokratie in Europa bedeutet, das Ende jeder Schönfärberei, den Beginn einer Spaltung und einer inakzeptablen Teilung des vereinten Europas, tendieren zur Strategie eines »anderen Europas«. Syriza, die Beschäftigten Europas, die Gewerkschaften, die Solidaritätsbewegung und die Parteien der Linken sind Vorkämpfer dieser Strategie, die eine Vertiefung der europäischen Integration in einem Rahmen der Gleichberechtigung und der Solidarität unter ihren Völkern anstrebt.

Europa befindet sich also am Scheideweg, wie Tsipras sagt. Es ist der Augenblick gekommen, an dem die *gewählten* politischen Träger der EU Entscheidungen treffen müssen, welche nicht ausschließlich Griechenland, sondern auch die Zukunft Europas selbst betreffen.

Tage der Entscheidung

Am 3. Juni 2015 legte die griechische Seite, wie vereinbart, in Brüssel eine vervollständigte »Reformliste« vor. Es war ein 47-Seiten-Dokument voller Vorschläge, das Produkt von Zugeständnissen und Kompromissen aus den monatelangen Verhandlungen.[22] Viele der darin enthaltenen Vorschläge überschritten rote Linien der Regierung in einem Versuch der Annäherung an die andere Seite, aber auch um praktisch nachzuweisen, dass sie willens war, zu einer gemeinsamen Position zu finden.

Das Gegenangebot beinhaltete extreme Positionen, die von der griechischen Regierung nicht akzeptiert werden konnten. Es ist absolut nicht nachvollziehbar, dass nach fünf Jahren strenger Austeritätspolitik in einem Land, in dem Hunderte Haushalte keinen elektrischen Strom haben, eine Mehrwertsteuererhöhung um zehn Punkte und die Abschaffung des EKAS (eine beitragsunabhängige »Solidaritätszulage« für Bezieher von Niedrigstrenten) gefordert werden. Keine politische Macht, kein Politiker in Griechenland könnte einer solchen Art von Forderung zustimmen. Und keiner von denen, die dem Land so etwas vorschlagen, würde sich trauen, es in ihrem eigenen Land ernsthaft zu vertreten. Ohne jeden Bezug auf die Annäherungen, die während des Verhandlungsprozesses zwischen den beiden Seiten in den vier vorausgegangenen Monaten erreicht wurden, warf die im Gegenvorschlag formulierte Haltung der Institutionen begründete Fragen darüber auf, inwieweit sie an einer für beide Seiten günstigen Vereinbarung überhaupt interessiert ist.

Beim EU-Lateinamerika-Gipfel am 10. Juni in Brüssel stand, wenn auch nicht deklariert, die »griechische Frage« ein weiteres Mal im Zentrum. Tsipras traf sich mit der gesamten europäischen Führung, um zu bekräftigen, dass das Hauptziel seiner Regierung eine beidseitig vorteilhafte Vereinbarung im Rahmen eines beide Seiten achtenden Kompromisses sei, zu dem aber auch eine tragfähige Lösung in der Schuldenfrage gehören müsse.

Auch in den Tagen danach wiederholte die Regierung in allen Tonlagen, dass sie keine wachstumshemmenden Maßnahmen akzeptieren würde, die die wirtschaftliche und soziale Entwicklung untergrabe. Es muss angemerkt werden, dass der IWF darauf insistiert, Rentenkürzungen in Höhe von 1 Prozent des BIP, also 1,8 Mrd. Euro jährlich, vorzunehmen. Er will zusätzlich einen weiteren Prozentpunkt (also weitere 1,8 Mrd. Euro) durch die Erhöhung der MwSt. einnehmen, Maßnahmen, die nachgewiesenermaßen in einen neuen Rezessionszyklus führen. An dieser Stelle erinnere ich noch ein weiteres Mal daran, dass das Ergebnis der zwei vorhergegangenen und von den Vorgängerregierungen wortgetreu umgesetzten Anpassungsprogramme die Schrumpfung der griechischen Ökonomie um 25 Prozent, den Anstieg der Staatsverschuldung von ungefähr 120 Prozent auf 180 Prozent des BIP und eine Arbeitslosigkeit von 30 Prozent war.

Schließlich führen die EU-Hardliner den Gipfel in eine Sackgasse, und die Verhandlungen werden unterbrochen. Der IWF verlässt den Verhandlungstisch in einem offenkundigen Versuch, die Kommission unter Druck zu setzen, so dass sie einen Schuldenschnitt akzeptiert, denn andernfalls erachtet er es für unmöglich, die Tragfähigkeit der Schulden herzustellen. Gleichzeitig verlässt auch die griechische Vertretung die Verhandlungen, bleibt aber in Brüssel und wartet darauf, dass die Institutionen das nicht hinnehmbare Paket ihrer Gegenvorschläge noch einmal prüfen.

In einem angespannten Klima, das von Mutmaßungen über einen bevorstehenden Staatsbankrott und einen Grexit geprägt war, intensivierte Tsipras seine Bemühungen, indem er etwa mit etlichen europäischen Staats- und Regierungschefs, aber auch mit dem Finanzminister der USA telefonierte, den österreichischen Kanzler Werner Faymann in Athen empfing oder sich anlässlich des Wirtschaftsforums in Sankt Petersburg zum zweiten Mal mit Wladimir Putin traf.

Am 25. und 26. Juni sollte dann in Brüssel das entscheidende Gipfeltreffen zum Thema Griechenland stattfinden. Ein paar wenige Tage zuvor hatte die griechische Regierung eine neuerliche Vorschlagsliste an die Eurogruppe übermittelt, die von dieser postwendend zusammengestrichen, also weitgehend abgelehnt wurde.[23] Am Vorabend seines Aufbruchs nach Brüssel verriet Tsipras uns, einem engen Kreis von Mitarbeitern, voller Unruhe: »Die Nichtakzeptanz finanziell gleichwertiger Maßnahmen ist ohne bisheriges Beispiel. Weder in Irland noch in Portugal, nirgendwo! Diese merkwürdige Haltung kann zwei mögliche Gründe haben. Entweder wollen sie einfach keine Vereinbarung oder sie dienen bestimmten Interessen in Griechenland.«

Die Diskussionen während des Gipfels führten in eine Sackgasse. Den Institutionen, vor allem der Eurogruppe, war offenbar nicht an einer Einigung gelegen, sie blieben unbeweglich, so dass sich die griechische Delegation zu einem Abbruch der Verhandlungen gezwungen sah. Am 27. Juni wandte sich Alexis Tsipras mit einer Botschaft an das griechische Volk, in der er – zur Überraschung, wenn nicht gar zur Bestürzung der Eurozonen-Herolde – unter anderem ein Referendum ankündigte:

»Griechinnen und Griechen,
   seit nunmehr sechs Monaten kämpft die griechische Regierung unter beispiellosem ökonomischem Druck um die Umsetzung des Mandats, das Sie ihr am 25. Januar erteilt haben. Die griechische Regierung wurde aufgefordert, einen Vorschlag zu akzeptieren, der die weitere Deregulierung des Arbeitsmarktes, die weitere Kürzung von Renten, von Löhnen im öffentlichen Dienst, die Erhöhung der auf Nahrungsmittel, in der Gastronomie und im Tourismus erhobenen Mehrwertsteuer sowie die Abschaffung der für griechische Inseln geltende Sondersteuersätze vorsah.
   Diese Vorschläge stehen in fundamentalem Widerspruch zu europäischen Errungenschaften und Grundrechten: dem Recht auf Arbeit, dem Recht auf Gleichheit und ein würdevolles Leben. Daran wird deutlich, dass manche Partner und Institutionen nicht am Zustandekommen einer nachhaltigen und für alle Beteiligten fairen Lösung interessiert sind, sondern an der Demütigung des gesamten griechischen Volkes. Die dargelegten Vorschläge machen vor allem das Beharren des IWF auf harte und strafende Austerität deutlich. Drängender denn je sind europäische Staats- und Regierungschefs heute dazu aufgefordert, ihrer Verantwortung gerecht zu werden und Initiativen zu ergreifen, die die griechische Schuldenkrise beenden. Denn diese Krise betrifft auch andere Staaten und stellt die Zukunft des europäischen Einigungsprozesses in Frage. ...
   Ich rufe Sie dazu auf, als Souverän und mit Stolz über dieses erpresserische Ultimatum, über demütigende Austerität, die jegliche Perspektive auf gesellschaftliche und wirtschaftliche Stabilität versperrt, zu entscheiden, der griechischen Geschichte entsprechend zu entscheiden. Auf politischen Autoritarismus und harsche Austerität mit Demokratie, Besonnenheit und Entschlossenheit zu antworten. Möge das Geburtsland der Demokratie eine deutliche Botschaft der Demokratie an Europa und die Weltgemeinschaft senden.«[24]

Das Referendum, das Europa veränderte ...

Mit dem Referendum wurde die griechische Gesellschaft am 5. Juli zu einem großen, ebenso einheitlichen wie vielstimmigen *Nein* aufgerufen: *Nein* zur Aufhebung der Demokratie und der Volkssouveränität, die auf brüskierende Weise in den letzten Monaten vorangetrieben worden war, *Nein* zur offenen Erpressung der eigenen Regierung, *Nein* zu allen Versuchen der ökonomischen und politischen Eliten Europas, die gesamte Entscheidungsmacht über die Belange des Volkes an sich zu reißen.

Die griechische Regierung hatte nur eine Wahl: Entweder stimmte sie dem dritten Memorandum zu, also einer Plünderung der Gesellschaft und dem Verrat am ihr übertragenen Mandat, oder, wenn sie sich dem verweigert, würde Griechenland in einen Wirtschaftskrieg hineingezogen werden, der die Verelendung weiter Teile der Bevölkerung und nicht zuletzt auch ihren eigenen Sturz zur Folge hätte. Das Problem der europäischen Eliten besteht ja nicht nur mit Syriza oder mit den Persönlichkeiten von Tsipras und Varoufakis, sondern in dem, was sie zum Ausdruck bringen, nämlich ihre Weigerung, die Imperative der Marktlogik und ein würdeloses Leben für die Mehrheit ihrer Bürger hinzunehmen. Das Problem der herrschenden Eliten ist vor allem die erste linke Regierung in der Europäischen Union. Differenzen in Fragen politischer Inhalte und Kulturen, Differenzen auch in Stilfragen – so etwas ist für Schäuble und seine neoliberale Clique nicht hinnehmbar, und deshalb wollen sie keine Vereinbarung. Es reicht ihnen nicht, dass die Regierung die Memoranden akzeptieren würde, sie wollen auch, dass sie fällt. Die Kapitulationserklärungen von Tsipras, von Syriza und dem griechischen Volk wären die Trophäen, die sie auch in anderen Ländern herumreichen könnten. Und noch viel mehr wünschen sie, den Fall von Tsipras zu demonstrieren, die Niederlage von Syriza und die Erniedrigung des griechischen Volkes. Das ist ihre eindeutige und eigentlich simple Botschaft, die sie verbreiten möchten, um damit die in Europa immer weiter ansteigende Unzufriedenheit an der Kürzungspolitik und dem zeitgenössischen Absolutismus in Schach zu halten, der von den neoliberalen Eliten unter ihrem Oberhaupt Wolfgang Schäuble errichtet wird.

Noch in letzter Sekunde setzte die griechische Regierung ihre unermüdlichen Bemühungen fort, doch noch eine Lösung zu finden, und erbat von den Institutionen offiziell eine Programmverlängerung von wenigen Tagen, so dass die Bevölkerung sich mit dem Referendum in Ruhe zum Ultimatum der Gläubiger äußern könnte. Nicht einmal das wurde uns gewährt. Mit einem Beschluss, der für europäische Verhältnisse beispiellos ist, lehnte die EU die Verlängerung ab. Es gilt mittlerweile als sicher, dass diese Entscheidung kein anderes Ziel hatte, als die griechische Bevölkerung bei ihrer Willensbekundung unter Druck zu setzen und das normale demokratische Verfahren des Referendums zu behindern. Diese Entscheidung verbot der EZB die Erhöhung der Liquidität der griechischen Banken, und so war die griechische Zentralbank dazu gezwungen, die heimischen Geldhäuser vorübergehend zu schließen und vorerst das Abhebelimit pro Tag und Konto auf 60 Euro zu beschränken.

Athen füllte sich mit internationalen Fernsehteams, die beschämende Bilder von Warteschlangen von Bürgern vor den Bankautomaten sendeten, doch ohne dass es – zur großen Enttäuschung der Eliten und der sensationsgierigen europäischen Medien – zu dem von ihnen erwarteten Chaos gekommen wäre. Die griechischen und die europäischen Medien, wiederum allen voran die deutschen, starteten einen beispiellosen Propagandaangriff für das *Ja* und den Vorschlag der Institutionen zur Fortsetzung der katastrophalen Kürzungspolitik. Doch auf die Kundgebungen der Befürworter des *Ja*, die wie Karikaturen ihrer selbst wirkten, antworteten 300 000 in erster Linie junge Menschen mit einem großartigen *Nein* in einer für griechische Verhältnisse riesigen Kundgebung auf dem Syntagma.

Das Ergebnis des Referendums vom 5. Juli in Griechenland war überwältigend. Die griechische Bevölkerung stimmte mit 61,31 Prozent gegen die vorgeschlagenen Maßnahmen der Institutionen – eine eindeutige Antwort an die Adresse der ganzen EU.

Was bei dem folgenden Gipfeltreffen am 12. Juli, also eine Woche nach dem Referendum, geschah, wird in die europäische Geschichte als der größte Putsch ohne Waffen eingehen. Der deutsche Finanzminister Schäuble legte seine Pläne für Europa und

Griechenland offen auf den Tisch, als er mit dem Vorschlag für einen temporären Grexit den Weg zur Auflösung der Eurozone, wie wir sie kennen, eröffnete. Die deutschen Sozialdemokraten waren ebenfalls informiert und stimmten offensichtlich den Ideen ihres Koalitionspartners zu.

Am 12. Juli wurde der griechische Ministerpräsident 17 Stunden lang regelrecht weichgekocht. Mit einem Werkzeug, das darin besteht, die Bankeinlagen der Griechen zum Verschwinden zu bringen, *de facto* mit der Beschlagnahme des öffentlichen Vermögens und mit dem Bankrott über den unkoordinierten Grexit wurde die reale Erpressung zum Abschluss gebracht, die Europa für immer veränderte. Mindestens zweimal musste Kommissionspräsident Juncker intervenieren, um Alexis Tsipras dazu zu bringen, in den Sitzungssaal zurückzukehren, der trotz der Diskrepanzen unter den EU-Staaten völlig allein gegen alle dafür kämpfte, die Ehre und Würde eines ganzen Volkes zu retten. Aber die Machtverhältnisse waren zu ungleichgewichtig. Tsipras musste sich am Ende einem Diktat unterwerfen. Er musste die Vorbedingungen der Institutionen vorbehaltlos akzeptieren, um überhaupt die Verhandlungen über ein künftiges Finanzhilfeprogramm aufnehmen zu dürfen.

Hernach offenbarte Robert Fico, Ministerpräsident der Slowakei – nominell ein Sozialdemokrat, aber einer der fanatischsten Anhänger des Schäuble-Plans –, auf denkbar zynische Weise die inneren Machtverhältnisse in Europa. Dem österreichischen *Standard* erklärte er:

»Ich wäre gern professionell und will deshalb nicht zu viel über interne Diskussionen verraten. Aber es stimmt, die Eurozone war gespalten, mindestens in drei Gruppen: Eine davon hat Griechenland offen unterstützt. Ich war überrascht. Denn diese Länder waren bereit, das Land ohne strenge Bedingungen im Euro zu halten. Dann gab es eine Reihe neutraler Staaten, die sich nicht eingemischt haben. Die dritte Gruppe, zu denen neben Deutschland, Finnland und den Niederlanden auch die Slowakei gehörte, war sehr kritisch gegenüber Athen. Meine Position war absolut hart. ...

Die wichtigste Entscheidung an jenem Tag war aus meiner Sicht, dass wir einem Schuldenschnitt für Griechenland keine Zustimmung erteilt haben. Manchmal herrscht in der Öffentlichkeit der Eindruck, dass in der EU nur Deutschland und Frankreich entscheiden und die anderen Staaten ihnen folgen. Aber das stimmt nicht. Die Slowakei gehört zu jenen Ländern, die jeden nominellen Schuldenschnitt für Griechenland kategorisch ablehnen. Hätte es in der Gipfelerklärung irgendeinen entsprechenden Passus gegeben, hätte ich nicht zugestimmt.«[25]

Die aufoktroyierte Vereinbarung bildet eine Blaupause zur Aufhebung der Demokratie und der Volkssouveränität. Es handelt sich um die Aufwertung eines Regimes, das bedeutsame Kompetenzen durch Behörden und Institutionen ohne demokratische Legitimation kontrolliert. Sie hinterlässt den prägenden Schriftzug des zeitgenössischen Absolutismus des Finanzkapitals, das seinem Ziel nachgeht, sich auf europäischem Boden durchzusetzen. Und Schäuble witterte Morgenluft. Noch geblendet von seinem großen Erfolg, das kleine Griechenland zu brechen, gab er seine Pläne über eine Einschränkung der Kompetenzen der Europäischen Kommission und die Übertragung einer Reihe von Entscheidungsbefugnissen auf nicht gewählte technokratische Organe bekannt.[26] Welchen größeren Beweis braucht es noch, bis uns allen bewusst wird, wohin die derzeitige deutsch dominierte politische Elite Europa treibt?

Die Vereinbarung, die der griechischen Regierung mit dem Messer an der Kehle aufgezwungen wurde, hat eindeutig einen strafenden Charakter. Sie zielt auf keinen Fall auf die Erholung der Konjunktur und der verarmten Gesellschaft, sondern beabsichtigt das Gegenteil. Die griechische Bevölkerung muss hart und beispielhaft für ihre »Unverfrorenheit« bestraft werden, mit der sie die gnadenlose innere Abwertung ihrer Ökonomie und ihren sozialen Verfall in Frage stellt, und für ihre »Unverschämtheit«, den Mächtigen Europas Widerstand zu leisten und andere Völker dazu aufzurufen, dasselbe zu tun. Darüber hinaus liest sich die Vereinbarung wie ein Fahrplan zur Demütigung von Syriza und ihrer Regierung. Allein die Forderung eines positiven Votums für die harten Maßnahmen als Vorbedingung zur Aufnahme von Gesprächen für ein neues Memorandum, die unter dem Vorwand erhoben wird, dass die »Glaubwürdigkeit« wieder aufgebaut werden müsse, kommt einer Demontage gleich. Die »Glaubwürdigkeit« bemaß sich, der herrschenden Lesart zufolge, nicht daran, inwiefern die griechische Regierung ihren Wahlversprechen und dem Mehrheitswillen der Bevölkerung treu geblieben ist, sondern, ganz im Gegenteil, am Kotau vor den europäischen Institutionen.

Ich bin mittlerweile zur Überzeugung gelangt, dass das Votum für die überaus harten Maßnahmen als Vorbedingung für ein neues Memorandum in erster Linie dazu dienen soll, Syriza ihres Rückhaltes in der Gesellschaft zu berauben. Gelingt dieser Bruch, wird Syriza völlig entkräftet die letzten Schläge einstecken und dann in Trümmer zerfallen. Leider beginnt dieser Versuch der Eliten die ersten Früchte zu tragen. Ende August haben 25 Parlamentsabgeordnete, die den Kurs von Tsipras nicht mehr mittragen wollten, Syriza verlassen, um eine neue Gruppierung zu gründen.

Die große Erzählung der Neoliberalen, der Technokraten und der Vertreter der europäischen Institutionen ist bereits fertiggestellt: Die Linke ist schuld. Und wenn die Linke kapituliert und sich gegen die Bevölkerung stellt, dann wird sie diese Bevölkerung auch nicht mehr unterstützen. Dann wird unausweichlich, Schritt für Schritt, die extreme Rechte, der Faschismus unter dem Banner der »Goldenen Morgenröte«, die Wohnviertel der einfachen Bevölkerung in No-go-Areale für die Linke verwandeln und nach dem Zusammenbruch des politischen Systems in Griechenland als Alternative dastehen. Diese Aussicht aber macht den Eliten nicht im Geringsten zu schaffen.

Sofort nach der Ankündigung der Vereinbarung zwischen der Eurozone und Griechenland dominierte noch in der Nacht weltweit ein Kommentar: »This is a coup« – »Das ist ein Putsch«. Der Hashtag #ThisIsACoup erschütterte Twitter mit über 100 Millionen von Kurznachrichten. Sogar der *Spiegel* sprach von einer »gewollten Demütigung« und charakterisierte die in der Vereinbarung enthaltenen Maßnahmen als »Katalog der Grausamkeiten«.[27] Der Nobelpreisträger und Professor für Ökonomie Paul Krugman sprach in seinem Blog unter der Überschrift »Die Ermordung des europäischen Projekts« gerade heraus von einem Putsch und legte dar, dass die Politik Deutschlands gegenüber Griechenland die Eurozone in eine Sackgasse führt:

»Auch wenn das alles wahr ist, ist die Liste mit den Forderungen der Eurogruppe Wahnsinn. Der Trend-hashtag #ThisIsACoup ist absolut richtig. Das geht weit über die Grenzen der Rachsucht, der absoluten Zerstörung der nationalen Souveränität hinaus, und zwar ohne jedwede Hoffnung auf Erleichterung. Es ist offensichtlich ein Angebot, dass Griechenland nicht annehmen kann. Es handelt sich um einen Verrat von allem, wofür das europäische Projekt gestanden hat.«[28]

6 Syriza – Geschichte und Zukunft einer radikalen Partei

Im Januar 2015 hat Griechenland eine 180-Grad-Wende vollzogen. Angesichts einer präzedenzlosen wirtschaftlichen, politischen und sozialen Krise, von der das Land seit nunmehr fünf aufeinander folgenden Jahren gegeißelt wird, hat mit Syriza eine linke Partei die Macht übernommen.

Der Wahlsieg von Syriza und die folgende Übernahme der Regierung war auch für viele linke Parteien in Europa ein Hoffnungsstrahl, der ihnen die einzigartige Gelegenheit bot, eine Diskussion über den Aufbau der Europäischen Union und über die Entmachtung der neoliberalen Politik in Europa zu eröffnen. Doch die Regierung verkörperte gleichzeitig auch den neuartigen Vorschlag einer verelendeten Bevölkerung, die den weiterhin auf einer bankrotten Austeritätspolitik beharrenden konservativen Kräften gegenüberstand. Um diesen Vorschlag besser nachvollziehen zu können, müssen wir diese spezifische Partei der griechischen Linken und ihre Struktur genauer unter die Lupe nehmen. Denn die bessere Kenntnis ihrer Vergangenheit ermöglicht uns ein tieferes Verständnis ihrer schwierigen Gegenwart, und schließlich erleichtert sie uns auch Spekulationen über ihre Zukunft.

Für mich persönlich hat es eine besondere Bedeutung, wenn von Syriza die Rede ist. Als aktives Gründungsmitglied und als Mitglied des Zentralkomitees habe ich die Entwicklung der Partei aus der Innenperspektive erlebt. In diesem Sinn ist es unvermeidbar, dass in meinem Text eine subjektive Sichtweise enthalten ist – mit alldem, was das mit sich bringt. Die Tatsache, dass diese Zeilen in einem Moment verfasst werden, der im wahrsten Sinne des Wortes als der unerfreulichste, kritischste und schmerzhafteste Augenblick des bisher nachweislich gelungensten Projektes einer vereinten Linken in Europa gilt, gestaltet mein Vorhaben noch komplexer und noch schwieriger.

Multifraktionalität, Partei und Bewegung

Syriza wurde als vereinigte Partei in ihrer jetzigen Form und Funktionsweise bei ihrem 1. Parteitag vom 10. bis zum 14. Juli 2013 gegründet. Ihr Charakter entspringt jedoch der Arbeiter- und Volksbewegung sowie der breiteren Bewegung Griechenlands im 19. und 20. Jahrhundert und den bedeutenden Kämpfen der nationalen Widerstandsbewegung gegen die deutsche Besatzung im Zweiten Weltkrieg, in der die EAM (Nationale Befreiungsfront) und die KKE (Kommunistische Partei Griechenlands) vorangingen. Sie hat weitere Wurzeln in der 1951 vor der Diktatur gegründeten Partei EDA (Einheitliche Demokratische Linke) und bei den im demokratischen Widerstand engagierten Kräften unter der Militärdiktatur (1967–1974). Bei Syriza treffen wir sowohl Personen als auch Ideen der Studentenbewegung an, die den Kern des Widerstands gegen die Diktatur und der Kämpfe gegen den Imperialismus bildeten und den Aufstand des Polytechnikums 1974[1] anführten, der in der griechischen Nachkriegsgeschichte von zentraler symbolischer Bedeutung ist.

Entsprechend besteht das Symbol von Syriza in einem fünfzackigen Stern als Emblem für die Einheit, der mit drei verschiedenfarbigen Fahnen kombiniert ist: Die rote repräsentiert die klassische Linke, eine grüne versinnbildlicht die Ökologie, und eine violette steht für die Bewegungen.

Diese Vielschichtigkeit in der Herkunftsgeschichte wird auch in der Gründungserklärung der Partei der radikalen Linken betont:

»Syriza ist heute hier, um den demokratischen Umbau des politischen Systems und seiner stützenden Strukturen zu erwirken, den Weg für eine linke Regierung zu eröffnen, die sich auf eine breite Front sozialer und politischer Kräfte stützt, eine Regierung, die das Land auf eine neue Bahn führen wird, ohne dass es das Ende des Weges ist. Um dieses hohe Ziel zu erreichen, tragen wir mit all unseren Kräften zur Entwicklung einer starken sozialen Bewegung bei und bestehen auf der Notwendigkeit des gemeinsamen Handelns und der gegenseitigen Unterstützung innerhalb der Linken. Indem wir die hierfür geeigneten Initiativen übernehmen, stärken und verbreitern wir Syriza selbst als politische Organisation, die inspirieren, mobilisieren und zur Einheit und zur Organisierung der Kräfte der einfachen Bevölkerung entscheidend beitragen wird. Dabei zielen wir darauf ab, das Land wirtschaftlich, politisch und kulturell wieder aufzubauen, wir zielen ab auf ein emanzipiertes Griechenland der Beschäftigung, der Gerechtigkeit und der Schaffenskraft in einem radikal anderen Europa.«[2]

Syriza verkörpert, mit anderen Worten, die Werte und Traditionen der Linken in Griechenland, einer Linken, die sich in komplexen, schwierigen und oft auch mühsamen internen Prozessen entwickelte, die nichts anderes waren als ein fortwährender Wechsel von Assoziation und Spaltung, Subtraktion und Addition. Und wirklich, wenn es etwas gibt, dass in der Geschichte der Linken in Griechenland bereits auf einen Blick deutlich zu erkennen ist, dann liegt es im Beleg dafür, dass sie dann Großes leistete, wenn sie einig war. Im Gegensatz dazu durchlitt sie dann Desaster, wenn der »Fluch der Linken« zuschlug, der nichts anderes ist als die selbstzerstörerische Spaltung.

Schon 1989 hatte die griechische Linke einen ersten Sammlungsversuch unternommen und die Partei »Koalition der Linken und des Fortschritts« (Synaspismos tis Aristeras kai tis Proodou) gegründet. Das war ein Bündnis aus KKE und der EAR (Griechische Linke), einer früheren Abspaltung der KKE (Inland), die sich als eurokommunistischer Flügel 1968 selber von der KKE[3] abgespalten hatte. Die politische Entscheidung des Synaspismos (deutsch: »Koalition«), sich 1989, also während der dramatischen Entwicklungen der ehemals sozialistischen Länder, an der Regierung mit der konservativen Nea Dimokratia zu beteiligen, trieb die Partei in eine neue Spaltung, bei der die KKE den Synaspismos verließ. Seitdem bewegt sie sich bis heute auf einem beeindruckend sektiererischen Kurs und erweist sich dabei als Hauptkritiker von Syriza. Trotz all seiner Schwierigkeiten zeigte der Synaspismos – er zog sogar einmal nicht ins Parlament ein – beträchtliche Ausdauer, so dass er 2004 den wesentlichen Kern der Allianz der linken Parteien, Organisationen und Bewegungen von Syriza ausmachte.

Die entscheidende Rolle im Gefüge des bisher hoffnungsvollsten Vereinigungsprojekts der vereinigten Linken in Griechenland spielte die sogenannte »Linkswendung« des Synaspismos auf seinem 4. Parteitag, bei dem Alekos Alavanos zum Vorsitzenden gewählt wurde. Noch im selben Jahr stellte sich Syriza in Form eines Wahlbündnisses zum ersten Mal bei Parlamentswahlen und erzielte 3,6 Prozent der Stimmen.

Doch schon in den vorausgegangenen Jahren waren sich die Kräfte der radikalen und der Bewegungslinken bei den Mobilisierungen der Studierenden und der Jugendlichen auf den Straßen Athens und der anderen Städte begegnet, als sie an den großen Demonstrationen gegen die konservative Reform des Sozialversicherungssystems in Griechenland teilnahmen. Ausschlaggebend für den weiteren Kurs waren die Prozesse im Rahmen des »Griechischen Sozialforums« und des »Europäischen Sozialforums«, in deren Verlauf sich mit der gemeinsamen Aktion gegen die neoliberale Globalisierung das notwendige Vertrauen zwischen den politischen Organisationen der Linken aufbauen konnte, welche später an der Gründung von Syriza maßgeblich beteiligt waren. Eine ganz eigene und herausstechende Rolle spielte die aktive und radikalisierte Jugend auf diesem Weg. Alexis Tsipras, bis zu diesem Zeitpunkt Jugendsekretär des Synaspismos, übernahm 2008 den Parteivorsitz von Alekos Alavanos.

Am 6. Dezember desselben Jahres wurde der 16-jährige Alexis Grigoropoulos im Athener Stadtteil Exarchia grundlos von Polizisten ermordet. Dieses Ereignis war der Ausgangspunkt riesiger Demonstrationen, die sich zu einem massiven Aufstand entwickelten. Es folgten Tage und Wochen mit großen Kundgebungen und blutigen Konflikten. Dabei gab die aufständische Jugend den Ton an. Die Anhänger und Mitglieder von Syriza – die einzige im Parlament vertretene Partei, die den Aufstand der Jugend unterstützte – beteiligten sich an den Demonstrationen und wurden von den konservativen Eliten, den Medien und der ND, die unter Kostas Karamanlis gerade die Regierung stellte, scharf angegriffen. Die ND ging so weit, ihnen vorzuwerfen, sie unterstützten die Gesetzlosigkeit, das Chaos und die Athen zerstörenden »Terroristen«. Der durchschnittliche Wähler war augenblicklich »geschockt«, was sich in niedrigen demoskopischen Umfragewerten der Partei niederschlug. Doch in dieser Zeit wurde der feste Bund zwischen der unerschütterlich standhaften Syriza mit der Jugend und den städtischen Bewegungen geschmiedet, der für ihren späteren Weg entscheidend war.

2010 gab Ministerpräsident Giorgos Papandreou bekannt, dass seine Regierung bei den Ländern der Eurozone einen Dreijahreskredit über 45 Mrd. Euro beantragen wolle, um der internationalen und europäischen kapitalistischen Krise zu begegnen. Dieser Kredit wurde dann auch bewilligt, und seitdem geistern die Begriffe »Memorandum« und »Euro-Rettungsschirm« durch die Welt. Syriza lehnte diesen Schritt ab und kämpfte gemeinsam mit der Jugend, den Gewerkschaften und der Gesellschaft gegen die von der Regierung verfügten rigorosen Kürzungsmaßnahmen. Auch die jetzt oppositionelle ND, die zu diesem Zeitpunkt dem Memorandum gegenüber noch ablehnend eingestellt war, kritisierte die Pasok-Regierung scharf, was ihr in der Folge einen großen Stimmenanteil einbrachte.

Im selben Jahr gerieten während des Parteitages von Synaspismos zwei Flügel aneinander, die »linke Strömung« und der »Erneuerungsflügel«. Strittig war die Politik von Syriza und ihr radikaler Inhalt. Die Mehrheit des Parteitages bestand auf der Einheitslinie und damit der Vertiefung des Projekts Syriza, was dazu führte, dass die Mitglieder des »Erneuerungsflügels« die Partei verließen und später unter Fotis Kouvelis die Partei der Demokratischen Linken (Dimokratiki Aristera, Dimar) gründeten, welche sich später an einer Pro-Memorandum-Regierung beteiligte.

2011 ließ die Gegnerschaft der ND gegenüber der strikten Austeritätspolitik nach. Sie ging eine Regierungszusammenarbeit mit der Pasok von Giorgos Papandreou und der rechtsextremen Laos (Laikos Orthodoxos Synagermos, Volksorthodoxe Sammlungsbewegung) unter der Ministerpräsidentschaft des Technokraten Loukas Papadimos ein. Syriza war nun die entscheidende gegen die Austeritätspolitik ankämpfende Kraft, damit zog sie die enttäuschten Wähler anderer Parteien, in erster Linie von der Pasok, an.

Im Mai 2012 transformierte sich Syriza von einem Wahlbündnis vieler Parteien und Organisationen der Linken zu einer einheitlichen Partei um, und als solche stellte sie sich seitdem zur Wahl. In diesem Prozess lösten sich die meisten ihrer einzelnen Organisationen und Strömungen selbst auf, doch trotzdem trat sie gerade aufgrund der »Diversität« der in ihr enthaltenen Fraktionen und Richtungen weiter als eine Partei mit politischem und nicht ideologischem Zusammenhalt auf.

Jedenfalls bildet die parallele Existenz vieler Fraktionen und Richtungen eine lange Tradition im Synaspismos, dem zentralen Parteikörper von Syriza, die sich mit dem Pluralismus und der internen Demokratie in den Beschlussfassungsverfahren verband. So gesehen, war die »Multifraktionialität« immer akzeptiert. Sie war auch der Hintergrund dafür, dass auf dem ersten Gründungsparteitag der dann vereinigten Partei prinzipiell zwei Kandidatenlisten zusammengestellt wurden, die »Einheitsliste«, an der die wesentlichen Strömungen und Richtungen des Synaspismos sowie auch die maoistische Richtung KOE (Kommunistische Organisation Griechenlands) beteiligt waren und andererseits die »Linke Plattform«, gebildet aus der »Linken Strömung« des SYN (wie Synaspismos auch abgekürzt genannt wird) und der internationalistischen DEA (Internationalistische Arbeiterlinke). Bei den Wahlen der Mitglieder zum ersten Zentralkomitee der Partei erhielt die »Einheitsliste« 67,61 Prozent und 135 Mandate, die »Linke Plattform« hingegen 30,18 Prozent und 60 Mandate. Die übrigen Mandate wurden bis zur Gesamtzahl von 200 auf kleinere Richtungen aufgeteilt. Auf demselben Parteitag wurde ebenfalls die Satzung der neuen Partei beschlossen, welche unter anderem auch die Funktionsweise der Richtungen im Parteiinneren festlegt:

»2. Syriza ist und handelt kollektiv und demokratisch, agiert gemäß den Entscheidungen der Mehrheit, respektiert und garantiert die unterschiedlichen Meinungen. 3. Syriza ist einheitlich und multifraktionell, pluralistisch, offen für die Existenz unterschiedlicher Ideologien, Geschichten und Wertedispositionen und Denkströmungen im linken Raum. Sie ist klassenmäßig in der Arbeiter- und der breiteren Bewegung der Bevölkerung mit ausdrücklichen feministischen und ökologischen Zielsetzungen verankert. Sie respektiert und erachtet ihre diversen Wurzeln wie die oben genannten als Reichtum, sie erkennt die Existenzmöglichkeit von Richtungen und Fraktionen an und stellt ihnen den Raum zur Verfügung, in dem sie ungehindert gedeihen können. Alle Auffassungen werden in ihren internen Verfahren repräsentiert, allerdings immer unter der Prämisse, dass ihre Zusammensetzung vorwärtsweisend sind.«[4]

Diese zwei Artikel aus der Satzung sind unter anderem Grundlage für die heutige Situation im Inneren der Partei.

Bei den Parlamentswahlen im Mai 2012 wurde Syriza mit 16,67 Prozent zweitstärkste Partei, und als die Wahl einige Wochen später im Juni 2012 wiederholt wurde, erzielte sie 26,89 Prozent. Es war das erste Mal in der Geschichte Griechenlands (nach dem Ende der Diktatur und dem Wechsel des politischen Systems 1974), dass eine Partei der Linken einen derart hohen

Stimmenanteil auf sich vereinigen konnte und damit sogar zur führenden Oppositionspartei wurde. Es war ebenfalls das erste Mal, dass die Kommunistische Partei ihren hegemonialen Platz an eine andere linke Partei verlor.

Wenn die KKE in dieser Phase der immer wieder ausgesprochenen und ehrlich gemeinten Einladung von Syriza nachgekommen wäre und sich zu einer Zusammenarbeit bei den Wahlen und in der Regierung im Rahmen eines überarbeiteten Parteiprogramms entschlossen hätte, dann wäre das Wahlergebnis ganz anders ausgefallen, dann hätte dieses Bündnis schon 2012 die Wahlen gewonnen, und dann hätte sich die politische Landkarte Griechenlands auf lange Sicht verändert. Doch ein weiteres Mal in ihrer Geschichte entschied sich die KKE in diesem Moment für eine sektiererische Haltung, denn sie stellte die »Reinheit« ihrer Ansichten über das Interesse der Bevölkerung.

Danach ging Syriza aus den Wahlen zum Europäischen Parlament mit einem Stimmenanteil von 26,6 Prozent als stärkste Kraft hervor. Es waren die ersten Wahlen in Griechenland, in denen eine Partei der Linken stärkste Partei wurde. Parallel dazu gelang es Alexis Tsipras, in seiner Funktion als Kandidat der Europäischen Linken für das Amt des Kommissionspräsidenten, das internationale Profil auszubauen und noch stärker mit den Linksparteien Spaniens und Frankreichs, Podemos und Inquierda Unida bzw. dem Front de Gauche, zu kooperieren. Parallel dazu schlug Syriza über die enge Zusammenarbeit mit der Partei Die Linke »Kommunikationsbrücken« nach Deutschland und mit dem Bloco nach Portugal. In Italien gründete sich schließlich eine Tsipras-»Partei«, die bei den Wahlen unter der Parole »Ein anderes Europa mit Tsipras« kandidierte.

Am 25. Januar 2015 schließlich gewann Syriza mit der Parole »Die Hoffnung kommt« die griechischen Parlamentswahlen.

Bevor Syriza die Regierungsverantwortung übernahm, beschäftigte uns bei den Überlegungen in Bezug auf die Funktionsweise der Partei in erster Linie das dialektische Verhältnis zwischen Partei und Bewegung. Und es war genau dieses Verhältnis, das die politischen Konzepte und Entwürfe der Bewegungen und der Organisationen der Linken dazu anregte, sich auf die Partei zuzubewegen. Eine hierfür notwendige Voraussetzung war das Fehlen von Hegemonialansprüchen und das Herstellen von Übereinstimmung, etwas, das zudem auch die notwendige »Aktionseinheit« sicherte. Syriza »schwimmt« in den Bewegungen wie ein Fisch im Wasser. Selbstverständlich beeinflusste die Übernahme der Regierungsverantwortung durch Syriza ihr inneres Gleichgewicht und schuf eine noch vielschichtiger verflochtene Beziehung von Partei–Bewegung–Regierung. Tatsächlich ließen die Verhandlungen mit den Institutionen und die Situation, die im Inland insgesamt entstanden war, in dieser Phase der sich überschlagenden Ereignisse und der jäh einsetzenden Reifeprozesse nicht viel Spielraum für eine unbeeinträchtigte Entwicklung dieser Beziehung.

Meines Erachtens ist der entscheidende Faktor dafür, dass diese Entwicklung schwierig wurde, nicht so sehr in den strategischen Meinungsverschiedenheiten zwischen der Mehrheits- und der Minderheitsströmung zu sehen, zumal die Entscheidungen bei Syriza ohnehin meistens per Mehrheitsentscheid und nicht einstimmig getroffen wurden. Während Syriza sich noch in der Opposition befand, wurden die Mehrheitsbeschlüsse immer respektiert und waren mit der Funktion und der Arbeit der Partei immer völlig kompatibel, doch nachdem sie die Zügel der Regierungsgeschäfte in einem Land übernommen hatte, das sich in einer tiefen Krise befand, war das nicht weiter der Fall. Neue Bedingungen kristallisierten sich heraus, und vor deren Hintergrund stellte das Fällen von Entscheidungen, trotz möglicher Mehrheitsbeschlüsse, jedes Mal eine neue Herausforderung dar. Zusätzlich wurde dieser Prozess aufgrund des Konflikts mit dem gesamteuropäischen und inländischen Establishment immer schwieriger – ein Umstand, dem wir uns stellen müssen.

Syriza hat es versäumt, sich nach den Wahlen von 2012 gründlich auf eine mögliche Übernahme der Regierung vorzubereiten und ein detailliertes Regierungsprogramm auszuarbeiten. Vielmehr hat sie sich auf die Wahlen konzentriert. Ihr bereits angesprochenes, im September 2014 verabschiedetes Programm von Thessaloniki[5] war im Kern ein Plan zur Bekämpfung der humanitären Krise, keineswegs aber ein umfassendes Programm, welches das Land weder durch die komplizierten Verhandlungen geschweige denn aus der Krise herausführen konnte. Eine bessere Vorbereitung hätte meiner Meinung nach die Kapitulation zwar nicht verhindert, sicher aber das Ansehen der Linken gerettet.

Eine besonders schwierige Herausforderung war die mit der Eurogruppe erzielte Vereinbarung, die nicht zu den Positionen einer kämpfenden linken Regierung passt, die vor den Wahlen die Abschaffung der Memoranden versprochen hatte. Wir können unmöglich ignorieren, dass die Partner und besonders die Deutschen sich wie knallharte Erpresser und »ökonomische Mörder« gegenüber einem bankrotten und geschwächten Land verhielten. Darüber hinaus lehnten es die Deutschen ab, die mit dem Referendum artikulierten 61,3 Prozent des *oxi*, des *Nein*, anzuerkennen, womit sie ein Volk in die Demütigung und Erniedrigung zwangen. Dabei war es ihnen völlig gleichgültig, ob ihre Haltung die Abscheu der Griechen vor ihnen erregt oder den Anti-Germanismus in ganz Europa vorantreibt.

Und weil ein Fehler den anderen nach sich zieht (ob der Fehler nun gegeben oder selbst verursacht ist), provozierte das Vereinbarungsdiktat im Inneren des Landes, wie zu erwarten, politische Erschütterungen, unter deren Eindruck Führungskräfte und viele Mitglieder von Syriza von einer »Demütigung« sprachen und den Abbruch aller weiterer Verhandlungen mit den Gläubigern forderten. Vielen von uns wurde nach dem Juli-Diktat zweierlei klar: erstens, wie aussichtslos unsere voluntaristische Einstellung gewesen war, dass es möglich sein könne, in einem einzigen EU-Land die Austeritätspolitik abzuschaffen, und zweitens, wie sehr die Kräfteverhältnisse in der EU und darüber hinaus unsere politische Agenda schon von vornherein zum Scheitern verurteilt hatten.

Als sich nach der griechischen Demütigung in Brüssel erste Proteste und Konflikte in unserer Partei abzuzeichnen begannen, konnten die Kreise Deutschlands und der EU, die schon immer auf die Zerstörung Syrizas gesetzt hatten, ihre hämische Genugtuung kaum unterdrücken. Die *Bild*-Zeitung fragte schon zwei Tage nach dem Brüsseler Diktat: »Tritt Tsipras Ende der Woche zurück?«[6] Wir müssen uns aber tatsächlich fragen, warum der Meinungspluralismus in der Parlamentsfraktion von Syriza, aber auch die Dynamik, mit der die Abgeordneten die Auffassungen ihrer jeweiligen Richtung verteidigen, sich zu einer derartigen Mischung zusammenbrauen, die die Einheit der Partei und in der Folge auch ihre Regierungsfähigkeit bedrohen.

Eine erste, ideologisch offene Strömung ist unmittelbar nach den Wahlen zum Europaparlament 2014 unter dem Namen »53+« in Erscheinung getreten.[7] Sie ist zum größten Teil aus den sozialen und Jugendbewegungen gekommen, will sich nicht zu einer Fraktion mit einer eigenständigen organisatorischen Struktur entwickeln, sondern hält an der Einheit von Syriza fest und setzt darauf, die gesamte Partei zur Fortsetzung ihres Kampfes gegen die Austeritätspolitik und die Memoranden zu drängen. In einer schriftlichen Intervention nach der Juli-Kapitulation betont dieser Parteiflügel unter anderem:

> »In diesem Augenblick besteht die große Gefahr, der Syriza und die Regierung ausgesetzt sind, darin, dass die Kapitulation beim Abschluss der Vereinbarung zu einer politischen Linie transformiert wird. Dass also akzeptiert wird, dass das Memorandum der Horizont unserer Politik ist. Das Eingeständnis, dass die realen Machtverhältnisse unser Horizont sind und wir ihn nicht verändern können, würde zum erfolgreichen Gelingen der Operation des ›linken Zwischenspiels‹ führen, zwar nicht, was die Personen, aber was die politischen Inhalte betrifft. Abgesehen davon, dass die Logik, ›dass

wir auf bestmögliche Art das Memorandum umsetzen‹, die Kurzfassung der Haltung der neoliberalen Sozialdemokratie ist, hat sie als realistischer politischer Entwurf keinen Bestand. Die detaillierten Vorschriften des Memorandums in Verbindung mit der erdrückenden Kontrolle ihrer Befolgung lassen keine alternativen Möglichkeiten zu seiner Umsetzung zu. Die ›gute‹ Umsetzung des Memorandums wird Syriza schnell einer tiefgreifenden systemischen Mutation unterziehen.«[8]

Es waren 53 Mitglieder des Vorstands und der Parlamentsfraktion von Syriza, die in der Partei, aber auch in der breiten Öffentlichkeit den »Rechtsruck« der Parteiführung kritisiert haben – 53 Unterzeichner, zu denen auch ich gehöre. Wir forderten, den linken Kurs der Partei unbedingt beizubehalten und zu vertiefen, weil wir der Meinung waren und sind, dass gerade dieser Kurs angesichts der tiefen sozialen und ökonomischen Krise, unter der unser Land leidet, die Wahlerfolge Syrizas und ihren Weg in die Regierung erst möglich gemacht hat. Ein weiterer Kritikpunkt war und ist das bis jetzt durchaus autokratische Verhalten der Parteiführung um Alexis Tsipras. Sie hat dafür gesorgt, dass der Vorstandsbeschluss für einen außerordentlichen Parteitag nicht umgesetzt wurde, was wesentlich dazu beigetragen hat, den Zerfall von Syriza zu beschleunigen.

Die erst nach der Regierungsübernahme gegründete Fraktion »Vereinigungsinitiative«, in der führende Mitglieder, Minister und Mitglieder des Zentralkomitees beteiligt sind, bekräftigt ihrerseits in ihrer Gründungserklärung unter besonderer »Bezugnahme« auf den Parteivorsitzenden, dass »die für Syriza aktivierten und heute an der Seite von Syriza mobilisierten Kräfte weit über das hinausgehen, was wir bis gestern als politisches Milieu von Syriza bezeichnet haben. Sie bilden einen neuen beispiellosen politischen Raum.«[9] Dabei handelt es sich um eine Position, die auch in der Auffassung von Tsipras zum Ausdruck kommt, der es einmal so formulierte: »Die politische Syriza muss der gesellschaftlichen Syriza entsprechen.«[10]

Diese Fraktion vertritt die Auffassung, dass das »Regieren um jeden Preis« das höchste Gebot der Stunde sei und alles andere – vor allem eben die programmatische Diskussion über die zukünftige strategische Ausrichtung der Partei nach der Niederlage und die Zustimmung zum dritten Memorandum, aber auch die Vertiefung der demokratischen Prozesse im Parteileben selber – warten könne. Deshalb auch sieht sie keine Notwendigkeit, nach der harten Konfrontation mit den Institutionen und der Juli-Niederlage eine Diskussion darüber zu führen, wie Griechenland sich aus dem Regime der Memoranden befreien könnte.

Im genauen Gegensatz veröffentlichte die »Linke Plattform«[11] einen Text unter dem Titel »Nein zum neuen Memorandum – Aufruf zum Kampf und zur Mobilisierung der Bevölkerung im ganzen Land«[12], eine heftige Kritik an der Regierung und deren letztendlicher Kapitulation, der als Vorstoß zur Gründung einer neuen Partei gelten konnte. Diese Abspaltung ist mittlerweile vollzogen worden. Angeführt von Panagiotis Lafazanis hat Ende August dieser linke Flügel unter dem Namen Laiki Enotita (»Volkseinheit«) eine neue Partei gegründet. Die Linke Plattform war schon immer, bereits seit den Zeiten von Synaspismos, der Auffassung gewesen, dass die gemeinsame Währung das Hauptproblem der Eurozone sei. Interessant ist die Tatsache, dass ihre Hauptfunktionäre sich dennoch an der Regierung beteiligt und dort wichtige Ministerien geleitet haben, allen voran das Ministerium zum Produktiven Wiederaufbau mit Lafazanis selber. Die neu gegründete Volkseinheit unternimmt nun den Versuch, die linken Kräfte zu sammeln und zu organisieren – ein Versuch, der eigentlich vor fünfzehn Jahren von Syriza selber begonnen wurde.

Als Antwort auf diese Kritik erklärte Alexis Tsipras in einem Interview gegenüber dem öffentlichen Fernsehen: »Ich habe meine Unterschrift unter ein Dokument gesetzt, an das ich nicht glaube, aber ich laufe nicht davon.«[13]

Seine Erklärung überzeugte einige wichtige Führungskräfte Syrizas und Minister nicht. Sie lehnten es ab, ihn mit der parlamentarischen Vollmacht zur Unterzeichnung der schmerzhaften Vereinbarung auszustatten, die in Brüssel erreicht wurde. Bei der Abstimmung enthielten sich die Parlamentspräsidentin Zoi Konstantopoulou und die beiden Minister Panagiotis Lafazanis und Dimitris Stratoulis der Stimme, während Yanis Varoufakis, der auf gleicher Wellenlänge liegt, in seinem persönlichen Blog den Ministerpräsidenten mit der Feststellung attackierte:

> »Das Dokument des Gipfeltreffens hat nichts mit Wirtschaft zu tun und auch nichts mit Reformen, die Griechenland aus der Gosse führen könnten. Es ist lediglich ein Manifest einer politischen Demütigung. Selbst wenn jemand unsere Regierung verabscheut, muss er erkennen, dass diese Liste mit den Forderungen der Eurogruppe eine gravierende ›Abweichung‹ von Anstand und Rationalität repräsentiert.«[14]

Die im Parlament vertretenen Parteien ND, To Potami und Pasok gaben Alexis Tsipras ihre Zustimmung, so dass er seine Sache fortsetzen konnte und die Regierung mit 251 (!) Stimmen mit der parlamentarischen Vollmacht ausgestattet wurde, die sie zur Unterzeichnung der Vereinbarung benötigte.

Nach der positiven Beschlussfassung durch das Parlament und die Bevollmächtigung des Ministerpräsidenten zur Unterzeichnung der Vereinbarung kam das folgende Gesetz zur Abstimmung: »Dringende Regelungen für die Verhandlungen und den Vertragsabschluss mit dem ESM«. Gegen dieses Gesetz stimmten 32 Abgeordnete von Syriza, während sich sechs ihrer Abgeordneten unter Berufung auf Gewissensprobleme enthielten. Unter den Neinstimmen waren auch die der Parlamentspräsidentin Zoi Konstantopoulou und der Minister Panagiotis Lafazanis, Dimitris Stratoulis und Kostas Isychos. Die Minister, die mit ihrer Stimme das Gesetz nicht befürworteten, obwohl sie während der gesamten Verhandlungsdauer an der Regierung beteiligt waren, wurden ausgetauscht, Finanzminister wurde Efklidis Tsakalotos.

Der damalige Ministerpräsident verurteilte die Entscheidung der 32 Genossen, gegen dieses bedeutsame Gesetz zu stimmen, für das er zudem persönlich einstand und dem er zugestimmt hatte. Er brachte es so zum Ausdruck: »Nach allem, was ich in den sechs Monaten durchgemacht habe, vermag ich persönlich niemandem die Meinung zugestehen, dass er einem stärkeren Gewissenskonflikt, was unsere gemeinsamen Prinzipien, Werte, Standpunkte und ideologischen Bezüge anbetrifft, ausgesetzt ist als ich.«[15] Er meinte damit im Kern, dass die Abweichler nicht linker sind als er selbst, während er hinzufügte: »Die Entscheidung unserer Genossen macht die Unterstützung der ersten linken Regierung auf unserem Boden aber de facto ungewiss, und so bin ich dazu gezwungen, mit einer Regierung, die sich auf eine Stimmenminderheit von Abgeordneten im Verhältnis zur Gesamtzahl von 300 Repräsentanten stützt, weiterzumachen, bis die Vereinbarung vollständig abgeschlossen ist.«

Nach der Niederlage: Strategische Fragen

Und während es so aussieht, als würde die Zeit der Regierungspartei und die politischen Entwicklungen nun nur noch heruntergezählt, wurde in einer dramatischen Sitzung des Zentralkomitees von Syriza am 30. Juli ein ernsthafter – und wie sich erwies: vergeblicher – Versuch unternommen, einerseits die Spaltungsszenarien abzuwenden und andererseits Ziele für die nächste Zeit festzulegen. Mit großer Mehrheit wurde die Durchführung eines außerordentlichen Parteitages im September oder Oktober beschlossen, bei dem der Regierungsbericht und das Regierungshandeln im Einzelnen, aber auch die Verhandlungsergebnisse diskutiert werden sollen. Ebenfalls soll diskutiert werden, wie es geschehen konnte, dass wir uns entgegen den programmatischen Bindungen unseres Wahlprogramms, beispielsweise mit der Aussage: »Wir heben die Memoranden auf«, ein halbes Jahr nach der Wahl dem dritten Memorandum gefügt haben. Über diesen wichtigen Bericht hinaus muss auf diesem Parteitag unsere zukünftige Strategie für das Herauswinden aus den Memoranden und der Austeritätspolitik in Griechenland und in Europa skizziert werden. Aber die neu gegründete Laiki Enotita ist dann eben nicht mehr vertreten.

Tsipras hat klargestellt, dass er den europäischen Weg des Landes innerhalb des Euro wünscht, doch auch über die abgespaltene Volkseinheit hinaus gibt es Mitglieder von Syriza, denen die Währung gleichgültig ist und die sich eine Rückkehr zur Drachme wünschen. Es handelt sich um eine sehr schwerwiegende strategische Differenz, die schon aus rein sachlichen Gründen unlösbar erscheint. Doch weil in der Demokratie die Alternativlosigkeit eine unbekannte Größe ist, ist die Wendung hin zu einem demokratischen Prozess innerhalb der Partei, bei einem Parteitag also, das Mittel der Wahl.

»Meine« Fraktion, die 53+, will noch einmal den Versuch unternehmen, weitere Spaltungen von der Partei abzuwenden, indem wir starken Druck auf die Tsipras-Führung ausüben, rasch die Diskussion in der Partei zu eröffnen und den Parteitag noch vor den jetzt für den 20. September angesetzten Neuwahlen durchzuführen.

Wie kann es weitergehen? Es ist klar, dass die »Gewissheiten« aus vergangenen Tagen nicht mehr tragen, dass wir uns der »richtigen« Frage annähern müssen, damit wir, soweit es möglich ist, die ebenso richtige passende Antwort finden können, wenn es sie überhaupt gibt. In diesem Rahmen lassen sich meine folgenden Gedanken, die in allernächster Zukunft beurteilt werden, einordnen, und die das Nachdenken darüber betreffen, ob Syriza, aber auch alle europäischen für ein »anderes Europa« kämpfenden Kräfte kollektiv bearbeitete Antworten geben werden, die gleichzeitig auch unseren Plan für eine Phase nach dem Memorandum umfassen.

Auch wenn Regierung und Partei nicht identisch sind, hat sich doch gezeigt, dass auch die Parteistrategie, die darauf abzielte, die Kürzungspolitik in nur einem Land unter Bedingungen eines Wirtschaftskrieges und widrigen Machtverhältnissen zu verändern, eine Niederlage erlitten hat. Als die Regierung vor das Dilemma »ungeordneter Bankrott oder Memorandum« gestellt wurde, war dies eine Realität, vor der unsere grundlegenden Positionen keinen Bestand haben konnten – Positionen, die darin bestehen, dass eine andere, alternative Wirtschaftspolitik im Rahmen der konkreten Eurozone möglich ist und dass die europäischen demokratischen Errungenschaften und Traditionen für den aktiven Respekt einer demokratischen Entscheidung eines Volkes ausreichend sind, so dass der wirtschaftliche Würgegriff und die Katastrophe eines ganzen Landes abgewendet werden.

Die griechische Regierung und Syriza ließen sich unter dem Druck der unmittelbaren und dringenden Bedürfnisse der Gesellschaft von einem politischen Voluntarismus hinreißen, der die tatsächlichen Kräfteverhältnisse ignorierte und nicht rechtzeitig wahrnahm, dass die Mächtigen Europas absolut entschlossen waren, die ökonomischen Kosten, egal wie hoch, zu zahlen (außerdem hatten sie einen Großteil davon bereits zurückgewonnen, wie die Studie des deutschen Leibniz-Instituts beweist, worauf ich noch zu sprechen komme), um ein Beispiel alternativer Politik mit gesamteuropäischer Ausstrahlung abzuwürgen. Darüber hinaus sieht es so aus, als ob der in den letzten Jahren in der Eurozone stattgefundene Wandel möglicherweise unterschätzt wurde, denn einerseits war der finanzielle Schutzschild gegenüber den »griechischen Schulden« verstärkt worden, und andererseits stellt der Grexit nur noch für einen Teil der europäischen Eliten eine Bedrohung dar, während er für einen anderen Teil eine ihrer programmatischen Aussagen ausmacht.

Unsere Strategie basierte auf der Annahme, dass wir unter den gegebenen Kräfteverhältnissen in der Eurozone einseitig die Austeritätspolitik würden abschaffen können. Unsere Taktik basierte darauf, dass unsere Gegner (das ist meines Erachtens die richtige Formulierung, denn sie sind weder Partner noch Verbündete, sondern Klassenfeinde) es nicht wagen würden, uns aus dem Euro zu werfen, weil sie dann ein Vielfaches draufzahlen würden. Sowohl strategisch als auch taktisch lagen wir falsch – es ist offensichtlich, dass wir die wirtschaftlichen Ausmaße dieser Politik unterschätzt haben. Hätten wir sie rein politisch oder politischer gesehen, dann hätten wir verstanden, dass Schäuble sich zwischen zwei Risiken entscheiden würde, nämlich dem Risiko, dass die Eurozone einen enormen Schaden nehmen würde, und dem Risiko, dass der Neoliberalismus politisch kollabieren und sich Europa so mit linken Regierungen »füllen« würde. Es ist sicher, dass Schäuble angesichts eines solchen Dilemmas für die erste Alternative optiert hätte. Des Weiteren schätzt der geistige Urheber des Grexit, der professorale Prediger Hans-Werner Sinn, der in keiner Talkshow in Sachen Griechenland fehlen darf, dass die Kosten für Deutschland bei rund 87 Mrd. Euro lagen, während, gemäß der Studie des Leibniz-Instituts, Deutschland bis heute mit 100 Mrd. Euro von der griechischen Krise profitierte.[16]

Ich komme noch einmal auf das Dilemma zurück, auf dessen Grundlage das Land erpressbar wurde: ungeordneter Staatsbankrott, der vor allem den sofortigen Verlust aller Bankeinlagen bedeutet hätte, oder Memorandum. Welches wäre die bessere Alternative gewesen? Ich weiß es nicht. Ich weiß aber, dass die Antwort nicht nur mich persönlich quält, sondern Tausende Mitglieder, Freunde und Unterstützer von Syriza in Griechenland und in ganz Europa.

Meine persönliche Wahrnehmung ist die, dass wir am 12. Juli unter den Bedingungen eines knallharten ökonomischen »Putsches« gezwungen wurden, zum Abschluss einer Vereinbarung zu kommen, deren Umsetzung uns den Verbleib im Euro und der Europäischen Union »garantieren« würde. Ist das tatsächlich unsere Perspektive, oder müssten wir nicht doch kollektiv nach einem Entwurf für unser Herauswinden aus den Memoranden suchen, auch wenn sich daraus mit hoher Wahrscheinlichkeit der Bruch (mit der EU, der Eurozone etc.) ergibt?

Je mehr Tage und Wochen vorübergehen und je mehr Details aus dem Vereinbarungsdiktat bekannt werden, desto fraglicher wird es, ob eine griechische Regierung, gerade auch eine der Linken, in dem vorgegebenen Rahmen überhaupt eine unabhängige Politik unter klassenorientierten Vorzeichen machen kann. Die Dauerdrohung der Gläubiger-Partner, bestehend in der tröpfchenweise gewährten Liquidität, aber auch in der Ablehnung der Besteuerung von Vermögen oberhalb von 500 000 Euro, zeigt, dass die Spielräume zur autonomen Formulierung und Umsetzung von Politik minimal bis nicht existent sind. Gleichzeitig beobachten wir täglich, dass die privilegierten Beziehungen der Gläubiger zu den inländischen Eliten die Ausübung jedweder Politik mit einer Privilegierung der »da unten« noch weiter erschwert. Es sieht so aus, als ob #ThisIsACoup kein einmaliges und vorübergehendes Ereignis gewesen ist. Der Coup ist offenbar auf Dauer gestellt. Gewiss wird die Diskussion um einen Schuldenschnitt wieder aufflackern, gewiss wird sie in absehbarer Zeit lauter werden und an Gewicht gewinnen, aber noch ist völlig offen, inwieweit unter dem katastrophalen Diktat der Memoranden überhaupt noch eine eigenständige Politik verfolgt werden kann.

In diesem Licht betrachtet, kann die Frage »Memorandum oder Zusammenbruch« letztlich nicht mit einem kurzen Spotlight beantwortet werden. Unausweichlich provoziert jeder Ansatz zu einer Antwort eine Reihe anderer, ebenso kritischer Fragen. Warum sollten wir beispielsweise annehmen, dass der Vertragsabschluss mit den unnachgiebigen Imperialisten uns auf lange Sicht vom Albtraum der Austerität, der Veräußerung des öffentlichen Vermögens und der Abschaffung jedes kollektiv formulierten Rechts erlöst? Ich verwende hier bewusst den Begriff »Imperialisten«, weil ich keinen großen Unterschied im Verhalten Schäubles und seiner Clique zu seinen historischen Gegenstücken aus dem 19. Jahrhundert erkennen kann. Warum sollten wir also, wenn wir diese in unterschiedlichen historischen Phasen wiederholten Verhaltensweisen berücksichtigen, so etwas denken? In unserer Lage darf die bittere Realität mit keiner Wunschvorstellung verwechselt werden.

Ich glaube vielmehr, gerade wenn ich die Forderungen des deutschen Finanzministeriums verfolge, welches selbst noch die Vereinbarung vom 12. Juli in Frage stellt[17], dass solange die griechische Regierung das Diktat akzeptiert und versucht, die katastrophale Politik des dritten Memorandums in die Tat umzusetzen, sich solange auch der Appetit der Gläubiger vergrößern wird und sie immer weiter und auf immer mehr Anpassungsmaßnahmen bestehen werden – bis sich das Regime der Memoranden etabliert. Doch die Transformation der Frage »Memorandum oder Katastrophe« zu »Befreiung unter hoher Wahrscheinlichkeit des radikalen Bruchs« ändert radikal auch die möglichen Antworten.

Der zentrale Schwachpunkt der Strategie von Syriza war, dass es keinen echten Plan B gab, einen Plan zum Herauswinden aus dem erpresserischen Diktat »Memorandum oder Drachme«. Ich glaube nicht, dass dies nur auf die mangelnde Bereitschaft der Führung zurückzuführen ist, einen solchen Plan im Einzelnen auszuarbeiten. Ich weiß aber, dass es eine kollektive und mehrheitliche Position war, nicht über die Drachme zu diskutieren. Doch unsere Position »Kein Opfer für den Euro, keine Illusion für die Drachme!« wurde von jedem seiner eigenen Sichtweise gemäß interpretiert.

So gab es erstens keine Antwort darauf, auf welche Weise die Gesellschaft, die nun schon seit fünf Jahren unter der Politik der inneren Abwertung leidet, nicht einer noch größeren Katastrophe unterworfen wird, allen voran die gesellschaftlichen Schichten, die am meisten von der Krise getroffen sind. Offene Fragen wie ausreichende Nahrungsmittelversorgung, Zugang zu Medikamenten, Energie und die Garantie der Bankeinlagen waren nicht geklärt. Zweitens wurde, trotz aller unternommenen Bemühungen, keine ausreichende Politik zur Handels- oder Wirtschaftshilfe von Ländern außerhalb der Eurozone sichergestellt. Und drittens, was

meiner Meinung nach am wichtigsten ist: Es gab keinen klassenorientierten Inhalt. Logischerweise müsste ein Plan zur Einführung einer nationalen Währung, um gegenüber anderen Währungen wettbewerbsfähig zu sein, die Produktionskosten nach unten
schrauben, und zwar innerhalb eines Kontextes einer wettbe-
werbsorientierten Spirale der Ausbeutung der Beschäftigten verschiedener entsprechender Länder. Zudem darf die Tatsache nicht
unberücksichtigt bleiben, dass die Teile des inländischen Kapitals,
die noch über ins Ausland transferierte Eurobestände verfügen, zu
einem beachtlichen Vorteil gegenüber der »einfachen« Bevölkerung gekommen wären, weil sich eine bestimmte Parität gegenüber einer anderen nationalen Währung mit unüberschaubaren
Folgen, besonders hinsichtlich der Werte, herausgebildet hätte.

Wenn also die Niederlage von Syriza und der Regierung kollektiv ist, verpflichten sie die Traditionen, die Existenz und das
Handeln der Linken bis heute und in erster Linie das besondere
politische Gewicht von Syriza für die Linke in ganz Europa dazu,
ihre Möglichkeiten und Pläne zu prüfen, die von jetzt an folgen
müssen, damit wir der Sackgasse der Memoranden entkommen.
Wir brauchen dringend einen Plan, um das Herauswinden aus
den Memoranden und aus der Vormundschaft, unter die das
Land gestellt worden ist, zu organisieren. Das geht nur in enger
Zusammenarbeit sowohl mit der großen Mehrheit der Bevölkerung – also mit denen, die bei dem Referendum so großartig mit
oxi gestimmt haben – als auch mit der europäischen Linken und
der Anti-Austeritäts-Bewegung

Spaltung oder Auflösung?

Was sich in diesem Augenblick innerhalb der Partei ereignet,
wird auf beste Weise im Rücktrittsbrief einer Genossin, eines Mit-
glieds des Zentralkomitees, zum Ausdruck gebracht, der mich

unlängst erreichte. Er bestätigt auch im Fall Griechenlands und von Syriza, dass überall dort, wo der IWF Anpassungsprogramme durchführt, sich das politische System zusammen mit dem Land auflöst.

»Liebe Genossen und Genossinnen,
ihr alle wisst um meine seit drei und mehr Jahrzehnten ununterbrochene und fortgesetzte Präsenz in den politischen und sozialen Kämpfen der Linken, sowohl auf lokaler als auch auf zentraler Ebene. Dieser Weg, der nie einsam, sondern immer in Kollektiven stattfand, macht einen wesentlichen Teil meines Lebens und meiner Persönlichkeit aus. Ich bin glücklich darüber, dass ich diesen und keinen anderen Weg gewählt habe.

Ich habe geglaubt, dass der Sieg von Syriza bei den Wahlen am 25. Januar, für den wir alle gemeinsam geschuftet haben, unsere langjährigen Kämpfe ins Recht setzen könnte, zusammen mit der Hoffnung darauf, dass bessere Tage für die Bevölkerung und das Land anbrechen würden. Es ist richtig, dass es von Anfang an einige weniger gute Anzeichen in der Regierungsführung gab. Ich war mir auch darüber im Klaren, dass wir nicht die bestmögliche Vereinbarung mit den Gläubigern erzielen würden, doch dass wir ganz sicher die Schlinge lockern könnten, die uns in fünf Jahren harter, durch die Memoranden bestimmter Politik von den Vorgängerregierungen auferlegt wurde, zum Vorteil der ›abhängigen Klassen‹, wie wir gewöhnlich sagten. Doch leider haben mich die Ergebnisse des Gipfeltreffens in Brüssel und der Parlamentsbeschluss zugunsten des dritten Memorandums am 13. August eines Besseren belehrt.

Es ist nicht nötig, dass ich euch hier die Tiefe meiner Bitterkeit und meiner Enttäuschung schildere, ich bin mir sicher, dass viele von euch dasselbe empfinden. Die erste linke Regierung hat sich ebenfalls in eine neue Memorandum-Regierung transformiert, indem sie sich Maßnahmen zu eigen macht, welche die bereits völlig erschöpfte Gesellschaft einstampfen, das öffentliche Vermögen vernichten, die Demokratie, die nationale und Volkssouveränität untergraben sowie die Würde der griechischen Bürger und besonders der Armen und Schwächsten beleidigen.

Syriza hat immer gesagt: ›Memorandum und Demokratie gehen nicht zusammen‹, und das entspricht der Wahrheit. Sowohl die parlamentarische als auch die parteiinterne Demokratie haben immensen Schaden genommen. Bei alldem, was unser Leben von einem Tag auf den anderen verändert hat, hatten die Organe von Syriza keinerlei Mitspracherecht. Diese Kehrtwende geschah komplett, ausschließlich und allein durch den Ministerpräsidenten und seinen Stab im Maximou[18] in Abwesenheit der Partei und ihrer Mitglieder. Alles wurde an eine außerordentliche Sitzung des Zentralkomitees im September verwiesen, die natürlich mit großer Wahrscheinlichkeit dann nicht und ganz sicherlich nicht für ›ganz‹ Syriza stattfinden wird. Denn die Einheit der Partei ist bereits nach der gestrigen Entscheidung des Ministerpräsidenten zur Ausrufung von Express-Wahlen zerbrochen, um den innerparteilichen Raum zu säubern, die politische Linie auf die Verteidigung des Memorandums festzulegen und in Zukunft mit dieser Linie zu regieren. Alles natürlich immer im Rahmen des ›Realismus‹ und mit einer veränderten Partei, die keine Partei der radikalen Linken mehr sein wird, sondern eine der breiteren Sozialdemokratie oder eine im Mittellinks-Bereich.

Ihr werdet verstehen, Genossen, dass ich – und viele andere vermutlich auch – in diesem Unternehmen keinen Platz mehr habe. Mein Gewissen, meine Ideen und meine Prinzipien erlauben es mir nicht, eine neoliberale und Pro-Memorandum-Politik zu unterstützen, und sei es auch nur durch deren Tolerierung. Manche halten uns vielleicht für ›Ballast‹, dessen Syriza sich mit dem Ziel ihrer Neugründung zu entledigen hat (gemäß den Aussagen von Dragasakis[19]), um das große Werk der Rettung des Landes anzugehen. Wie auch immer, die Geschichte wird zeigen, wer letzten Endes recht hat und wer unrecht!

Nach alldem und auf der Grundlage der gestrigen Bekanntgabe von Wahlen durch den Ministerpräsidenten Alexis Tsipras, die auch noch die letzten kostbaren Reserven möglicher Einheit in der Partei, und sei es auch nur bis zur außerordentlichen ZK-Sitzung, zunichte gemacht hat, und weil sich unter den gegenwärtigen Umständen keinerlei Perspektive für eine Befreiung von Syriza aus dem Zwang zur Durchführung des neuen Memorandums eröffnet, versteht ihr, dass für mich kein anderer Weg bleibt als mein Rücktritt aus allen Gremien von Syriza (und natürlich von der Mitgliedschaft im ZK sowie auch von der einfachen Mitgliedschaft.

Ich bleibe den Ideen des demokratischen Sozialismus, der sozialen Befreiung, der echten Demokratie und des Klassenkampfes treu, und ich werde weiterhin auf allen Ebenen für ein besseres Leben kämpfen. Ich bleibe aktiv in der radikalen Linken, in den Bewegungen, in den Solidaritätsstrukuren sowie auch im täglichen Handeln für die lokalen Probleme und werde mit Interesse alles Neue, das aus der Gesellschaft und der Linken hervorgeht, verfolgen. Ich werde meine Ideen, meine Prinzipien und Werte nicht verraten. Trotz meiner Trauer und meiner Enttäuschung habe ich ein ruhiges und sauberes Gewissen, dass ich bereits in diesem Moment das Richtige tue.

Liebe Genossen und Genossinnen,
ich hoffe und wünsche, dass wir uns in neuen und gemeinsamen Kämpfen wiedertreffen. Der Kampf für ein besseres Leben geht weiter.
Einen guten weiteren Weg! Auf ein gutes Wiedersehen.
Litsa Kitsanta, Arta

Diesem Brief folgten Dutzende anderer von vielen einfachen Parteimitgliedern, Funktionären und Vorstandsmitgliedern, die einer nach dem anderen ankündigten, zurück- oder gar austreten zu wollen. Man könnte einen ganzen Sammelband mit solchen Briefen zusammenstellen, in dem die aktuelle Situation schmerzhaft zum Ausdruck käme. Für mich das größte Problem ist der Rücktritt von Tasos Koronakis, dem bisherigen Sekretär des Zentralkomitees, und die Auflösung der Jugendorganisation von Syriza – Letzteres deshalb, weil sich das Projekt Syriza sehr auf die Jugend gestützt hat.

Die Mehrheit der Ausgetretenen schließt sich nicht der neuen Laiki Enotita an, sondern geht einfach »nach Hause«. Fast alle aber, wie auch Litsa Kitsanta, unterstreichen, dass sie weiterhin in den sozialen Bewegungen aktiv bleiben werden. Dass dieses Potential für die linke Bewegung nicht verloren gehen wird, stellt immerhin eine Hoffnung dar.

Ein anderer, gar nicht einmal kleiner Teil enttäuschter Parteimitglieder bleibt, so wie ich selbst, trotzdem vorerst dabei und unternimmt einen letzten Versuch zu verhindern, dass die Niederlage der Regierung zur strategischen Niederlage von Syriza und der gesamten europäischen Linken wird. Im Hinblick auf die Septemberwahlen zählen deshalb mindestens drei Voraussetzungen: Zum Ersten darf die Kürzungspolitik nicht in unser Programm Eingang finden. Vielmehr brauchen wir dringend nicht nur die Verständigung auf einzelne Gegenmaßnahmen, sondern einen gesamten Fahrplan, wie wir unser Land aus diesem tödlichen Würgegriff der Institutionen befreien können. Zum Zweiten brauchen wir unabdingbar eine robuste linke Regierung, die unter dem Radar der Memoranden ihre klassenorientierte Politik umsetzt. Und drittens ist natürlich die ideologische und politische Stärkung von Syriza notwendig.

Andernfalls ist die Zukunft des Projektes Syriza doch sehr in Frage gestellt. Alles deutet darauf hin, dass die bevorstehenden Wahlen keinen eindeutigen Sieger haben werden, dass keine Partei die absolute Mehrheit erreichen wird. Die europäischen und auch die griechischen Eliten setzen alles daran, dass dieses Szenario eintrifft, damit Syriza gezwungenermaßen eine große oder kleine Koalition mit moderaten und willfährigen Kräften eingehen muss. Genau das würde jedoch das endgültige Aus für Syriza als Linke und Partei bedeuten.

Auch wenn ich keine genauere Prognose wage, sehe ich aber weiterhin Grund zur Hoffnung. Zum einen haben sich die Griechen mehrheitlich vom alten politischen System, das für die Krise verantwortlich ist, verabschiedet. Sie vertrauen Syriza und Tsipras. Zum anderen werden sowohl das menschliche Potential als auch die Erfahrungen, die wir im Triumph und in der Niederlage gemacht haben, nicht verloren gehen. Vor allem aber: Die Diskussion, die europaweit um ein »anderes Europa« begonnen hat, kann nicht mehr erstickt werden.

7 Die europäische Krise und die Zukunft Europas

Diesem Kapitel möchte ich eine Vorbemerkung voranstellen, die eigentlich schon auf die ersten Seiten dieses Buches gehören würde. Denn es hat sich als besonders schwierig herausgestellt, einen Text mit aktuellem Bezug zu schreiben, wenn die Aktualität aus derart verdichteten Ereignissen besteht wie derzeit in Griechenland, aber auch in der gesamten Europäischen Union. Und die Schwierigkeit erhöht sich noch dadurch, dass ich die Ereignisse nicht aus der Distanz des Beobachters beschreiben kann, sondern vielmehr als ein aktives Mitglied von Syriza, das diese verdichteten Prozesse in Echtzeit erlebt. Tatsächlich stand ich häufig mehrmals am Tage vor der Notwendigkeit, meine Texte angesichts der sich überschlagenden Ereignisse abzuändern, während die Uhren bereits rückwärts zu ticken begonnen hatten.

... and the winner is: Germany!

Ich schildere das anhand eines kleinen Beispiels. Es ist der 19. August, der Deutsche Bundestag hat wie erwartet dem neuen Kredit des Europäischen Stabilitätsmechanismus an Griechenland zugestimmt – einem Kredit, der, um mich zu wiederholen, der Rückzahlung der Altschulden dient und nicht etwa dem Aufbau der Wirtschaft und der Rückkehr an die sogenannten »Märkte«. Doch das ist meiner Ansicht nach nicht die wichtigste

Nachricht des Tages, denn die besteht im ratifizierten Verkauf der 14 lukrativen Regionalflughäfen an den Frankfurter Flughafenbetreiber Fraport. Dieser Ausverkauf war zwar schon von der Vorgängerregierung ausgehandelt worden, aber er wurde dann, ohne jede Modifikation, als ausdrückliche Bedingung in die am 12. Juli verabschiedete Diktatvereinbarung übernommen. Syriza hatte noch in der Opposition im November 2014 die entsprechende internationale Ausschreibung der griechischen Privatisierungsbehörde scharf verurteilt – kein Wunder daher, dass der Fraport-Deal nun auf den Titelseiten der griechischen Zeitungen ausführlich und mit ironischen Kommentaren als erste »linke Privatisierung« gewürdigt wurde.

Obwohl die Veräußerung bereits beschlossene Sache war und obwohl Griechenland in dieser Angelegenheit vor vollendete Tatsachen gestellt wurde, wird offenbar über die endgültigen Konditionen noch verhandelt.[1] Interessant ist aber, dass Fraport zum Zuge kommt, noch bevor das dritte Memorandum endgültig abgesegnet worden ist. Fragt man sich, zu wessen Gunsten dieses Veräußerungsverfahren beschleunigt und abgesichert wird, ist die Antwort nicht wirklich überraschend: zugunsten Deutschlands.

Mir fällt dazu unser Sprichwort ein: »Giannis gibt einen aus, Giannis trinkt«. Damit spielen wir Griechen auf Situationen an, in denen jemand sich den Anschein der uneigennützigen Großzügigkeit gibt, während er es letztlich doch nur auf seinen eigenen Nutzen abgesehen hat. Übertragen wir dieses Sprichwort auf die Situation in Europa, dann kann die Frage, wer zu spendieren und gleichzeitig davon zu profitieren scheint, eindeutig beantwortet werden: Es ist das »deutsche Europa«, dessen Regeln unter der Maßgabe des eigenen Vorteils angepasst werden.

Damit gilt einmal mehr: »... and the winner is: Germany!«, und es hält damit nicht hinter dem Berg. Während ich diese Zeilen schreibe, sind am heutigen 19. August im Deutschen Bundestag etliche und mit einigem Zynismus versehene Botschaften zu hören. Der Sieg, dessen sich da gerühmt wird, wurde nicht nur über das schwache Griechenland errungen, sondern er besteht auch darin, die deutschen Regeln zur Haushaltsstabilität und -disziplin als Grundmodell für die Funktionsweise der gesamten EU bekräftigt, bestätigt und ein für allemal durchgesetzt zu haben.

Das »deutsche Europa« entwickelt sich mit jedem Abkommen, mit jedem Vertrag weiter. Die Memoranden sind dabei nur Zwischenstadien innerhalb eines Prozesses zur kompletten Unterordnung der EU unter die Interessen seiner ökonomischen Eliten, vor allem des Finanzkapitals. Die nun klar erkennbare Haltung Deutschlands hatte sich bereits in den 90er Jahren entwickelt, als die Länder des europäischen Südens herablassend als »Club Mediterranée« bezeichnet wurden, um damit auf ihre Unfähigkeit zur Annahme von strengen (»deutschen«) Regeln zur makroökonomischen Steuerung anzuspielen. Der deutsche Soziologe Ulrich Beck hat das bereits vor Jahren – lang bevor die Krise die gegenwärtigen Ausmaße angenommen hatte – sehr deutlich gesehen, als er ausführte:

> »Nicht nur das Machtgefüge hat sich nachhaltig verschoben. Es ist vielmehr eine neue Logik der Macht im Entstehen begriffen. Bemerkenswerterweise hat Max Weber in seine (eigentlich auf den Staat fokussierte) Herrschaftssoziologie einen kurzen Exkurs über den Begriff des ›Empire State‹ eingebaut. Ein ›Empire State‹ kann, so Weber, ›auch ohne alle formelle Befehlsgewalt eine weitgehende, zuweilen despotische Hegemonie ausüben‹. Als Beispiel nennt er die Rolle Preußens im Deutschen Zollverein sowie die Stellung New Yorks ›als Sitz der großen Finanzmächte‹. Kommt jetzt die Rolle Deutschlands im Kriseneuropa hinzu? …
>
> Die Grammatik der Macht folgt der imperialen Differenz zwischen Geldgeber-Ländern und Geldnehmer-Ländern. Sie ist also nicht militärisch, sondern ökonomisch bestimmt. (Insofern ist die Rede vom ›Vierten Reich‹ Schwachsinn.) Ihr ideologisches Fundament ist das, was ich den deutschen Euro-Nationalismus nennen möchte – der ins Europäische gewendete und ausgedehnte DM-Nationalismus. So wird die deutsche Stabilitätskultur zur europäischen Leitidee erhoben.«[2]

Deutschland ist für die Parteilichkeit der EZB verantwortlich, die ihre Währungspolitik als exakte Kopie der Deutschen Bundesbank auf europäischer Ebene ausschließlich an der Preisstabilität ausrichtet. Dahinter steht die deutsche Angst vor einer Inflation – ein besonderes Erbe der Weltwirtschaftskrise von 1929. Deutschland ist auch für die Aufhebung aller Beschränkungen des Kapitalverkehrs verantwortlich, sowohl innereuropäisch als auch mit Ländern außerhalb der EU, und leistet so der Lüge über »Europa als Schutzschild gegen die Globalisierung« Vorschub.

Das ist die heutige EU. Ist es aber auch die EU, die wir wollen? Das Europa, das der Vision der Völker entspricht, das Europa, das wir brauchen? Als Europäer der Eurozone verbindet uns die alltägliche Gegenwart einer gemeinsamen Währung, die Allgegenwart von Münzen und Scheinen mit einer teils eigentümlichen Symbolik. Wenn ich beispielsweise die griechische Zwei-Euro-Münze in der Hand halte, dann sehe ich auf der einen Seite die Staaten der Eurozone und auf der anderen Seite die Darstellung eines antiken griechischen Mythos: die Entführung der Europa. Die griechische Mythologie berichtet, dass Zeus von der Schönheit Europas, einer Tochter des Königs der Phönizier, wie geblendet war. Um sich ihr nähern zu können, verwandelte er sich in einen schneeweißen und kraftvollen Stier. Als Europa diesen Stier sah, ging sie auf ihn zu und setzte sich auf seinen Nacken. Daraufhin warf er sich voller Wucht ins Meer, mitsamt der Europa auf seinem Rücken. Begleitet von Delphinen entführte er sie schwimmend nach Kreta. Gemeinsam hatten sie drei Kinder, Minos, Rhadamanthys und Sarpedon – oder vielleicht das Memorandum I, das Memorandum II und das Memorandum III. Und wer ist dann Zeus?

Wenn der Mythos der Entführung der Europa als »kollektives Objekt der Begierde« auf diesem Geldstück dargestellt wird, um die gemeinsamen kulturellen Grundlagen der Europäer zu versinnbildlichen, was bringen dann die Memoranden zum Ausdruck und auf welche Weise tun sie das? Wenn überhaupt irgendetwas, dann drücken sie sicherlich das neoliberale Dogma aus, und ihre Ausdrucksweise ist nichts weiter als die einschränkende Haushaltspolitik (Kürzungen, Privatisierungen usw.) in Kombination mit dem Abbau der Arbeitnehmerrechte (Arbeitslosigkeit, Deregulierung, hohe Besteuerung usw.) – das Ganze im Sicherheitsmodus der gleichzeitigen Einschränkung der Demokratie (nicht gewählte Gremien mit uneingeschränkter Macht, wie z. B. die Eurogruppe, die Troika usw.) und der Überwachung.

Es ist wirklich verrückt, dass man, wenn man sich die Zwei-Euro-Münze anschaut, einerseits ein überragendes Kunstwerk betrachtet, das einen auf die Multikulturalität demokratischer Völker und Menschenrechte verweist, und andererseits zugleich auf die Diktatur einer Zentralbank und die Aufhebung von Rechten. Vielleicht spricht man deshalb von »der anderen Seite der Medaille«. Eine Seite entspricht den Märkten und die zweite den Werten, die nichts mit Geld und Erträgen zu tun haben, sieht man einmal von jenen für die Gesellschaft ab.

Es ist eine Tatsache, dass die Griechen die zwei Seiten Europas besser als andere kennen, oder treffender gesagt: seine spezifische Struktur namens Europäische Union. Sie kennen sie als Wirklichkeit, die sie in die völlige Verelendung getrieben hat, aber auch als Hoffnung auf Solidarität und Hilfe. Vielleicht gestaltet sich ihre Ablösung von einer solchen EU deshalb so schwierig. Vielleicht glauben sie aufgrund dieser Hoffnung, dass die EU als Idee kein Problem darstellt, sehr wohl aber als in eine bestimmte Richtung durchgeführte Politik.

Unser Europa!

Ungeachtet dessen, wie und wo die Geschichte von Syriza selbst schließlich ankommen wird, war und ist der Beitrag unserer Partei in der Diskussion über die Gegenwart und die Zukunft Europas von großer Bedeutung. Ihr Beitrag besteht darin, die Kräfte der Linken jeder Couleur, alle demokratischen und anti-neoliberalen Kräfte zu bündeln und die Chance zur Ausarbeitung eines neuen gemeinsamen Strategiekonzepts zu ergreifen, um sich aus den Bindungen der Marktgläubigkeit und eines technokratischen (Umsetzungs-)Regimes herauszuwinden. Es geht nicht um die Beilegung weiterer innerparteilicher ideologischer und organisatorischer Konflikte, denn die Vehemenz des Angriffs der Gegner und die drohende neofaschistische Gefahr lassen keinen weiteren Zeitverzug zu.

Ich kann hier natürlich kein ausgearbeitetes Konzept eines »anderen Europas« präsentieren, es kann und muss ohnehin aus kollektiven Prozessen hervorgehen. Sicher ist jedoch, dass der enorme Reichtum an Ideen und sozialen Phantasien, auch über das Spektrum der Linken hinaus, immer noch nicht ausgeschöpft ist. Wenn sich alle Kräfte vereinen, die der Hegemonie der kapitalistischen Ordnung und vor allem der des Finanzsektors entschlossen entgegentreten, dann gibt es eine realistische Handlungsoption und die Möglichkeit zur Erarbeitung eines Plans mit breiteren sozialen Zielsetzungen, der die Rechte der Bevölkerungen garantiert. Die Grundvoraussetzung und Absicherung zur Umsetzung eines solchen Planes ist die aktive Einbindung der Bevölkerung.

Ganz reell brachte die Erfahrung Griechenlands und von Syriza den in etlichen Gegensatzpaaren enthaltenen grundsätzlichen Konflikt zum Vorschein: Pro-Memorandum – Anti-Memorandum, Austerität – Entwicklung, Demokratie – Herrschaft der sogenannten Märkte, um nur einige Beispiele zu geben. Letztlich repräsentieren sie den Klassenkonflikt selbst. Den Konflikt also zwischen Kapital und Arbeit unter den Bedingungen der vollständigen und alles umfassenden Deregulierung und der maximalen Dominanz des Finanzsystems über die Politik und die Bevölkerungen. Der »Coup« vom 12. Juli bestätigt schlicht und einfach, dass die herrschende Seite nicht vor dem Einsatz aller

Mittel und Einflussmöglichkeiten zurückschreckt, denn die Umsetzung ihres Planes darf nicht in Frage gestellt werden.

Parallel zum Konflikt zwischen den Klassen wurde ein Plan zur langfristigen »Germanisierung der EU« erkennbar, dessen Existenz mittlerweile unstrittig ist. Die herrschende Seite verfügt über immense Mittel und vor allem über gemeinsame Planungs- und Koordinationsinstanzen. Und leider ist die andere Seite, leider sind also wir, die wir über ein »anderes Europa« nachdenken, es einfordern und Visionen dafür entwickeln, weit von einer solchen Organisation entfernt. Dabei müssten wir den Gegenpart zu genau jenem Plan entwickeln, der von den ökonomischen Eliten der EU verfolgt und auf sehr effektive Weise verbreitet wird, was mit der griechischen Redewendung »alle Hämmer treffen denselben Amboss« sehr treffend beschrieben wird.

Viele grundlegende Sicherheiten haben ihre Gültigkeit verloren, manche mehr, manche weniger. Die Machtverhältnisse auf nationaler und europäischer Ebene stellen uns vor die herausfordernde Aufgabe, unsere Analysen zu überdenken und neue Pläne zu entwickeln. Heute erscheint mir weder die Aussage »Wir verändern die EU« noch die Forderung nach einer »Rückkehr zu den Nationalstaaten« ausreichend zu sein. Die bisherigen programmatischen Positionen der europäischen Linken und von Syriza müssen auf der Grundlage der jüngsten Erfahrungen neu formuliert werden. Ein Teil der Linken akzeptiert die EU und plant innerhalb ihres Kontextes, obwohl er weiß, dass die EU und die Eurozone in der heutigen Form Apparate kalter Ausbeutung sind, in denen die Mächtigen über die Schwachen herrschen, was die kapitalistische Ausrichtung der einzelnen nationalen Staaten multipliziert. Ein anderer Teil nicht nur der griechischen Linken fordert den Austritt aus der EU und ignoriert dabei den Umstand, dass die einzelnen kapitalistischen Staaten auf die gleiche Weise funktionieren wie die EU selbst.

Syriza ist der europäischen Integration gegenüber positiv eingestellt, weil sie davon überzeugt ist, dass der Konflikt der Klassen auf supranationalem Niveau stattfindet.

»Die Revolution in Europa« wird im Rahmen eines vereinten Europas sehr viel wahrscheinlicher, in dem die politische Intervention, die Mobilisierung und die Partizipation der arbeitenden Klassen zu Einheiten gebündelt werden können, als die Möglichkeit zum Umsturz in einem einzelnen Land.

Die europäische Linke hat den Prozess der europäischen Integration mit demokratischen Bedingungen und sozialer Gerechtigkeit weder als Zwangsläufigkeit noch als neutrales Verfahren akzeptiert, sondern weil sie meint, dass sie ihren eigenen Zielsetzungen zugutekommt. Denn ... Sozialismus kann nicht in einem Land allein etabliert werden, ... das Feld der klassenbezogenen, politischen und ideologischen Kämpfe, welches sich mit dem Kurs der europäischen Integration eröffnet, bildet den tatsächlichen Boden, von dem ihr konstitutives Ziel als realistisch machbar ausgehen kann.«[3]

Die gemeinsamen Probleme bilden eine objektive Grundlage nicht nur für gemeinsame Antworten, sondern primär für das gemeinsame Handeln zu ihrer Aufhebung. Die Austerität führt Millionen von deutschen Arbeitnehmern in den Bezug von Hartz-IV-Leistungen und in prekäre Beschäftigungsverhältnisse. Sie zwingt Millionen von Bulgaren, Rumänen und Griechen zu Hungerlöhnen in ungesicherte Arbeitsverhältnisse, das französische staatliche Sozialsystem wird demontiert, und Italien wird zunehmend deindustrialisiert. Immer mehr polnische Arbeitnehmer arbeiten als Leiharbeiter, während in den baltischen Ländern die Löhne niedriger sind als in China. Damit versteht es sich eigentlich von selbst und ist es vielleicht auch überflüssig, dass ich es hier noch einmal sage: Die europäischen Beschäftigten, die Arbeitslosen, die prekär Beschäftigten, die Arbeiter, die Jugendlichen und die Selbstständigen haben nichts mit den Eliten der EU gemein. Vielmehr denke ich, dass aufgrund der Erfahrung in Griechenland die Formulierung einer Strategie heute mehr denn je erforderlich ist, die das Interesse der Ausgebeuteten gesamteuropäisch unterstützt und befördert. Denn damit werden die Pläne jener durchkreuzt, die auf Kosten der Armen Reichtum anhäufen. Der Vertrag eines vereinten Europas bedeutet nicht, dass alle gemeinsame Interessen haben. Anders gesagt, die Vertiefung der politischen Integration Europas muss auf Grundlage eines Planes und mit Methoden voranschreiten, die die Interessen der arbeitenden Klasse, der »da unten«, voranbringen, und zwar in einer Weise, die die Schaffung einer sozial gerechten, friedlichen, ökologischen, feministischen und nicht zuletzt demokratischen EU mit offenen Grenzen begünstigt.

Auch wenn wir das alles bereits wissen, dann steht noch die Antwort nach dem »Wie« aus. Sie lautet meiner Meinung nach: mit einer gesamteuropäischen Organisation von denen »da unten«. Trotz der Niederlage von Syriza und der linken Regierung sind die Umstände sehr günstig, denn die nun eröffnete Diskussion kann nicht so ohne weiteres beendet werden, völlig unabhängig vom weiteren Weg von Syriza. Die radikale Linke Griechenlands hat einen großen Schritt und für die herrschenden Eliten einen verstörenden Versuch unternommen, damit hat sie die inländischen Machtverhältnisse verändert und die Diskussion in Europa entscheidend beeinflusst. Jetzt ist die Stunde der Völker, der Bewegungen, der Gewerkschaften, der Linken und der fortschrittlichen Parteien aller Länder, ihren Teil dazu zu tun und alles zur Änderung der Machtverhältnisse in den einzelnen Ländern zu unternehmen. Die kleinen und unzähligen Strömungen des Widerstands und der Solidarität, die in jeder Stadt, in ganz Deutschland und in jedem Land der EU geschaffen wurden und dort aktiv sind, müssen zu einem großen und reißenden Strom zusammenfließen, der die etablierten Eliten und ihre Pläne mit sich reißt und fortschwemmt. Das Ziel all dessen kann in nichts anderem als in der möglichst breiten Übertragung des Bruchs innerhalb der Eurozone und der EU selbst bestehen, so dass noch mehr »schwache Glieder« herausbrechen und er in der zentralen Kette selbst ankommt, im Kern des dogmatischen, neoliberalen Europas. Alle Linken, Männer wie Frauen, in Griechenland und in ganz Europa müssen den Widerstand und die Umkehrung dieser Politik zu ihrer ersten Priorität machen, exakt unter diesen Umständen des extremen Zusammenstoßes, der nicht nur die arbeitenden Menschen verelendet, sondern auch den Neofaschismus und den Krieg wieder in den Vordergrund rückt.

Und genau deshalb, weil all das nicht ohne die grundlegende Veränderung der Kräfteverhältnisse geht, ist es klar, dass es eines Ausbruchs von Klassenkämpfen auf nationaler, europäischer und internationaler Ebene bedarf, der kraftvoll und realisierbar wird. Die Eroberung der Regierung durch die radikale Linke in Griechenland ist, trotz ihrer Niederlage, ganz sicher der Funke für einen solchen Prozess. Wer glaubt, dass die Frage des gesellschaftlichen Umbruches in Griechenland, also auch in Europa, nur über das zentrale Thema der »nationalen Währung«, des »Austritts« und des »Nutzens« thematisiert werden kann, unterschätzt vermutlich den Begriff des gesellschaftlichen Umbruchs.

Der »Coup« vom 12. Juli war ein jäher Weckruf, der das Bewusstsein dafür geschärft hat, dass die wesentlichen Parteien und ideologischen Strömungen ihre Strategien neu ausrichten müssen. Es kann nicht sein, das die SPD noch lange so weitermacht und Politik im Schatten von Merkel und Schäuble betreibt und sich dabei, so wie in der Griechenlandfrage, »päpstlicher als der Papst« aufführt. Für die Partei Die Linke ist der politische Kontext zur Vertiefung ihrer Beziehungen zu den sozialen Bewegungen ausgesprochen günstig, sie kann auf der Grundlage eines mit ihnen gemeinsam zu erarbeitenden Programms sogar die Machtfrage in Deutschland stellen. Ebenso ist es an der Zeit, dass die großen Gewerkschaften wie die IG Metall oder sogar der gesamte DGB endlich ihre mit den Solidaritätsadressen für Griechenland bereits begonnenen Schritte um weitere Aktivitäten ergänzen. Dass sie ihre damit zum Ausdruck gebrachte Ablehnung der Austeritätspolitik nun endlich in einem Aktionsplan umsetzen, dass sie zu den arbeitenden Menschen gehen, um sie aufzuklären, und in Zusammenarbeit mit den Widerstandsbewegungen eine breite Front gegen den Neoliberalismus aufbauen.

Meine Grundidee besteht in der gesamteuropäischen Bündelung aller »da unten« – also der abhängig und der prekär Beschäftigten, der Arbeitslosen, der Jugendlichen, der Niedrigrentner, der Migranten und der Flüchtlinge, der kleinen Freiberufler und der Kleinbauern – zu einem gemeinsamen gesamteuropäischen Handeln im Kampf gegen die Austeritätspolitik. Alle Hämmer sollen auf diesen Amboss schlagen! Der aktuelle Klassenkonflikt, der Klassenkampf unserer Zeit, ist exakt der Kampf gegen die Austerität. Nur wenn er gewonnen wird, können wir über das »andere Europa« sprechen, das Europa der sozialen Gerechtigkeit, der Solidarität, des ökologischen Gleichgewichts, der Rechte und der sozialen Sicherheit. Ein Europa ohne Abschottung gegenüber der Welt. Unser Europa!!!

Epilog

Nach Monaten hartnäckiger Verhandlungen, in deren Verlauf Griechenland alle Druckmittel ausschöpfte (Unterbrechung der Gespräche, Zahlungsstopp, einseitige Gesetzgebung, Referendum), wurde klar, dass sich der neoliberale Dogmatismus in Europa gegenüber der Demokratie durchgesetzt hat. Bei geschlossenen Banken, nicht existenter Liquidität und unter Androhung des Grexit beschränkten sich die Optionen der griechischen Seite konkret auf die Unterzeichnung der Vereinbarung oder den unkoordinierten Bankrott mit schmerzlichen Auswirkungen, die besonders die schwächsten ökonomischen Schichten treffen würden. Dass die griechische Seite am Ende für die diktierte Vereinbarung optierte, ist unstrittig der Erpressung geschuldet und entspricht weder den programmatischen Aussagen der Regierung noch ihren Positionen und ihren Überzeugungen. In erster Linie stellt sie aber keine geeignete tragfähige Lösung für das Problem der Staatsschulden und der ökonomischen Krise dar. Sie ist sozial ungerecht und verheerend und ökonomisch nicht tragfähig. Nicht umsetzbar.

Ich persönlich werte das Vereinbarungsdiktat gegenwärtig noch als taktischen Schritt in Erwartung des geeigneten Zeitabschnitts, in dem sich die Widerstandsbewegung gegen die Austerität und den Autoritarismus gesamteuropäisch herausbildet und die das »Germropa«, das deutsche Europa à la Schäuble, stürzen und in die Niederlage führen wird, während gleichzeitig das »andere Europa« aufsteigt.

Das Erleben der Wirklichkeit in Griechenland ist eng verknüpft mit dem philosophischen Diskurs der griechischen Antike, auf dessen Grundlage die Gegenwart gedeutet wird, aber auch Vorhersagen zur zukünftigen Entwicklung angestellt werden. Im Kontext dieses Diskurses steht auch der »Melierdialog« in der Überlieferung des antiken Historikers Thukydides. Bei dieser Episode des klassischen Werkes, das wir als *Der Peloponnesische Krieg* kennen, handelt es sich um den wichtigsten antiken Text des politischen Zynismus, auf seinen Seiten trifft die Arroganz der Macht auf das Recht des Schwachen. Trotz des Zeitpunkts seiner Abfassung vor 2 500 Jahren ist dieser Dialog beeindruckend aktuell.

Ich gehöre zu der überwältigenden Mehrheit der Griechen, aber auch der Mitglieder von Syriza, die aufgrund der Wucht des Konflikts und der Vehemenz der Niederlage noch eine große Enttäuschung und Ratlosigkeit verspüren. Aus diesem Grund möchte ich hier nahezu den gesamten Text des Melierdialogs, bei dem es sich um einen Verhandlungsdialog zwischen den Athenern und den Bewohnern der Kykladeninsel Milos[1], den Meliern, handelt, einfügen. Wenn man beim Lesen die Wörter *Athener* durch *Institutionen* und *Melier* durch *Griechenland* ersetzt, kann man leicht zu eigenen Schlussfolgerungen kommen.

Während des Peloponnesischen Krieges, der 27-jährigen Auseinandersetzung der griechischen Stadtstaaten (Poleis) bildeten sich mit Athen und Sparta zwei große gegnerische Lager heraus, denen einige Poleis beitraten und andere nicht. Im Jahr 416 v. Chr. griffen die Athener Melos in der Absicht an, es zu unterwerfen, weil die Melier, die dorischer Abstammung und damit mit Sparta ethnisch verbunden waren, ihre Neutralität bewahren wollten.

Die Athener landeten auf der Insel, lagen vor den Stadtmauern und entsandten Botschafter, um durch Verhandlungen eine friedliche Unterwerfung der Stadt zu erreichen. Die Gesandten Athens durften nicht direkt zur Bevölkerung sprechen, sondern wurden vor den Rat geladen, denn die Ratsherren der Melier befürchteten, dass das Volk sich von den Argumenten der Athener verlocken lassen und damit nicht die richtige Entscheidung treffen könnte. Und so begann der weltgeschichtlich bedeutendste schriftlich fixierte politische Verhandlungsdialog:

»86 (1) Die Ratsherren der Melier antworteten: Gegen euren gerechten Vorschlag, einander in aller Ruhe zu überzeugen, haben wir nichts einzuwenden, doch scheinen die kriegerischen Rüstungen, die schon abgeschlossen sind und nicht erst drohen, damit nicht übereinzustimmen. Sehen wir euch doch gekommen, selbst Richter zu sein über alles, was gesprochen werden wird. Und das Ende davon wird schließlich sein: Siegen wir in dem Rechtsstreit und geben daher nicht nach, so droht uns Krieg, lassen wir uns aber von euch bereden, Knechtschaft.

87 (1) Die Athener: Wenn ihr freilich hier zusammengekommen seid, um Vermutungen über die Zukunft anzustellen oder sonst etwas, statt gemäß der gegenwärtigen Lage, wie ihr sie jetzt vor Augen habt, über die Rettung der Stadt zu beraten, so können wir ja gleich wieder aufhören; wenn aber das, so wollen wir weiter reden.

88 (1) Die Melier: Es ist natürlich und verzeihlich, wenn man in solcher Not zu mancherlei Worten und Gedanken Zuflucht nimmt; diese Versammlung hier gilt allerdings unserer Rettung, und daher entwickle sich die Verhandlung, wenn es euch recht ist, in der Art, wie ihr sie fordert.

89 (1) Die Athener: Nun gut, wir selbst wollen nun nicht mit schön klingenden Worten – wie etwa, zu Recht bestehe unsere Herrschaft nach unserem Sieg über die Perser, oder, wir wollten erlittenes Unrecht jetzt rächen – eine langatmige und deshalb unglaubwürdige Rede vortragen. Aber auch ihr, das fordern wir, dürft nicht glauben, uns durch solche Ausführungen zu überzeugen: Als Bürger einer Tochterstadt der Lakedaimonier[2] hättet ihr euch nicht am Krieg (auf unserer Seite) beteili-

gen können, oder, ihr hättet uns kein Unrecht zugefügt. Nein, im Rahmen des von uns als wahr Erkannten sucht das Mögliche zu erreichen, da ihr ebenso gut wie wir wisst, *dass Recht im menschlichen Verkehr nur bei gleichem Kräfteverhältnis zur Geltung kommt*, die Stärkeren aber alles in ihrer Macht Stehende durchsetzen und die Schwachen sich fügen.

90 (1) Die Melier: Wir glauben aber doch, es wäre nützlich – so müssen wir ja sprechen, da ihr statt des Rechtes den Vorteil unserem Gespräch zugrunde gelegt habt –, wenn ihr nicht etwas aufgeben würdet, woraus alle gemeinsam Gewinn ziehen, sondern wenn jedem, der in Gefahr gerät, Gründe der Billigkeit zu Gebote stünde und er daraus, auch ohne alles bis ins Letzte genau zu erweisen, Nutzen ziehen könne. Das gilt in hohem Grade mit für euch, insoweit ihr, einmal gestürzt, durch die Härte der Strafe (die an euch dann vollzogen werden wird) anderen ein warnendes Beispiel werden könntet.

91 (1) Die Athener: Wegen des Endes unserer Herrschaft, sollte sie auch untergehen, machen wir uns keine Sorgen; denn ein Volk, das über andere herrscht, wie ja auch die Lakedaimonier, bedeutet deshalb für die Besiegten nicht gleich eine schreckliche Gefahr – im Übrigen gilt unser Kampf ja gar nicht den Lakedaimoniern –, wohl aber die Untertanen, wenn sie einmal zum Kampf rüsten und ihre früheren Herren besiegen. (2) Doch dieser Gefahr zu begegnen sei uns überlassen. Dass wir hierher gekommen sind zum Nutzen unserer Herrschaft und diese Verhandlungen führen wollen zur Rettung eurer Stadt, das werden wir noch aufzeigen; denn dies ist unser Wunsch. Wir werden ohne Mühe eure Herren, und ihr bleibt zum Vorteil für beide ungeschoren.

92 (1) Die Melier: Wie könnte für uns Unterwerfung ebenso vorteilhaft sein wie für euch Ausweitung der Herrschaft?

93 (1) Die Athener: Weil ihr statt Ärgstes zu erleiden, euch fügen dürftet und wir, wenn wir euch nicht vernichten müssten, dabei gewinnen würden.

94 (1) Die Melier: Dass wir uns ruhig verhalten und statt eure Feinde Freunde sind, jedoch verbündet mit keinem der beiden Gegner, damit könnt ihr euch nicht zufrieden geben?

95 (1) Die Athener: Nein, denn eure Feindschaft schadet uns nicht so sehr wie *Freundschaft als Beweis (unserer) Schwäche, Hass dagegen als (Zeichen unserer) Stärke bei unseren Untertanen* gilt.

96 (1) Die Melier: Erschließen denn eure Untertanen derart Recht und Unrecht, dass sie Völker, die euch gar nicht zugehören, mit den Städten, die zum Großteil von euch gegründet sind, teils, nachdem sie sich losgesagt hatten, wieder überwältigt wurden, völlig gleichsetzen?

97 (1) Die Athener: An Rechtsgründen, meinen sie, mag es weder den einen noch den anderen fehlen, aber (sie werden auch denken), dass jene sich dank ihrer Macht behaupten, wir jedoch aus Furcht nicht angreifen. Abgesehen von der Vergrößerung unserer Herrschaft, würdet ihr uns daher auch Sicherheit durch eure Unterwerfung bieten, wenn ihr als Insel, noch dazu eine der schwächsten, euch uns Seebeherrschern gegenüber nicht behaupten könnt.

98 (1) Die Melier: Und in unserem früheren Vorschlag seht ihr keine Sicherheit? Denn ebenso wie ihr uns von der Erörterung der Rechtslage abgebracht und gezwungen habt, nur auf euren Nutzen zu hören, müssen nun andrerseits wir unseren Vorteil darlegen und euch zu beweisen versuchen, ob vielleicht das selbe auch euch zuträglich sei. Alle, die jetzt noch mit niemandem verbündet sind, werdet ihr euch die nicht zu Feinden machen, wenn sie angesichts dieser Vorgänge glauben müssen, einmal werdet ihr auch gegen sie losziehen? Damit stärkt ihr doch nur eure bisherigen Feinde, und die, die es nie werden wollten treibt ihr dazu, es gegen ihren Willen zu werden.

99 (1) Die Athener: Das sind, meinen wir, keine so fürchterlichen Gegner, die Städte irgendwo auf dem Festland, die eben, weil sie frei sind, lange zaudern werden, bis sie etwas zu ihrem

Schutz gegen uns unternehmen, wohl aber sind es die Inseln, die noch unabhängig sind, so wie ihr, oder die bereits durch den Zwang der Herrschaft gereizt sind. Diese könnten am ehesten in blinder Unüberlegtheit sich selbst und uns in öffentliche Gefahr stürzen.

100 (1) Die Melier: Nun denn, wenn ihr solche Gefahren auf euch nehmt, um eure Herrschaft zu erhalten, die Untertanen aber, um endlich davon freizukommen, uns noch Freien würde es die arge Schande der Feigheit eintragen, wenn wir nicht alles unternähmen, ehe wir Sklaven werden.

101 (1) Die Athener: Nein, wenn ihr nur vernünftig überlegt; nicht gilt eurem Mannesruhm der Kampf von gleich zu gleich, dass ihr nicht Schande auf euch ladet, sondern eher eurem Heil die Beratung, dass ihr euch nicht den weitaus Mächtigeren widersetzt.

102 (1) Die Melier: Aber wir wissen, dass im Krieg sich das Glück oft gleichmäßiger verteilt, als dass es dem Kräfteunterschied der beiden Gegner entspräche. *Für uns bedeutet Zurückweichen sofortige Hoffnungslosigkeit, handeln wir aber zuerst, besteht noch Hoffnung, uns aufrechtzuerhalten.*

103 (1) Die Athener: Hoffnung, ein Trostmittel in der Gefahr, wird den Starken, wenn er sich an sie klammert, vielleicht schädigen, aber nicht vernichten. Wer aber alles, was er besitzt, aufs Spiel setzt – denn ihrem Wesen nach ist sie verschwenderisch –, erkennt sie erst nach seinem Sturz; da aber lässt sie ihm nichts mehr übrig, womit er sich nach seiner Erkenntnis gegen sie schützen könnte. (2) Trachtet doch, dass es euch nicht so ergeht, da ihr schwach seid und für euren Untergang ein einziger Ausschlag des Waagebalkens genügt, und handelt nicht wie die vielen, die zwar (zuerst) die Möglichkeit hatten, sich noch mit Menschenkraft zu retten, aber dann, wenn in Not und Bedrängnis alle sichtbare Hoffnung geschwunden ist, auf die unsichtbare vertrauen: Weissagung, Göttersprüche und dergleichen mehr, was im Gefolge der Hoffnung ins Verderben führt.

104 (1) Die Melier: Schwer freilich scheint es auch uns, wisst es wohl, gegen eure Übermacht und das Schicksal, wenn es nicht gleich zu gleich steht, den Kampf aufzunehmen. Dennoch vertrauen wir, dass wir vom Schicksal um der Gottheit willen nicht verlassen werden, weil wir gottesfürchtig ungerechten Angreifern entgegentreten und unserem Mangel an Macht das Bündnis mit den Lakedaimoniern abhelfen wird, die, wenn schon aus keinem anderen Grund, uns wegen der Stammesverwandtschaft und um ihrer Ehre willen zu Hilfe kommen müssen; und nicht ganz unvernünftig ist somit unser Selbstvertrauen.

105 (1) Die Athener: Nun, was die Gottheit betrifft, so hoffen auch wir, ihrer Gnade nicht verlustig zu gehen. Denn nichts von dem, was wir fordern oder tun, widerspricht der Vorstellung der Menschen von der Gottheit und ihrem Betragen untereinander. (2) Wir glauben nämlich, dass der Gott wahrscheinlich, der Mensch ganz sicher allezeit nach dem Zwang der Natur überall dort, wo er die Macht hat, herrscht. Wir haben dieses Gesetz weder aufgestellt noch als Bestehendes zuerst befolgt, als gegeben haben wir es übernommen und werden es als ewig Gültiges hinterlassen; wir befolgen es in dem Bewusstsein, dass auch ihr oder andere, die dieselbe Macht wie wir errungen haben, nach demselben Grundsatz verfahren würden. (3) Von der Gottheit verlassen zu werden, brauchen wir also nach der Wahrscheinlichkeit nicht zu befürchten. Nun zu eurer Erwartung, die ihr an die Lakedaimonier setzt, da ihr glaubt, sie werden euch um ihrer Ehre willen zu Hilfe kommen. Wir preisen euch glücklich wegen eurer naiven Unkenntnis alles Bösen, beneiden euch aber nicht um eure Torheit. (4) Die Lakedaimonier nämlich betragen sich untereinander und nach ihren Landesgesetzen höchst untadelig, aber wie sie sich anderen gegenüber benehmen, darüber könnte man viel erzählen; kurz und bündig aber darf man behaupten: Sie sind es, die unseres Wissens am augenfälligsten das Angenehme für schön erklären und das

Nützliche für gerecht. Und eine solche Gesinnung spricht doch kaum für eure so unvernünftig erhoffte Rettung.

106 (1) Die Melier: Wir aber vertrauen gerade deshalb fest darauf, dass sie zu ihrem eigenen Nutzen die Melier, die Bürger ihrer Tochterstadt, nicht preisgeben wollen, um nicht den Freunden unter den Hellenen treulos, den Feinden hilfreich zu erscheinen.

107 (1) Die Athener: Glaubt ihr also nicht, *dass das Vorteilhafte mit Sicherheit verbunden ist, das Gerechte und Edle aber nur unter Gefahren vollbracht wird?* Ein Wagnis, zu dem die Lakedaimonier im Allgemeinen nur sehr wenig bereit sind.

108 (1) Die Melier: Wir sind wirklich der Meinung, dass sie unseretwegen eher die Gefahr auf sich nehmen und sie für weniger bedenklich halten werden als anderer Leute wegen, insofern wir für künftige Taten nahe am Peloponnes liegen und wir als Blutverwandte treuer gesinnt sind als andere.

109 (1) Die Athener: Sichere Stütze findet der Mitstreiter aber nicht im guten Willen des Hilfesuchenden, sondern dann, wenn einer an tatsächlicher Macht weit überlegen ist; und darauf sehen die Lakedaimonier mehr als auf alles andere. Weil sie ja ihrer eigenen Rüstung so sehr misstrauen, rücken sie nur mit vielen Verbündeten in das Land ihrer Nachbarn ein; es ist daher unwahrscheinlich, dass sie auf eine Insel übersetzen, wo wir doch die See beherrschen.

110 (1) Die Melier: Sie könnten ja andere schicken; groß ist das Kretische Meer, in seinen Weiten fällt es den Seebeherrschern schwerer, Schiffe aufzubringen, als solchen, die unbemerkt bleiben wollen, heil durchzukommen. (2) Sollte ihnen aber auch das misslingen, könnten sie sich gegen euer Land wenden und gegen die restlichen Verbündeten, zu denen Brasidas[3] noch nicht gekommen ist, und statt um Land, das euch nichts angeht, werdet ihr euch mehr um euer eigenes Land und das eurer Verbündeten abmühen müssen.

111 (1) Die Athener: Geschieht dies so, haben wir ja darin schon einige Erfahrung, und ihr wisst doch ziemlich genau,

dass die Athener noch niemals auch nur eine einzige Belagerung aus Furcht vor anderen Feinden abgebrochen haben. (2) Wir müssen uns aber sagen, dass ihr trotz eurer Ankündigung, ihr wolltet nur über eure Rettung beraten, überhaupt nichts in der bisherigen Unterredung vorgebracht habt, worauf Menschen ihre Hoffnung auf Rettung gründen können; eure stärksten Stützen sind die Hoffnung auf die Zukunft, eure derzeitigen Anstalten aber sind zu schwach, um gegen den bereits vorhandenen Gegner zum Erfolg zu führen. Arge Verblendung in eurem Denken zeigt ihr daher, wenn ihr uns nicht jetzt noch durch andere vernünftigere Entschlüsse umstimmt. (3) *Ihr werdet doch hoffentlich nichts von der in schmählichen und selbstverschuldeten Gefahren schon so oft den Menschen verderblichen »Ehre« halten!* Denn schon viele, die noch genau voraussahen, wohin sie trieben, verführte die sogenannte Scham mit der Kraft eines Zauberwortes, dass sie sich, geblendet von einem Wort, in der Wirklichkeit mit freiem Willen in heilloses Unglück verstrickten und ärgere Schande infolge ihres Unverstandes als infolge eines Schicksalsschlages davontrugen. (4) Davor werdet ihr euch, wenn ihr nur verständig zu Rate geht, sicher zu hüten wissen und es nicht unbillig finden, der mächtigsten Stadt in ihren maßvollen Forderungen zu willfahren: Bundesgenossen zu werden, tributpflichtig, aber weiterhin im Genuss eures Besitzes, und nicht bei gewährter Wahl zwischen Krieg und Sicherheit verstockt auf eurem Verderben zu bestehen. Denn wer vor dem gleich Starken nicht zurückweicht, sich dem Mächtigeren gegenüber angemessen verhält und sich im Verkehr mit dem Schwächeren mäßigt, der fährt meist am Besten. (5) Überlegt also und bedenkt auch nach unserem Abgang oft und oft: Ihr beratet über euer Vaterland, dieses eine Vaterland steht auf dem Spiel, ob nun die eine Beratung glückt oder fehlschlägt.«[4]

***

Aus dem obigen Dialog können wir leicht schlussfolgern, dass sich zwischen Athen und Melos nicht die Frage der Gerechtigkeit und der Gleichheit stellt, sondern die Frage nach dem Verhältnis zwischen den Mächtigen und den Schwachen. Zwischen beiden gibt es keine Gerechtigkeit, und deshalb sprechen die Melier von einer ehrenvollen Vereinbarung, die für beide Seiten von Vorteil ist. Die Athener messen diesem vernünftigen Vorschlag keinen Wert bei, weil sie prinzipiell glauben, dass für den Mächtigen, so wie sie selbst, nichts mehr und nichts weniger als die Unterwerfung des Machtlosen von Nutzen ist. Die machtlosen Melier sind damit also jene, die von ihrer Versklavung profitieren, denn auf diese Weise sichern sie sich ihre Rettung.

In diesem Sinn ist die Macht der Athener so groß, dass sie von ihr zu einem Handeln, das sich über Freundschaften hinwegsetzt, verpflichtet werden, und sie ihre Herrschaft auf diese Weise dauerhaft begründen. Die Tatsache, dass die Melier die Überlegenheit der athenischen Macht nicht anerkennen, macht sie irrational und unrealistisch. Doch als die Melier ihr Schicksal mit der Kraft verbinden, die ihnen die Rechtmäßigkeit ihres Kampfes und ihrer Ansichten verleiht, stellen die Athener mit erschütterndem Realismus fest, dass die Schwachen Hoffnung fordern und sich der Einsicht verweigern, aufgrund der ihnen zur Verfügung stehenden Kräfte ihrem Gegner deutlich unterlegen zu sein und unmöglich siegen zu können. Von der Sache her sprechen wir nicht über einen Krieg zwischen Gleichen, sondern zwischen einer Partei, die über Macht, und einer anderen, die über nichts weiter als Hoffnung verfügt. Und die Hoffnung der Melier bestand darin, dass die »Freunde«, die Spartaner, ihnen zur Hilfe eilen würden, doch es stellte sich heraus, dass niemand herbeieilte, um ihnen zu helfen.

Nachdem die Verhandlungen in eine Sackgasse geraten waren und die Melier nicht zum Einlenken bereit waren, begannen die Athener eine erdrückende Belagerung. Als sie die Verteidiger schließlich überwältigten, metzelten sie alle volljährigen Männer nieder und verkauften die Frauen und Kinder auf den Sklavenmärkten. Danach siedelten sie 500 eigene Leute auf Milos an.

Doch die Bestrafung der Athener für ihre unmenschliche Taten ließ nicht lange auf sich warten. Schon drei Jahre später bezahlten sie für ihre Arroganz, als ihre sizilische Expedition spektakulär scheiterte, und weitere acht Jahre später wurden sie in der Schlacht bei Aigospotamoi vernichtend geschlagen. Es heißt, dass sich die Wehklage vom Hafen Piräus bis zur Stadt erstreckte, als die Nachricht über die Vernichtung der eigenen Flotte bei Aigospotamoi Athen erreichte, weil jedes Haus Tote zu beklagen hatte. Die bis dahin allmächtigen Athener wurden sich dessen bewusst, dass die Stunde der Abrechnung für all ihre schrecklichen Verbrechen, die sie während des gesamten Krieges begangen hatten, gekommen war. Und nun erinnerten sie sich auch wieder an das Blutbad an den Meliern.

Verstehen Sie nun meine Assoziationen, warum ich also die Melier von damals mit den Griechen von heute vergleiche, die Athener mit den Institutionen-Gläubigern und die Verhandlungen in Brüssel mit dem Dilemma: Unterwerfung oder Grexit?

Damit stellt sich nicht die Frage der Gerechtigkeit (Gleichheit der Mitgliedstaaten) zwischen den Institutionen-Gläubigern und den Griechen, wohl aber Frage der Beziehung zwischen den Mächtigen und den Schwachen. Und weil es in den Augen der Griechen nicht sinnvoll ist, über Gerechtigkeit zu sprechen, wenn es einen Machtunterschied gibt, konzentrierten sie ihre Bemühungen auf das Gelingen einer ehrenvollen und für beide Seiten vorteilhaften Vereinbarung. Doch vergebens, denn die Institutionen-Gläubiger profitieren als Mächtigere (Gewinne aus den Krediten und der Veräußerung des griechischen öffentlichen Vermögens) nur in dem Falle, dass die Griechen sich unterwerfen, bevor sie es schaffen, zu einem Beispiel für die übrigen Völker zu werden. Im Gegenteil, die Griechen profitieren, wenn sie sich arrangieren (indem sie ein neues Memorandum unterzeichnen) und damit das Desaster (Grexit) ausschließen.

Die Macht der Institutionen-Gläubiger ist ohnehin so groß, dass die sich zur Begründung ihrer Herrschaft nicht mit Fragen wie Demokratie, Solidarität, Gleichheit, Geschwisterlichkeit gegenüber machtlosen Völkern befassen. Es ist klar, dass wir auch hier nicht über einen Krieg (Finanzkrise) zwischen Gleichen sprechen, sondern zwischen den mächtigen Institutionen-Gläubigern und einem Griechenland, das über nichts weiter verfügt als über sein Recht und die Hoffnung, dass dies anerkannt werden möge. In diesem konkreten Fall konzentrierte sich die Hoffnung der Griechen auf die Unterstützung durch die Staaten des europäischen Südens, die ebenfalls von der arroganten deutschen Kontrolle der Institutionen betroffen sind, doch auch hier zeigte sich, dass niemand bereit war, zu Hilfe zu eilen.

Auf Grundlage der oben gemachten Verweise glaube ich, dass die Griechen einen bereits vorgezeichneten Weg beschritten, der sie entweder in ein »Blutbad« oder in die Knechtschaft führte. Die Regierung, so erklärte Alexis Tsipras, stand mit einer »entsicherten Handgranate in der Hand« dem ökonomischen Würgegriff der vermeintlich unabhängigen EZB gegenüber, welche die Bereitstellung von Liquidität für das griechische Bankensystem einstellte.

Was hätte die griechische Regierung angesichts dieser Entwicklungen tun können? Die Ansichten gehen weit auseinander zwischen denen, die den Kompromiss für unausweichlich halten, und jenen, die zum Bruch mit den Gläubigern tendieren.

Ich persönlich betrachte das verzweifelte Bemühen des griechischen Ministerpräsidenten um eine Vereinbarung als einen weiteren schmerzlichen Kompromiss. Ich bin mir ebenfalls sicher, dass die Umsetzung der Vereinbarung nicht gelingen kann, jedenfalls nicht ohne ein »Blutbad« bei der griechischen Bevölkerung zu verursachen. Das ist eine Tatsache, die sich in der wiederholten Farce der Eurogruppe zeigen wird, die ein europäisches Problem löst, es aber gezielt als griechisches Problem bezeichnet.

Um auf den Melierdialog zurückzukommen: Ich bewundere die Moral der Melier. Doch wäre die griechische Seite ihrem Beispiel gefolgt und hätte den Bruch gewählt, dann wäre es zu einem Blutbad gekommen. So vermied sie mit ihrem Einlenken und der Unterzeichnung der Vereinbarung die Katastrophe des Landes, welche, das muss gesagt werden, den Linken in die Schuhe geschoben worden wäre. Damit hätten sie die Last der Sünden der politischen und ökonomischen Eliten, die Griechenland in den vergangenen vierzig Jahren regierten, auf sich nehmen müssen. Ich bin darüber hinaus der Meinung, dass eine Regierung der Linken, die ein derartiges Programm eingeführt hat, zur Suche nach neuen Methoden zu seiner Kompensation verpflichtet ist und sich Schritt für Schritt aus ihm herauslösen muss. Um das Programm zu kippen, muss sie in diesem Prozess alles für die Entwicklung der dafür erforderlichen europäischen Machtverhältnisse tun.

Schließlich, und daran glaube ich fest, bleibt »keine Rechnung offen und unbezahlt«. Die Griechen, die zwar vorübergehend einem Kompromiss unterworfen, aber immerhin noch am Leben sind, werden gemeinsam mit den Bevölkerungen Europas dabei zusehen können, wie der extreme (deutsche) Neoliberalismus das Schicksal der Athener – die den Krieg und ihre Allmacht verloren – teilt.

Und ehrlich, das wird nicht nur die Rechtfertigung für unseren gemeinsamen Kampf, sondern auch dessen Ergebnis sein!

Anmerkungen

Die Krise des Kapitalismus und deren Umwandlung in ein »griechisches Problem«

1 Sinkt in einem Land das Niveau der Löhne und Preise bei unverändertem Kurs gegenüber anderen Währungen, spricht man von »innerer Abwertung«.

2 Christos Laskos: Κριση και αριστερή πολιτική (*Krise und linke Politik*), Athen 2014

3 http://www.hardouvelis.gr/FILES/PROFESSIONAL%20WORK/ Greek%20MACRO%20MONITOR%20Nov%202009.pdf *(zuletzt abgerufen am 6. 8. 2015)*

4 Ebd.

5 www.haushaltssteuerung.de/staatsverschuldung-europa-ranking. html#staatsschulden-je-einwohner *(zuletzt abgerufen am 6. 8. 2015)*

6 www.haushaltssteuerung.de/staatsverschuldung-europa-ranking. html#staatsschulden-bip *(zuletzt abgerufen am 6. 8. 2015)*

7 Eurostat. Eigene Ausarbeitung

8 »Unrecht' Gut gedeihet immer (bei Goldman Sachs)« – in Abwandlung des Sprichworts »Unrecht' Gut gedeihet nicht«.

9 www.monde-diplomatique.fr/2010/03/HALIMI/18882 *(zuletzt abgerufen am 6. 8. 2015)*

10 Spread (englisch für »Spanne«): der Unterschied der Rendite zweier Obligationen. Jeder Prozentpunkt entspricht 100 Basiseinheiten. In der Eurozone z. B. vergleichen wir die Spreads zwischen den Kreditzinsen eines Landes in Bezug auf die Kreditzinsen in Deutschland, weil es im gegebenen Zeitraum über die stabilste Wirtschaft der Eurozone verfügt. Wenn wir also über den Spread der griechischen Obligationen sprechen, beziehen wir uns auf den Unterschied in den Renditen zwischen den griechischen und den deutschen Bezugsobligationen mit zehnjähriger Laufzeit. Wenn z. B. der Zinssatz auf Kredite in Griechenland elf Prozent

beträgt, der Deutschlands drei Prozent, dann ist der Spread (Unterschied) beider acht Prozent, folglich bewegt sich der griechische Spread bei 800 Basiseinheiten. Bis zum Oktober 2008 überschritt der Spread der griechischen öffentlichen Staatsanleihen (Obligationen) die 100 Basiseinheiten (ein Prozent) nicht, während der Spread im September 2011 auf 2000 (20 Prozent) Basiseinheiten explodierte.

11 www.enet.gr/?i=issue.el.home&date=04/03/2010&id=137789 *(zuletzt abgerufen am 6. 8. 2015)*

12 Beide Zitate nach http://news.in.gr/greece/article/?aid=1112512 *(zuletzt abgerufen am 6. 8. 2015)*

13 http://tinyurl.com/obgxsb7 *(zuletzt abgerufen am 6. 8. 2015)*

14 *I Avgi* (griechische Tageszeitung), 9. 2. 2014

15 Als »geschlossene Berufe« werden Berufe bezeichnet, für die eine besondere Lizenz benötigt wird, wie Rechtsanwalt, Notar usw. Diese Lizenzen sind regional auf eine bestimmte Anzahl begrenzt.

16 http://news.in.gr/greece/article/?aid=1132263&lngDtrID=251 *(zuletzt abgerufen am 6. 8. 2015)*

17 www.enet.gr/?i=news.el.ellada&id=159025 *(zuletzt abgerufen am 6. 8. 2015)*

18 www.tovima.gr/society/article/?aid=356369 *(zuletzt abgerufen am 6. 8. 2015)*

19 Pressemitteilung vom 6. 5. 2010; www.otoe.gr/dtypou/2010/dtypou_5.5.10.htm *(zuletzt abgerufen am 6. 8. 2015)*

20 Noam Chomsky, »Das Verhalten der Troika gegenüber Griechenland ist eine Schande«; http://tvxs.gr/news/ellada/tsomski-aisxos-i-symperifora-tis-troikas-apenanti-stin-ellada *(zuletzt abgerufen am 6. 8. 2015)*

21 http://news.in.gr/economy/article/?aid=1231298541 *(zuletzt abgerufen am 7. 8. 2015)*

22 http://www.europarl.europa.eu/sides/getDoc.do?pubRef=-//EP//TEXT+REPORT+A7-2014-0149+0+DOC+XML+V0//EL#title2 *(zuletzt abgerufen am 7. 8. 2015)*

23 www.statistics.gr/portal/page/portal/ESYE/PAGE-consumerworks?inputA=6 *(zuletzt abgerufen am 7. 8. 2015)*

24 www.naftemporiki.gr/finance/story/329710/nea-usterisi-ton-esodon-sto-a-eksamino (Neuer Einnahmenrückstand in diesem Halbjahr) *(zuletzt abgerufen am 7. 8. 2015)*

25 http://www.real.gr/DefaultArthro.aspx?page=arthro&id=76372&catID=11 *(zuletzt abgerufen am 7. 8. 2015)*

26 www.auswaertiges-amt.de/cae/servlet/contentblob/599324/ publicationFile/160795/111026-Ergebnisse-Euro-Gipfel.pdf *(zuletzt abgerufen am 7. 8. 2015)*

27 www.enet.gr/?i=news.el.article&id=322114 *(zuletzt abgerufen am 7. 8. 2015)*

28 www.real.gr/DefaultArthro.aspx?page=arthro&id=102831&catID =11 *(zuletzt abgerufen am 7. 8. 2015)*

29 www.ft.com/intl/indepth/how-euro-was-saved *(zuletzt abgerufen am 7. 8. 2015)*

30 www.evenizelos.gr/el/statementsgr/2790-statement *(zuletzt abgerufen am 8. 8. 2015)*

31 In der Frage der Öffnung der Berufe, wie auch in anderen Punkten, stellte die Troika in den beiden Memoranden unterschiedliche Forderungen: Einmal sollten alle Berufe geöffnet werden, ein anderes Mal nur 20. Dieser Umstand zeigt, dass die Forderungen der Troika nicht konsistent waren und zum Teil durch Differenzen der verschiedenen »Institutionen« gekennzeichnet waren und sind.

32 www.tovima.gr/politics/article/?aid=443093 *(zuletzt abgerufen am 8. 8. 2015)*

33 www.tovima.gr/society/article/?aid=443272 *(zuletzt abgerufen am 8. 8. 2015)*

34 Ebd.

35 www.protothema.gr/economy/article/233469/sta-18_9-dis-eyro-o-logariasmos-ths-epimhkynshs/ (Die Rechnung der Verlängerung bei 18,9 Milliarden Euro) *(zuletzt abgerufen am 8. 8. 2015)*

Die humanitäre Katastrophe in Griechenland

1 www.welt.de/wirtschaft/article113648065/Jugendarbeitslosigkeit-steigt-auf-ueber-60-Prozent.html *(zuletzt abgerufen am 10. 8. 2015)*

2 Daten der Adecco-Studie, *Company providing services of labour force* (sic!), veröffentlicht in »ανεργία διώχνει τους νέους: Εργασία στο εξωτερικό αναζητούν σχεδόν οι μισοί από τους Έλληνες σε παραγωγική ηλικία« (»Die Arbeitslosigkeit vertreibt die Jugend: Die Hälfte der Griechen im produktiven Alter sucht Arbeit im Ausland«), http://news.in.gr/economy/article/?aid=1231227353; *(zuletzt abgerufen am 10. 8. 2015)*

3 www.derwesten.de/wirtschaft/zahl-auslaendischer-aerzte-in-nrw-seit-2006-verdoppelt-id9791894.html *(zuletzt abgerufen am 10. 8. 2015)*

4 Christina Kopsini, »Πώς διαμορφώνονται οι κατώτατοι μισθοί« (»Wie sich die Mindestlöhne entwickeln«) in: *Kathimerini*, 21. 11. 2012, www.kat

himerini.gr/473730/article/oikonomia/ellhnikh-oikonomia/pws-dia morfwnontai-oi-katwtatoi-mis8oi *(zuletzt abgerufen am 10. 8. 2015)*

5 GSEE Pressemeldung: »Steuerungerechtigkeiten zu Lasten der Beschäftigten und Rentner werden ausgeweitet«, 5. 12. 2012, www.gsee. gr/1967__dieurunontai_proklitika_oi_forologikes_adikies_kata_mis tioton_kai_suntaksiouchon-2/ *(zuletzt abgerufen am 10. 8. 2015)*

6 www.solidarity4all.gr/sites/www.solidarity4all.gr/files/deutsch. pdf, S. 5 *(zuletzt abgerufen am 11. 8. 2015)*

7 www.tagesspiegel.de/politik/alexis-tsipras-im-tagesspiegel-gastbeitrag-von-alexis-tsipras-deutsche-zahlen-nicht-fuer-griechen/11931320.html *(zuletzt abgerufen am 23. 8. 2015)*

8 IME ΓΣΕΒΕΕ: »Εισόδημα – Δαπάνες Νοικοκυριών«, 07. 02. 2013 (IME-GSEVEE-Studie: »Einkünfte und Ausgaben der Haushalte«), www. gsevee.gr/meletes/249-2013-02-07-09-33-09 *(zuletzt abgerufen am 12. 8. 2015)*

9 http://tinyurl.com/q6muw67 *(zuletzt abgerufen am 11. 8. 2015)*

10 UNICEF, »Η κατάσταση των παιδιών στην Ελλάδα, 2012«, Greek National Committee Unicef, März 2012 (»Die Situaton der Kinder in Griechenland«), in: www.unicef.gr/news/2012/n120403.php; und »Ραγδαία επιδείνωση του βιοτικού επιπέδου και αύξησητης φτώχειας από το 2010: Σοκαριστικά τα στοιχεία της ΕΛΣΤΑΤ« (Drastische Verschlechterung des Lebensstandards und Anstieg der Armut seit 2010: Schockierend die Daten von EL.STAT), 2. November 2012, in http://news.in.gr/economy/article/?aid=1231220484

11 Ein Anrecht auf Zugang zu öffentlichen Dienstleistungen im Gesundheitswesen hat jeder, der 50 Versicherungsmarken aus seiner Arbeit gesammelt hat. Das bedeutet, man muss im vorigen Jahr mindestens zwei Monate gearbeitet haben.

12 www.solidarity4all.gr/el/about-solidarity-initiative *(zuletzt abgerufen am 11. 8. 2015)*

13 »Ραγδαία επιδείνωση του βιοτικού επιπέδου και αύξηση της φτώχειας από το 2010: Σοκαριστικά τα στοιχείατης ΕΛΣΤΑΤ« (»Drastische Verschlechterung des Lebensstandards und Anstieg der Armut seit 2010: Schockierend die Daten von EL.STAT«), 2. 11. 2012, http://news.in.gr/economy/article/?aid=1231220484 *(zuletzt abgerufen am 11. 8. 2015)*

14 http://tinyurl.com/plwuq4n *(zuletzt abgerufen am 11. 8. 2015)*

15 http://left.gr/news/sygklonistika-stoiheia-gia-tin-ellada-tis-krisis-ayxisi-kata-35-stis-aytoktonies (»Erschütternde Daten über die griechische Krise: Anstieg der Selbstmorde um 35 Prozent«) *(zuletzt abgerufen am 11. 8. 2015)*

16 www.spiegel.de/spiegel/print/d-87737201.html *(zuletzt abgerufen am 11. 8. 2015)*

17 www.kinimadenplirono.gr, http://epitropesdiodiastop.blogspot. gr, http://kinimadenplirono.blogspot.gr/ *(alle zuletzt abgerufen am 11. 8. 2015)*

18 http://diodia.com.gr/diodia-athina-thessaloniki.html (»Mautstellen Athen–Thessaloniki«) *(zuletzt abgerufen am 11. 8. 2015)*

19 https://www.kiathess.gr *(zuletzt abgerufen am 12. 8. 2015)*

20 http://www.mkiellinikou.org/ *(zuletzt abgerufen am 12. 8. 2015)*

21 www.seemoz.de/kontrovers/bitten-sie-frau-merkel-um-eine-kleine-spende *(zuletzt abgerufen am 12. 8. 2015)*; www.kontextwochenzei tung.de/ueberm-kesselrand/173/bitten-sie-frau-merkel-um-eine-spende-2342.html *(zuletzt abgerufen am 12. 8. 2015)*

22 www.verein-gnh.de *(zuletzt abgerufen am 12. 8. 2015)*

23 http://peter-lenk.de/skulpturen/baden-wuerttemberg/radolfzell. html *(zuletzt abgerufen am 12. 8. 2015)*

24 Spendenkonto und weitere Informationen auf der Website der Initiative: www.hellassolidaritaetbochum.wordpress.com *(zuletzt abgerufen am 12. 8. 2015)*

25 IME ΓΣΕΒΕΕ: »Εισόδημα – Δαπάνες Νοικοκυριών«, 7. 2. 2013 (IME-GSEVEE-Studie: »Einkünfte und Ausgaben der Haushalte«), www. gsevee.gr/meletes/249-2013-02-07-09-33-09 *(zuletzt abgerufen am 12. 8. 2015)*

26 www.solidarity4all.gr/en/node/220 *(zuletzt abgerufen am 12. 8. 2015)*

27 www.solidarity4all.gr/en *(zuletzt abgerufen am 12. 8. 2015)*

28 IBAN: GR59 0110 0400 0040 4343 52 / BIC: ETHNGR AA

29 www.avgi.gr/article/5187671/to-programma-tou-suriza-thessaloniki-plus (Das Programm von Thessaloniki Plus) *(zuletzt abgerufen am 12. 8. 2015)*

30 www.capital.gr/auto/1984912/komision-epideinothike-to-2013-i-ftoxeia-stin-ellada (Kommission: »Armut in Griechenland verschärft«) *(zuletzt abgerufen am 12. 8. 2015)*

31 www.hefimerida.com/products/i-ee-stamata-to-schedio-nomoy-tis-ftocheias-stin-ellada-vinteo/ (»Die EU beendet den Gesetzentwurf zur Armutsbekämpfung in Griechenland, Video«) *(zuletzt abgerufen am 12. 8. 2015)*

32 Als »einseitige Maßnahmen« werden von den »Institutionen« Aktivitäten und Vorhaben der Regierung bezeichnet, die nicht im Voraus mit ihnen vereinbart und beschlossen wurden.

Mythen der europäischen und griechischen Krise

1 Christos Laskos: »Reiche Griechen und die Krise«, in: *Alterthess*, 15.11.2013, http://alterthess.gr/content/oi-ellines-ploysioi-kai-i-krisi -toy-hristoy-laskoy *(zuletzt abgerufen am 5.8.2015)*

2 www.tovima.gr/finance/article/?aid=426259 *(zuletzt abgerufen am 28.7.2015)*

3 www.attac.at/fileadmin/dateien/Kampagnen/Unser_Europa/Griechenland_Rettung.pdf *(zuletzt abgerufen am 21.8.2015)*

4 www.spiegel.de/wirtschaft/eurokrise-hat-die-eu-griechenland-gerettet-oder-banken-a-1018964.html *(zuletzt abgerufen am 29.7.2015)*

5 Ich verweise hier exemplarisch auf die gleichermaßen deprimierende wie schockierende Kampagne der *Bild*-Zeitung: www.bildblog.de/tag/pleite-griechen/ *(zuletzt abgerufen am 1.8.2015)*.

6 www.welt.de/wirtschaft/article8968100/Griechen-goennen-sich-groesste-Panzerarmee-Europas.html *(zuletzt abgerufen am 1.8.2015)*

7 www.welt.de/wirtschaft/article123541721/Dreckiges-Erbe-des-deutsch-griechischen-Panzer-Deals.html *(zuletzt abgerufen am 30.7.2015)*

8 www.handelsblatt.com/unternehmen/industrie/schmiergeld-skandal-rheinmetall-zahlt-37-millionen-euro-strafe/11103482.html *(zuletzt abgerufen am 30.7.2015)*

9 www.stokokkino.gr/article/1000000000014193/I-Bouli-tha-diereu nisei-endexomenes-poinikes-euthunes-tou-Giannou-Papantoniou-gia-ta-Leopard (Parlament prüft mögliche strafrechtliche Konsequenzen für Giannos Papantoniou) *(zuletzt abgerufen am 31.7.2015)*

10 www.spiegel.de/politik/ausland/deutscher-u-boot-deal-belastet-griechischen-ex-minister-tsochatzopoulos-a-826870.html *(zuletzt abgerufen am 31.7.2015)*

11 https://www.bundesfinanzministerium.de/Content/DE/FAQ/2012-08-16-esm-faq.html#doc278228bodyText1 *(zuletzt abgerufen am 03.08.2015)*

Die Propaganda gegen Syriza und die von ihr geführte Regierung

1 Sigmund Freud: *Massenpsychologie und Ich-Analyse. Die Zukunft einer Illusion*, Frankfurt am Main 2005

2 Edward Bernays: *Propaganda. Die Kunst der PR*, Freiburg 2007, S. 19

3 Zit.n. www.faz.net/aktuell/feuilleton/medien/tv-kritik/tv-kritik-hart-aber-fair-das-ist-so-was-von-verantwortungslos-13676121.html *(zuletzt abgerufen am 2. 8. 2015)*

4 Zit.n. www.bild.de/politik/inland/talkshow/ard-mann-krause-wet-tert-bei-plasberg-gegen-griechen-regierung-41572606.bild.html *(zuletzt abgerufen am 2. 8. 2015)*

5 www.welt.de/vermischtes/article142898867/Die-Griechen-wollen-schlemmen-Das-ist-Zynismus.html *(zuletzt abgerufen am 3. 8. 2015)*

6 WDR-Presseclub vom 14. 6. 2015, http://www1.wdr.de/daserste/presseclub/sendungen/griechenland806.html *(zuletzt abgerufen am 3. 8. 2015)*

7 http://deutsche-wirtschafts-nachrichten.de/2015/07/08/skandal-im-eu-parlament-merkel-mann-liefert-brutale-hass-rede-ab/ *(zuletzt abgerufen am 3. 8. 2015)*

8 *Monitor* vom 23. 7. 2015; www1.wdr.de/daserste/monitor/sendungen/was-deutschlands-politiker-von-griechenland-fordern-100.html *(zuletzt abgerufen am 8. 8. 2015)*

9 www.sipri.org/yearbook/2013 *(zuletzt abgerufen am 2. 8. 2015)*

10 http://m.heute.de/ZDF/zdfportal/xml/object/39087024 *(zuletzt abgerufen am 3. 8. 2015)*

11 HDW = Die Howaldtswerke-Deutsche Werft GmbH in Kiel wurde Ende 2012 in ThyssenKrupp Marine Systems GmbH *umbenannt.*

12 *KMW = Krauss-Maffei Wegmann* GmbH & Co. KG

13 http://tinyurl.com/o4enuxz *(zuletzt abgerufen am 03. 08. 2015)*

14 http://www.protothema.gr/politics/article/63684/dinoyme-ena-dis-eyro-gia-ta-germanika-ypobryxia/ (Wir geben eine Milliarde für die deutschen U-Boote aus) *(zuletzt abgerufen am 03. 08. 2015)*

15 www.alfavita.gr/arthra/arthra/»να-πληρώσουν-οι-πλούσιοι»-αλλά-είναι-μόνο-144 (»Die Reichen sollen zahlen, aber es sind nur 144«) *(zuletzt abgerufen am 9. 8. 2015)*

16 www.boeckler.de/52616_53364.htm; Infografik ebenda (*Boeckler Impuls* 5/15: »Sparen trifft die Schwächsten«) *(zuletzt abgerufen am 6. 8. 2015)*

17 Der damaligen französischen Finanzministerin Christine Lagarde wurde 2010 ein Datenträger mit entwendeten Kontodaten von über 2000 griechischen Kunden der Schweizer Banktochter der HSBC zugespielt. Lagarde reichte diese Liste nach Athen weiter, wo sie zunächst keinen Anlass zu größeren Ermittlungen bot, aber zugleich doch mehrere politische Skandale auslöste.

18 www.tagesspiegel.de/politik/reformliste-von-alexis-tsipras-so-will-griechenland-zu-geld-kommen/11870378.html *(zuletzt abgerufen am 3. 8. 2015)*

19 http://diepresse.com/home/wirtschaft/international/4796567/Studie_Deutschland-profitiert-von-GriechenlandKrise *(zuletzt abgerufen am 16. 8. 2015)*

20 Ich möchte an dieser Stelle ausdrücklich auf die hervorragende Arbeit *Die Halbstarken von Athen. Fünf Jahre Euro-Krise – Irrtümer, Interessen und Profiteure* des Wirtschaftsjournalisten Stephan Kaufmann hinweisen, die er im Auftrag der Rosa-Luxemburg-Stiftung erstellt hat und die als PDF-Datei abzurufen ist unter http://www.rosalux.de/fileadmin/rls_uploads/pdfs/Materialien/Materialien7_DieHalbstarken.pdf.

This is a coup!

1 To Potami: »Wir wollen eine Vereinbarung, auch wenn sie schlecht ist. Hauptsache, es ist ein Memorandum, egal was für eins.«, www.antenna.gr/news/Politics/article/412301/to-potami-theloyme-symfonia-ki-as-einai-kaki-oxi-rixi *(zuletzt abgerufen am 10. 8. 2015)*

2 Für eine Koalition mit der To Potami und eine entsprechende Kabinettsumbildung setzte sich zum Beispiel ebenso unverblümt wie ungebeten Martin Schulz ein; s. zum Beispiel www.faz.net/aktuell/politik/europaeische-union/schulz-fordert-tsipras-zur-koalitions kuendigung-auf-13483106.html und www.rp-online.de/politik/eu/martin-schulz-tsipras-soll-kammenos-aus-der-regierung-werfen-aid-1.4944688.

3 Als »Bail-in« wird die Beteiligung der Gläubiger einer Bank an deren Verlusten bei deren Sanierung oder Abwicklung bezeichnet. Die Kontoeinlagen der Bankkunden werden also für die Zahlung der Bankverluste herangezogen. Als Blaupause diente Zypern im Jahr 2013, in der die Hilfe der EU-Staaten für Zypern und die zypriotischen Banken explizit an ein Bail-in geknüpft war. Anleger der Banken, auch Sparer, die Geldeinlagen in einer Höhe von über 100 000 Euro als Forderungen gegenüber den Banken hatten, wurden ohne ihr Einverständnis an deren Rekapitalisierung beteiligt, indem ihre Forderungen von bis zu 50 Prozent gekürzt wurden. Die Maßnahme beruhte nicht auf einem Gesetz, sondern auf Vereinbarungen zwischen der EU und Zypern.

4 www.newsbeast.gr/politiki/arthro/733390/adonis-an-pesei-i-ku vernisi-ego-tha-vgalo-ta-hrimata-mou-sto-exoteriko *(zuletzt abgerufen am 9.8.2015)*

5 http://www.dealnews.gr/roi/item/125273-Capital-Φυγή-των-καταθέσεων-αν-βγει-ΣΥΡΙΖΑ#.Vcs8Zn3LJi2 (Abzug der Bankeinlagen, wenn SYRIZA Wahl gewinnt) *(zuletzt abgerufen am 09.08.2015)*, www.ft.com/intl/cms/s/0/aabd4b42-7c9d-11e4-9a86-00144fe-abdc0.html#axzz3iNu97YR6 (Financial Times, »Greek radical left spooks global bond investors«, 7.12.2014) *(zuletzt abgerufen am 9.8.2015)*

6 www.real.gr/DefaultArthro.aspx?page=arthro&id=425397&catID =2 (»29,4 Mrd. Kapitalflucht in fünf Monaten«) *(zuletzt abgerufen am 8.8.2015)*

7 www.alfavita.gr/arthra/»να-πληρώσουν-οι-πλούσιοι»-αλλά-είναι-μόνο-144 (»Die Reichen sollen zahlen, aber es sind nur 144«) *(zuletzt abgerufen am 8.8.2015)*

8 European Council: »Eurogroup statement on Greece«, www.consi lium.europa.eu/en/press/press-releases/2015/02/150220-euro group-statement-greece/ *(zuletzt abgerufen am 25.8.2015)*

9 Ebd.

10 www.kommunisten.de/index.php?option=com_content&view=arti cle&id=5410:elena-papadopoulou-zehn-punkte-ueber-die-eini gung-vom-20-februar&catid=77:analysen&Itemid=154 *(zuletzt abgerufen am 13.8.2015)*

11 Dieses Schreiben mitsamt den Vorschlägen ist u.a. enthalten als An lage in der Bundestagsdrucksache 18/4093; http://dip21.bundes tag.de/dip21/btd/18/040/1804093.pdf.

12 Die Bestimmungen der Memoranden sehen u.a. für alle Gesetzesvor haben die Abstimmung und Zustimmung der »Institutionen« vor – sogar bevor sie überhaupt zur öffentlichen Beratung freigegeben werden –, damit sind sog. einseitige Handlungen ein Verstoß gegen die Vertragsbedingungen.

13 www.primeminister.gov.gr/2015/03/20/13578 *(zuletzt abgerufen am 12.8.2015)*

14 www.zeit.de/politik/ausland/2015-04/tsipras-besuch-russland *(zu letzt abgerufen am 10.8.2015)*

15 www.bild.de/politik/ausland/angela-merkel/schmieden-putin-und-tsipras-den-anti-merkel-pakt-40451678.bild.html *(zuletzt abgerufen am 10.8.2015)*

16 Zit.n. www.capital.gr/story/2275551 (zuletzt abgerufen am 15. 8. 2015)

17 www.primeminister.gov.gr/english/2015/04/16/prime-ministers-a-tsipras-statement-to-reuters/ (zuletzt abgerufen am 14. 8. 2015)

18 www.griechenland-blog.gr/2015/04/regierung-in-griechenland-steht-hinter-finanzminister-varoufakis/2134985/ (zuletzt abgerufen am 26. 8. 2015)

19 So etwa der Focus und der Spiegel: www.focus.de/finanzen/news/staatsverschuldung/wer-ist-euklidis-tsakalotos-varoufakis-entmachtet-auf-diesem-mann-ruht-jetzt-die-hoffnung-europas_id_4642094.html und www.spiegel.de/wirtschaft/soziales/yanis-varoufakis-griechenlands-finanzminister-entmachtet-a-1030870.html (zuletzt abgerufen am 26. 8. 2015)

20 www.lemonde.fr/economie/article/2015/05/31/alexis-tsipras-l-eu rope-est-a-la-croisee-des-chemins_4644263_3234.html, hier zit.n. www.sozonline.de/2015/06/alexis-tsipras-europa-am-scheideweg/ (zuletzt abgerufen am 26. 8. 2015)

21 Wie es als »El bluen vivir« etwa in der Verfassung Boliviens verankert ist

22 www.tagesspiegel.de/politik/reformliste-von-alexis-tsipras-so-will-griechenland-zu-geld-kommen/11870378.html; das komplette Dokument auf Englisch unter www.tagesspiegel.de/downloads/118 70514/2/Regierungsvorschlag%20Griechenland (zuletzt abgerufen am 11. 8. 2015)

23 Siehe das Dokument unter https://drive.google.com/file/d/0B9F6u b8wD7gqSE9jQlBjalcya0k/edit?pli=1 (zuletzt abgerufen am 28. 8. 2015)

24 Wortlaut der gesamten Erklärung unter www.sven-giegold.de/2015/ansprache-des-ministerpraesidenten-alexis-tsipras-zum-referendum/ (zuletzt abgerufen am 28. 8. 2015)

25 http://derstandard.at/2000020524797/Kein-Cent-Schulden-schnitt-fuer-Griechenland (zuletzt abgerufen am 10. 8. 2015)

26 www.stern.de/politik/ausland/wolfgang-schaeuble-will-kompeten zen-der-eu-kommission-einschraenken-6364598.html (zuletzt abgerufen am 11. 8. 2015)

27 www.spiegel.de/wirtschaft/soziales/griechenland-euro-gruppe-legt -extrem-harte-forderungen-vor-a-1043306.html

28 http://krugman.blogs.nytimes.com/2015/07/12/killing-the-euro pean-project/?_r=0 (zuletzt abgerufen am 26. 8. 2015) (zuletzt abgerufen am 10. 8. 2015)

Syriza – Geschichte und Zukunft einer radikalen Partei

1 Der Aufstand der griechischen Studenten gegen die Militärdiktatur, der an der Nationalen Technischen Universität in Athen – hierzulande bekannt als Polytechnikum – begann, wurde von der Junta im November 1973 blutig niedergeschlagen. Der Widerhall des Vorgangs im In- und Ausland war so groß, dass unmittelbar danach der Diktator Georgios Papadopoulos über interne Verwerfungen stürzte und sein Nachfolger Dimitrios Ioannidis, der einen noch schärferen Kurs betrieb, den endgültigen Sturz der Junta nur noch bis zum Sommer 1974 verzögern konnte.

2 www.syriza.gr/page/idrytikh-diakhryksh.html#.Vc282LPyNC0 (Gründungserklärung) *(zuletzt abgerufen am 13. 8. 2015)*

3 Die KKE hatte sich in einen Inlandsflügel und einen Auslandsflügel gespalten. Grob gesagt, war der Inlandsflügel eurokommunistisch orientiert, während sich der Auslandsflügel stärker am Kurs der Sowjetunion orientierte.

4 http://syriza.gr/page/katastatiko.html#.VdFvwbPyNC0 (Satzung) *(zuletzt abgerufen am 15. 8. 2015)*

5 Als Dokument nachzulesen unter www.ag-friedensforschung.de/regionen/Griechenland1/reg-programm.pdf *(zuletzt abgerufen am 29. 8. 2015)*

6 www.bild.de/politik/ausland/griechenland-krise/tritt-tsipras-ende-der-woche-zurueck-41772070.bild.html *(zuletzt abgerufen am 14. 8. 2015)*

7 An der Strömung 53+ sind Minister wie Efklidis Tsakalotos, Thodoris Dritsas, Theano Fotiou, Mitglieder des Politischen Sekretariats wie Ch. Papadopoulos und Panos Lambrou, der Sekretär der Parlamentsfraktion Christos Mandas, Iro Dioti, Christos Karagiannidis und viele weitere Abgeordnete und Mitglieder beteiligt, so wie auch der Sekretär des Zentralkomitees Tasos Koronakis.

8 www.enallaktikos.gr/ar17440el-ston-syriza-den-yparxoyn-oyte-pro dotes-oyte-tzampa-magkes-istoriko-keimeno-twn-53-toy-syriza-. html (»Bei Syriza gibt es weder Verräter noch Feiglinge«) *(zuletzt abgerufen am 15. 8. 2015)*

9 www.avgi.gr/article/5476422/sumperasmata-apo-tin-sunantisi-tis-enotikis-kinisis (»Schlussfolgerungen aus dem Treffen der Vereinigungsbewegung«) *(zuletzt abgerufen am 14. 8. 2015)*

10 www.efsyn.gr/arthro/etoimos-gia-sygkroysi *(zuletzt abgerufen am 15. 8. 2015)*

11 Daran sind beteiligt die ehemaligen Minister Panagiotis Lafazanis, Kostas Isychos und Dimitris Stratoulis, die Mitglieder des Politischen Sekretariats Sofi Papadogianni und Antonis Davanellos (DEA) sowie mehrere weitere Abgeordnete und Mitglieder des Zentralkomitees.

12 http://iskra.gr/index.php?option=com_content&view=article&id =21698:kalesma&catid=81:kivernisi&Itemid=198 *(zuletzt abgerufen am 15. 8. 2015)*

13 www.protagon.gr/?i=protagon.el.article&id=42114 *(zuletzt abgerufen am 14. 8. 2015)*

14 www.euro2day.gr/news/economy/article/1348523/varoyfakhs-manifesto-politikhs-tapeinoshs-h.html (Varoufakis:»Manifest politischer Demütigung«) *(zuletzt abgerufen am 14. 8. 2015)*

15 www.ert.gr/a-tsipras-i-enallaktikes-protasis-den-edinan-diexodo-sto -ekviastiko-dilimma/_(Tsipras:»Die Alternativlösungen boten keinen Ausweg aus dem Dilemma der Erpressung«) *(zuletzt abgerufen am 14. 8. 2015)*

16 www.welt.de/wirtschaft/article142521031/Das-ist-Hans-Werner-Sinns-Plan-fuer-den-Grexit.html und http://de.reuters.com/article/ topNews/idDEKCN0QF0W920150810 *(beide zuletzt abgerufen am 15. 8. 2015)*

17 http://www.sven-giegold.de/2015/leak-wie-schaeuble-griechenland -weiter-quaelen-will/ *(zuletzt abgerufen am 15. 8. 2015)*

18 Das Megaro Maximou ist der Sitz des Ministerpräsidenten in Athen.

19 Giannis Dragasakis ist Wirtschaftswissenschaftler und stellvertretender Ministerpräsident Griechenlands.

Die europäische Krise und die Zukunft Europas

1 http://de.reuters.com/article/companiesNews/idDEKCN0QN1HG2 0150818_*(zuletzt abgerufen am 19. 8. 2015)*

2 www.voxeurop.eu/de/content/article/1239011-gebt-demokratie-eine-chance *(zuletzt abgerufen am 20. 8. 2015)*

3 https://left.gr/news/keimena-prosynedriakoy-dialogoy-i-diakiryxi-arhon-kai-plaisio-programmatikon-theseon (Gesprächsgrundlagen im Vorfeld des Parteitages, Grundsatzerklärungen und Rahmen programmatischer Thesen) *(zuletzt abgerufen am 19. 8. 2015)*

Epilog

1 Melos entspricht der altgriechischen Aussprache, neugriechisch entspricht dem Buchstaben *eta* der Lautwert *i*.

2 Das antike Synonym für die Spartaner
3 Ein spartanischer Feldherr
4 Thukydides: *Der Peloponnesische Krieg*, übers. und hg. von Helmuth
   Vretska, Helmuth Vretska und Werner Rinner, Stuttgart: Reclam
   2000, S. 451–458 (die Kursivierungen habe ich hinzugefügt; G.Ch.)